美国州立大学董事会权力的变迁

Meiguo Zhouli Daxue Dongshihui Quanli de Bianqian

崔高鹏 著

MEIGUOJIAOYUBIANGEYANJIU

美国教育变革研究

总主编 张斌贤

浙江出版联合集团
浙江教育出版社

总序

从2001年起，北京师范大学外国教育史教学科研团队一直把美国教育史作为主要的研究领域之一。十余年来,我们陆续承担和完成了二十多项全国教育科学规划课题和教育部人文社会科学研究规划项目,先后培养了数十名博士和硕士研究生,累计出版了数十种著作和译著,发表了数以百计的论文。迄今为止,美国教育史研究已成为北京师范大学外国教育史学科建设的基本特色,在国内教育学界产生了较为广泛的影响。

为集中呈现团队的研究成果,2008年以来，我们先后在河北大学出版社出版了“美国研究型大学探索译丛”(6种),在北京师范大学出版社出版了“京师高等教育发展论丛”(8种),在安徽教育出版社出版了“美国教育经典译丛”(10种),并组织编写了“美国著名大学校长评传”(10种,由安徽教育出版社出版)。上述著作主要反映了2001—2008年间团队的研究成果。

2009年初,我从繁重的行政工作中脱身出来,有了更多的时间和精力系统反思我们团队在过去几年开展的研究工作及其成败得失。经过较长时间的思考以及与同事、学生们的深入讨论,我逐渐意识到,尽管美国教育的发展历史非常短暂,但由于这段历史本身所具有的丰富性和复杂性,教育史学界原有的以研究长时段、大问题、大趋势(或过程)为特征的研究取向和以宏观把握为特点的研究方式,是难以真正达成对美国教育历史发展的深刻认识的。若要深入认识和理解美国教育的历史,则应当转换视角,从对宏观的历史过程的把握转向对微观的历史事件的认识,更多地关注那些在美国教育历史发展过程中具有重大意义的、具体的和微观的历史事件与历史现象,更多地关注那些在美国历史转变时期所发生的重大教育变革。我相信,只有实现了这样的转换,才有可能基于充分翔实的文献资料,深入到每一个研究对象的内部,客观地还原或重构历史,从而获得科学的认识;我相信,只有实现了这样的转换,才有可能真正地在具体的研究实践中消除长期以来“困扰”外国教育史学界的思想史与制度史割裂的现象；我相信，只有实现了这样的转换，才有可能从根本上提高外国教育史学科研究的学术化和科学化水平。

这套“美国教育变革研究”丛书所收录的著作，正是我们团队近年来转换美国教育史研究视角所做尝试的初步成果。本丛书的出版首先应当感谢浙江教育出版社张宝珍总编，没有张总编的大力支持和精心筹划，难以在较短时间内完成出版工作。浙江教育出版社多名编辑为丛书的出版付出了辛劳，在此一并致谢。

我衷心地感谢参与本丛书写作的各位作者。他们任教于不同的高校，都承担着繁重的教科研任务，能在较短的时间内完成写作和修改，确实难能可贵。我也由衷地希望丛书的出版能为他们的专业发展提供重要的动力。

本丛书是我有幸获聘 2011 年度长江学者特聘教授后组织的第一项学术“工程”，也是我计划在今后开展的美国教育史研究的第一阶段成果。今后几年中，我们团队还将陆续出版相关著作，向教育学界展现我们的研究心得。我们渴望得到来自学界的批评指正，以使我们今后的研究工作沿着科学的方向不断推进。

本研究项目得到“中央高校基本科研业务费专项资金”资助（supported by “the Fundamental Research Funds for the Central Universities”），谨此致谢。

张斌贤

2015 年 4 月于北京师范大学

目 录

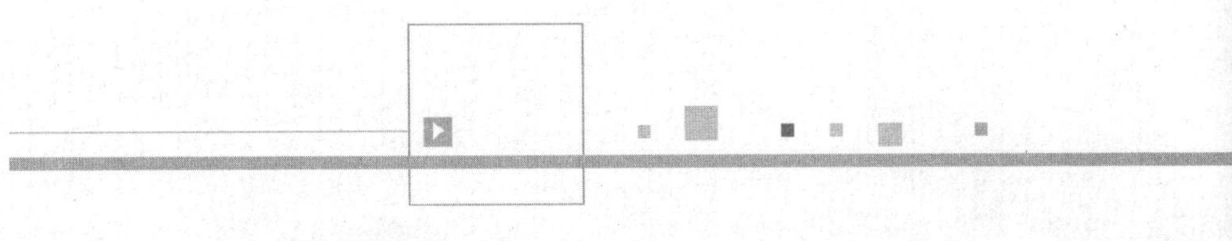

前言

一、 研究对象与研究问题

（一）研究对象

19 世纪中期是美国高等教育发展史上的一道分水岭。美国历史学家理查德·霍夫斯塔特(Richard Hofstadter)将美国内战视为美国高等教育发展的转折点,认为“内战之前美国几乎没有一所名副其实的大学,而学院则是教派的附属物……内战后形成的大学成了美国高等教育机构的典范。内战之前,教派学院限制和制约了大学的形成,而内战后大学的发展在某种程度上几乎完全重塑了传统学院,大学的形成不啻是美国的一场教育革命”①。劳伦斯·维齐(Laurence R. Veysey)认为,“19 世纪 70 年代前后几乎是美国高等教育历史上的公元元年”②。在此之后,美国不仅兴建了一批现代大学,而且有的学院纷纷开始向现代大学转型,经过近半个世纪的改革发展,到 20 世纪初,美国传统学院基本上实现了向现代大学的转型。这里所说的现代大学是相对于 19 世纪中叶前以英国大学为原型兴建的传统学院而言的,这些现代大学是以 19 世纪德国大学为原型建立的。

与殖民地时期成立的九大学院相比,美国州立大学建校的历史普遍比较短,同时由于建校之初教育质量低下,曾被当时一些美国人戏称为

---

① Hofstadter R. Academic Freedom in the Age of the College [M]. New York: Columbia University Press, 1955:vii, viii.

② Veysey L R. The Emergence of the American University [M]. Chicago: The University of Chicago Press, 1965:1.

“放牛娃学院”,但这些“放牛娃学院”摸清了 19 世纪下半叶时代发展的脉搏并抓住了发展机遇,在经过近半个世纪的改革发展后,到 20 世纪初,其中一些州立大学已经获得了与哈佛、耶鲁几乎同样的学术声誉。它们在如此短的时间内完成这一华丽转型使这段时期成为州立大学发展史上最有魅力的一个时期,因此吸引了众多学者对它们的转型之谜进行研究。

研究者们大多从校长的大学理念与治校实践出发解释州立大学在这段时期成功转型的原因,而这一时期也确实是美国杰出州立大学校长辈出的时代,如密歇根大学校长亨利·塔潘(Henry P. Tappan)、威斯康星大学校长查尔斯·范·海斯(Charles R. Van Hise)、伊利诺伊大学校长爱德蒙德·詹姆斯(Edmund J. James)、加州大学校长本杰明·惠勒(Benjamin I. Wheeler)等人。虽然在美国州立大学迅速完成转型的过程中,大学校长功不可没,但他们只是大学最高的行政管理者,主要职责是政策的执行;而董事会则是大学的最高管理机构,主要职责是政策的制定,而政策制定的具体行为则表现为各项权力的行使。因而,本书的研究目标就是从董事会权力行使的角度,解释美国州立大学从传统学院向现代大学转型的原因。

由于从大学董事会权力行使这种日常行为的角度解释州立大学转型原因的工作量异常庞大,出于可行性的考虑,本书以密歇根大学为个案,研究董事会权力变迁与大学转型问题。本书之所以选择密歇根大学为个案主要基于以下几方面原因:首先,密歇根大学是内战前成立的美国州立大学甚至是所有美国大学较早开始向现代大学转型的高校,康奈尔大学首任校长安德鲁·怀特(Andrew D. White)曾指出,“密歇根大学是美国高校中首先开始从传统教派学院向现代大学转型的大学”①;其次,虽然密歇根大学不是美国成立最早的州立大学,但是在经历了 19 世纪下半叶

① Shaw W B. The University of Michigan [M]. New York: Harcourt, Brace and Howe, 1920: 50.

的转型之后,它是州立大学中取得成就最为斐然的一所①;再次,在詹姆斯·安吉尔(James B. Angell)担任该校校长期间(1872—1909 年),“他也非常真诚地鼓励那些成立不久的州立大学坚定地发展,热情地向这些州立大学校长介绍密歇根大学的组织制度、管理方法以及免受政治影响的方式。他的年度报告和公共演讲对其他州立大学产生了非常重要的影响……由于这些原因,密歇根大学被称为‘州立大学之母’”②,而安吉尔担任校长的时期也正是美国高校从传统学院向现代大学转型的关键时期;最后,是历史资料方面的原因,历史研究尤其是制度史研究往往受资料所限,对于外国制度史研究人员而言,史料的可获得性就显得更为重要,本书作者在撰写过程中能够获得密歇根大学董事会的大量一手史料也是笔者选择密歇根大学作为个案的一个重要原因。

在选择了密歇根大学作为个案之后,接下来的任务是确定密歇根大学开始与完成这种转型的时间。这里就隐含了一个问题,即美国传统学院与现代大学各自的模式或特征是什么。只有明确了这一问题,才能确定密歇根大学开始与完成这一过程的具体时限。不同学者曾从各个角度对美国传统学院的模式或特征进行了概括,许美德将这一时期的美国高等教育机构称为早期学院,认为“美国早期学院是多样性的、以地方为中心的机构,按地方社会价值准则,对青年进行一般的道德和宗教教育,而不是以职业训练和知识传授为主要目标。学院教师薪金低微,没有晋升制度,所以他们只能不做学者,而离开学院到教会中去当神职人员。学院内对知识的求索方式主要是学习和背诵经文,因而,图书馆办得很差,科学院往往被忽视。学院没有自治权,被操纵在董事会手里,保证学院为地方利益服务。学院教师只忠于自己所属的教派,很少向往享受学术自

① 美国大学协会成立的目的是按照学术科研标准对美国大学进行认证工作,当协会 1900 年成立时,密歇根大学是协会第一批三所州立大学中的一所,另两所州立大学是威斯康星大学和加州大学。1908 年,卡耐基基金会发布的第二份报告中,对美国大学按照年度收入排名,密歇根大学总排名第四位,在州立大学中排第一位,总排名处于前三位的大学分别是哥伦比亚大学、哈佛大学和芝加哥大学。

② Shaw W B. The University of Michigan: An Encyclopedic Survey [M]. Vol. 1. Ann Arbor: University of Michigan Press, 1942:72.

由"①。易红郡认为,"美国独立以前,由于长期处于英国的殖民统治之下,因此殖民地时代建立起来的九所学院完全是以英式学院为模式创办的。办学目的是为了培养传教士和有文化教养的政府官吏,主要课程包括拉丁文、希腊文、圣经知识、伦理学、修辞学,以及粗浅的数学、历史和自然科学知识等。显然,独立前美国高等教育具有深刻的殖民性和浓厚的宗教色彩……独立后由于各州坚持自由发展的原则,在美国出现了州立学院。为了满足各州经济建设发展的需要,州立学院主要强调实用知识的传授,但在独立后的相当长时期内,教会势力影响很大,因此州立学院在课程设置上,大部分仍是传统的人文学科,反映生产力新发展的课程内容则寥寥无几。同时,校内没有科研机构,也不开展学术研究,学士学位和硕士学位只是作为一种荣誉学位被授予的"②。贺国庆认为,"美国早期学院全是私立的,附属于各个不同的教派,以神学和古典课程为主,严重脱离现实……早期州立大学不再属于某个教派的控制,因而引进了更世俗的课程体系,古典科目的比重下降,现代科目的内容增多"③。谷贤林指出:"总体看来,这时(1869 年)的美国高等教育仍然处在一个比较落后的状态。这主要表现在:①办学规模小。在这个阶段,无论是私立高校、教派学校,还是州立大学,学校规模都很小……②学术水平低。与高等教育数量的增长不同,19 世纪美国高等教育的质量并没有太大的改善,仍然处在较低水平,大致和德国的完全中学相当……③课程设置不能满足时代要求。尽管从 18 世纪后期起美国就有一些高等学校设置了具有实用倾向的课程,然而到 19 世纪,高等学校的教育内容仍然还是以古典课程为主。"④

综合以上各种关于传统学院特点的概括,本研究认为美国传统学院主要具有以下特征:在学院职能上,学院主要承担的是教学方面的任务;在教育目的上,注重学生道德和基督教精神的培养;在教学内容上,主要

① 许美德. 美国的学院朝大学的过渡——美国高等教育发展史研究札记[J]. 全球教育展望, 1983(3):24.

② 易红郡. 美国现代大学的产生及发展[J]. 邮电高教论坛, 1997(2):70.

③ 贺国庆. 德国和美国大学发达史[M]. 北京:人民教育出版社, 1998:97, 99.

④ 谷贤林. 美国研究型大学的兴起:内在动力与外在因素[J]. 北京科技大学学报(社会科学版),2006(4):151, 152.

以古典人文学科为主;在教学方法上,主要以讲授和背诵为主;在教学层次上,主要以本科教学为主,同时由于本科生没有接受欧洲大陆那样完善的中等教育,因而本科教育承担了大量原本属于中等教育阶段的任务,进而导致本科教育质量的低下;在课程设置上,由于所教授课程范围狭窄以及内容有限,传统学院往往实行必修制;在学位授予类型上,主要授予文学学位,鲜有授予理学学位者;在学位授予层次上,主要授予学士学位,而硕士学位更多是荣誉性质的,并没有实质意义。

不同学者也从多方面探讨了美国现代大学的模式或特征。弗莱克斯纳认为,现代大学"是指有意识地致力于追求知识、解决问题、审慎评价成果和培养真正高层次人才的机构。而这个意义上的大学我们直到1876年霍普金斯大学谨慎地打开它的校门时才拥有"①。理查德·霍夫斯塔特和沃尔特·梅茨格(Walter P. Metzger)认为,"在内战前杂志上广泛争论的选修制、研究生教育以及自然科学课程的开设在内战后的现代美国大学中都变为现实"②。布鲁贝克(John S. Brubacher)和鲁迪(Willis Rudy)认为,美国在借鉴德国大学影响时是有选择的,现代美国大学"引入了德国大学学术研究的技术规则和外在形式,它们主要依赖于研讨班、讲座制度以及实验室研究方法"③。王英杰认为,美国高校借鉴德国大学的经验,在以下几个方面进行了重大改革,并且取得了很大的成绩:"①建立和发展研究生教育体制,确定了哲学博士学位为最高的研究学位……②确立了科学研究在大学中的地位……③采纳了德国大学的'教与学自由'的原则,并且延伸和发展了这一原则……④学习了德国大学的教学方法,用讲授课和研讨课取代了美国学院中传统的背诵法……美国没有完全照抄德国的经验,而是将德国的经验植于美国的土壤中,与美国的政治经济环境和文化历史传统结合起来,建立了具有美国特色的现代高等教

---

① 亚伯拉罕·弗莱克斯纳. 现代大学论——美英德大学研究[M]. 徐辉,陈晓菲,译. 杭州:浙江教育出版社,2001:33.

② Metzger W P. Academic Freedom in the Age of University [M]. New York: Columbia University Press, 1955:3.

③ Brubacher J S, Rudy W. Higher Education in Transition: An American History: 1636 - 1956 [M]. New York: Harper & Brothers, 1958:175.

育制度。"①易红郡认为,"约翰·霍普金斯大学是美国第一所现代大学……许多美国高等教育专家认为,1876 年以前美国没有名副其实的大学,只是在霍普金斯大学创建后,美国才出现了现代意义上的大学。因为它使美国大学第一次把研究生培养放在首位,使授予博士学位和开展科学研究成为现代大学的重要标志,使拥有博士学位成为在大学和研究生院从事教育和科研的必备资格,同时还使学者们第一次能够在自己的专业领域里把教学和创造性研究结合起来……显然,19 世纪末美国产生的现代大学,并不是盲目照搬别国大学的模式,而是按照美国自己的需要建立起来的独具特色的新大学,这些大学既承担四年的普通高等教育,又承担科研和培养研究生的工作"②。克拉克·科尔认为,"现代美国大学既不是牛津大学,也不是柏林大学;它是世界上一种新型机构,作为新型机构,实际上它并不是私人的,也不是公立的;它既不完全属于世界,也不能与世隔绝,它是无与伦比的"③。伯顿·克拉克认为,"现代大学的现代性主要体现在大学从社会边缘走向社会中心之后,大学以其知识占有的广泛性、学科结构的完整性、教学科研的互动性等内在优势和多元巨型大学的外在优势,打破了以往的自我封闭状态,大学本身从本质上发生了根本性变化,成为'知识产业的核心部分'"④。科尔和克拉克所说的美国现代大学不同于以上学者所说的美国现代大学,他们所指的是 20 世纪形成的多元巨型大学,而非 19 世纪下半叶模仿德国大学模式建立或改造的新大学。

综合以上关于美国现代大学特点的概括,本研究认为美国现代大学具有如下特征:在大学职能上,开始突破传统学院单一教学职能的局限,同时开展教学、科研和服务职能;在培养目标上,在继续关注培养学生道德和基督教精神之外,开始关注科学知识的研究与传授;在教学内容上,将古典学科、现代科学、人文与社会科学知识都纳入大学的课程范围之

① 王英杰. 美国高等教育的发展与改革［M］. 北京:人民教育出版社,2002:19,21.

② 易红郡. 美国现代大学的产生及发展［J］. 邮电高教论坛,1997(2):71,73.

③ 克拉克·科尔. 大学的功用［M］. 陈学飞,陈恢钦,周京,刘新芝,译. 南昌:江西教育出版社,1993:1.

④ 伯顿·克拉克. 高等教育系统［M］. 王承绪,等,译. 杭州:浙江教育出版社,1994. 转引自宋旭红."现代大学制度"概念综述［J］. 江苏高教,2005(3):12.

内;在教学方法上,引入了德国大学流行的研讨班制和实验室的研究方法;在教学手段上,为了发挥大学的研究职能,建立了馆藏量丰富的图书馆、博物馆和艺术馆以及各种设备齐全的实验室;在教学层次上,在美国已有四年制本科教育的基础上,增加了研究生教育;在课程设置上,由于大量知识涌入课程范围以及学制所限,因而引入了选修制,同时现代大学开始实行学分制,而不再固守学院的学年制;在研究生教育的组织上,成立了研究生院;在学位授予的类型上,由于现代科学、人文和社会科学知识的大量涌入,在文学学位之外开始授予各种新型学士学位;在学位授予层次上,在学士学位之上开始授予硕士学位,更重要的是开始授予现代意义上的哲学博士学位。

根据以上概括的美国传统学院和现代大学的特点,本书认为,密歇根大学从传统学院向现代大学转型的历史时段是从 1852 年到 1892 年。之所以认为密歇根大学的转型始于 1852 年,是因为 1852 年塔潘就任该校校长,塔潘的到来不仅改变了密歇根大学的组织目标,致力于“把密歇根大学建成一所名副其实的大学”①,而且切实以这种新的组织目标对其进行改革。本书之所以认为 1892 年密歇根大学完成了转型,是因为这一年密歇根大学在文理系组建了研究生院,加上此前密歇根大学进行的一系列改革,如新兴自然科学、人文科学和社会科学的纳入,大量专业学院的设立,入学标准和学位授予标准的逐渐提高,研讨班和实验研究等新型教学法的引入,图书馆、博物馆、艺术馆馆藏量的增加和各种实验室的建立,选修制和学分制的建立,现代意义上的哲学博士学位的授予等,各项改革措施的逐步实施,共同推动密歇根大学完成了向现代大学的转型过程。

(二) 研究问题

本书要研究的主要问题是,从 1852 年到 1892 年,董事会行使的各项权力与密歇根大学从传统学院向现代大学的转型过程有何内在联系。这个问题可以细化为以下子问题:在密歇根大学转型的不同阶段,董事会行使了哪些权力,不同阶段董事会权力行使的侧重点发生了什么变化;董事会在行使这些权力时,其权力行使的基础和性质是什么,不同阶段董事会

① Shaw W B. The University of Michigan [M]. New York: Harcourt, Brace and Howe, 1920: 55.

权力行使的基础及其性质发生了什么变化;董事会行使的各项权力对密歇根大学完成转型发挥了什么作用。

二、 研究意义

研究董事会权力变迁与密歇根大学转型具有多方面的意义,主要体现为理论意义、实践意义和学科建设意义。

在大学内部治理结构上,大学董事会与大学校长最为重要。作为州立大学内部最高行政领导人的校长对州立大学迅速完成从传统学院向现代大学的转型发挥了重要作用,从大学校长的大学理念和治校实践出发研究州立大学转型之谜是大多数研究者选择的研究角度。但我们也无法忽视作为州立大学内部最高权力机构的董事会在州立大学转型过程中所发挥的作用,从大学董事会权力行使的角度研究这段时期美国州立大学的转型过程,在学理上有助于我们深化对美国州立大学从传统学院向现代大学转变过程中董事会作用的认识,从而进一步深化并丰富我们对美国州立大学转型原因的认识。这是本研究的理论意义。

我国的大学董事会制度建设可以追溯到筹建于 1921 年的东南大学,该大学主要以留美学生为师资基础,“1921 年东南大学筹备之时,校长郭秉文即考虑到,学校由高师改为大学,需要的经费多且急,如果单依靠官方拨各项经费比较困难,难以满足学校快速发展的需要,于是决定‘以欧美各大学为求社会之赞助起见,往往设立董事会协助校务进行’,在全国国立高校中率先设立董事会”①。在东南大学的影响下,1924 年,北京师范大学也成立了董事会,其他大学如北京医科大学、北京法科大学、美专等所谓“京中八校”也相继成立了董事会。1949 年新中国成立后,政府对旧大学进行社会主义改造,高校董事会也成了改造的对象。进入 20 世纪 80 年代之后,为了解决高校的资金短缺问题,中国一些高校重新建立董事会。1987 年 2 月,汕头大学建立了新中国成立以来第一个高校董事会。到 20 世纪末,一些部委直属的高校也成立了董事会,“据不完全统计,目前已成立大学董事会的国家教委直属院校有:重庆大学、复旦大学、

① 张雪蓉. 1920 年代东南大学的董事会制度研究[J]. 东南大学学报(哲学社会科学版), 2005(11):122.

上海交通大学、华东理工大学;部属院校有:中国矿业大学、北京科技大学、南京航空航天大学、南京化工大学、无锡轻工大学、东北大学;省属院校有:安徽大学、湖北大学、河北大学(筹)等,而且有继续增长的趋势"①。由此可见,我国高校早在 20 世纪初就引入董事会制度,而在 20 世纪 80 年代后,大学董事会制度在我国甚至有勃兴之势。在这一背景下,研究董事会权力变迁对密歇根大学转型的作用,对于在我国大学管理制度中规范董事会的权力具有一定的现实意义。

研究董事会权力变迁与密歇根大学转型问题对西方大学史学科建设具有重要意义。目前,国内的西方大学史研究正处于蓬勃发展的历史时期,外国教育史和比较教育学科的专家学者发表的期刊文章、硕博论文和研究专著不断涌现,一些学者对美国大学董事会也开展了一定的研究,为进一步研究奠定了基础。但是从总体上来看,研究者往往冠以美国大学、美国公立、私立大学等头衔,导致了研究在广度上有余却在深度上不足。本书将在以往研究的基础上,探究从 1852 到 1892 年董事会权力变迁与密歇根大学转型问题,这对进一步拓宽西方大学史学科研究领域具有一定的意义。

三、 概念界定

(一) 密歇根大学董事会(Board of Regents of the University of Michigan)

在美国州立大学中,各大学董事会使用的名称是不同的,主要有 board of regents、board of trustees、board of curators、board of visitors 4 种。根据《朗文当代英语词典》的解释,regent 指当国王或女王生病期间、离职期间或者还未成年之前,替代国王或女王进行治理的人;trustee 指那些为了别人的利益在某种条件下控制他人的资金或财产的人;curator 是指那些管理博物馆或动物园的人;visitor 是指那些视察、检查的人。由此可见,董事与他所要代为治理的对象、控制的资金或财产、管理的对象和视察的对象之间是管理与被管理的关系,而不是所有者与所有物之间的关

① 杜元炳. 教育投资多元化的有效探索——关于我国大学董事会的调查报告[J]. 高校体制改革与财务管理研究, 1997(2):12.

系。因而,由董事组成的董事会就是一种管理机构。在董事会名称的使用上,密歇根大学董事会经历过一次变迁,从 1821 年组建密歇根大学董事会到 1837 年迁到安阿伯(Ann Arbor)之前,使用的名称是 Board of Trustees,而 1837 年迁到安阿伯后就更改为 Board of Regents;在董事会成员产生方式上,在 1852 年经历了从任命制到民选制的转变;在董事会成员的任期制上,在 1864 年经历了从等长任期制到交错任期制的转变。密歇根大学董事会拥有州议会授予的各项权力;在大学内部,密歇根大学董事会是大学内部最高的立法机构和司法机构。

(二) 权力(Power)

在现代英语中,power 一词既可以作为名词来使用,也可以作为动词来使用。当作为名词时,power 除了有"权力"的意思外,还有"控制""能力""权威""影响""能量"等意思;当作为动词时,power 可译为"提供能量",而与权力毫无关系。因而,在现代英语中,当 power 翻译为"权力"时只有名词这一种用法。权力是社会学中一个重要概念,在西方社会学史上,不同学者对权力曾提出了各种不同的定义。夏传玲博士将不同的权力概念划分为五个基本的流派,即能力论(包括控制和影响)、博弈论、依附论、媒介论和结构论,这些流派对应于社会学理论的五个传统。[①] 本研究以夏传玲博士对权力概念所做的流派划分成果为基础。

在社会学中,最有影响的权力定义来自个人主义传统,该传统认为权力就是行动者(个人或集体)的一种能力,而这一流派关于权力的定义甚至被许多社会学家认为是社会学界就权力概念达成的基本共识。这一理论的经典论述来自韦伯对权力的定义,在韦伯看来,"权力意味着在一种社会关系里哪怕是遇到反对行动者也能贯彻自己意志的任何机会,不管这种机会是建立在什么基础之上"[②]。罗伯特·达尔(Dahl, Robert A.)将韦伯的权力定义进一步解释为:权力就是个人在社会中贯彻自己意志的能力,"A 对 B 拥有权力,意味着在某种程度上 A 能让 B 做不愿意做的

① 作者注:夏传玲博士在其博士论文《权杖和权势——组织的权力运作机制》中将各种权力概念划分为五个流派:即个人主义传统、功能主义传统、结构主义传统、冲突论的传统和社会交换传统。

② 马克斯·韦伯. 经济与社会(上卷)[M]. 林荣远,译. 北京:商务印书馆, 2006:81.

事情”①。

不同于个人主义传统，功能主义传统从集体的角度考察权力概念。该传统的代表人物帕森斯(Talcott Parsons)认为权力是一种集体资源，“权力类似于货币，它是政治制度的一种流通资源……它是在集体组织中实现集体合法目标的综合能力”②。汉娜·阿伦特(Hannah Arendt)的观点更明确，阿伦特认为，“权力不是简单的行动能力，而是人类步调一致行动的能力，它从来不是个人的属性，而是属于一个群体，只要这个群体还团结在一起，权力就依然存在”③。在帕森斯权力理论的基础上，卢曼(Niklas Luhmann)进一步将权力界定为社会系统的一种广义沟通媒介，将权力界定为个体之间行动的链条，“权力是一种约束性决策，是受代码导向的沟通”④。

与个人主义从行动者角度、功能主义从集体角度界定权力不同，结构主义着眼于权力关系背后的潜在结构来关注权力问题。哈贝马斯(Jurgen Habermas)认为，“权力是一种关系网络，无所不在，无时不在，因此，谁拥有权力、以什么名义拥有权力、他们从权力中获得什么等权力的配置问题，相对于权力的构成问题，就是一个次要的问题”⑤。在福柯(Micheal Foucault)看来，权力是一种社会关系，是一种社会结构，在这种结构中，“掌权者 A 和从属者 B 之间的关系是一种内在关系，失去一方，另一方就没有存在的理由，他们是一个物理上的两极”⑥。

冲突论则从利益和冲突角度界定权力。在冲突论学者看来，权力表现自己的最常见方式就是冲突。达尔把权力界定为：“A 对 B 拥有权力，

---

① Dahl R A. The Concept of Power [J]. Behavioral Science, 1957(3): 202 - 203.

② Parsons T. On the Concept of Political Power [J]. Proceedings of the American Philosophy Society, 1963(3): 236 - 237.

③ Arendt H. On Violence [M]. New York: Harcourt, 1969:44. 转引自夏传玲. 权杖和权势——组织的权力运作机制 [M]. 北京: 中国社会科学出版社, 2008:17 - 18.

④ Luhmann N. Trust and Power [M]. Chichester: John Wiley & Sons, 1979:118. 转引自夏传玲. 权杖和权势——组织的权力运作机制 [M]. 北京:中国社会科学出版社,2008:19.

⑤ Habermas J. Between Facts and Norms [M]. Cambridge: Polity Press, 1997. 转引自夏传玲. 权杖和权势——组织的权力运作机制 [M]. 北京:中国社会科学出版社,2008:28.

⑥ 夏传玲. 权杖和权势——组织的权力运作机制 [M]. 北京:中国社会科学出版社,2008:29.

意味着在某种程度上A能让B做不愿意做的事情。"①这就意味着A对B是否拥有权力要看冲突是否存在,如果B所做的事情是出于自己的意愿,那么按照达尔的定义,A对B就没有权力。但是在巴克拉克(Peter Bachrach)和巴拉兹(Martin Baratz)看来,A对B仍然拥有权力,他们在这里所关注的不是达尔所关注的谁在何时、如何得到权力的问题,而是谁被排除在外以及如何被排除在外的问题,"当A参与做出影响B的决策时,A当然对B行使了权力。但是,当A竭尽全力去建立或加强政治价值观与政治实践,这样就使政治讨论的范围仅仅限于对A有利的问题,这样实际上也阻止B提出对A不利的问题,这时A也对B行使了权力"②。而卢克斯认为,权力除了存在以上两个方面外,还存在第三个方面,即"那种认为不存在愤恨就等于真实的一致同意的观点仅仅排除了由于规定的法律所导致的虚假的或者被操纵的一致同意的可能性"③。

社会交换传统关注社会关系而不是个体,因而,在研究权力时,社会交换流派不是关注掌权者的行动,而是关注掌权者和权力对象之间的角色关系;不是只关注个人的权力,而是讨论权力依赖关系,两个行动者之间的权力依赖是两者之间权力关系的结构基础。爱默生(Richard M. Emerson)把权力看作依赖的倒数,他的权力理论也被称为"权力依赖框架"。依据这个理论,"权力就是他人对自己的依赖……两个变量共同确定一者对另一者的依赖程度:A对B的依赖与A能够从B那里获得目标的实现程度成正比,与A能够从A—B关系之外获得目标的实现程度成反比。如果一方对另一方的依赖为另一方提供权力的基础,那么我们必须把权力界定为潜在的影响。A对B拥有权力的大小相当于A能够克服B所遇到的阻力的数量"④。

纽约大学社会学系教授丹尼斯·朗是个人主义传统权力观在当代的

---

① Dahl R A. The Concept of Power [J]. Behavioral Science, 1957(3): 201.

② Bachrach P, Baratz M. The Two Faces of Power[J]. American Political Science Review, 1962(4): 948.

③ 斯蒂文·卢克斯. 权力——一种激进的观点 [M]. 彭斌,译. 南京: 江苏人民出版社, 2008: 16.

④ Emerson R M. Power-Dependence Relations [J]. American Sociological Review, 1962(1): 32.

代表人物,他将权力界定为“某些人对他人产生预期效果的能力”①。鉴于丹尼斯·朗的权力概念更有助于说明本书的研究问题,因而本研究将借鉴他的权力概念作为基础。

(三) 权力行使(Exercise of Power)

在对权力概念做出选择与界定后,本书进一步考察了掌权者与权力之间的关系问题。研究者认为掌权者和权力之间至少存在两种关系,第一种是权力的拥有,第二种是权力的行使。而本书研究的是掌权者与权力之间的第二种关系——权力的行使。在操作意义上,密歇根大学董事会权力行使的可观测行为体现为董事会所做的各种决定。在记载密歇根大学董事会各种行为的董事会会议议程中,董事会所做的各种决定体现在“Resolved……Adopted”所构成的行为单元中。

(四) 权力基础(Bases of Power)

本书接受丹尼斯·朗对权力基础的定义。丹尼斯·朗认为“权力基础着眼于掌权者……带入到权力关系使他得以行使权力的各种资源”②。由此可见,在丹尼斯·朗看来,权力基础就是掌权者在行使权力时带入权力关系中的各种资源,是控制权力对象并对其行使权力的前提条件。此外,丹尼斯·朗将权力资源划分为个人资源和集体资源两种。从来源或归属上来说,集体资源属于某一个集团而不属于某一个个人,它是某一集团所具有的一种属性或能力;从内容上来说,集体资源包括集体的财产、声望、信誉和合法性等因素。个人资源是属于个人的资源,并且这种资源不是由个人所处的某种职位所赋予的;从内容上来看,个人资源包括个人所拥有的时间、金钱、知识、经验、技能、态度、倾向、价值观等因素。

四、 文献综述

(一) 关于大学董事会成员产生方式的已有研究

根据查找到的相关资料,通过对已有研究成果进行总结可以发现,学界对董事会成员产生方式的已有研究成果可以分为以下几种:第一种是以几所院校为对象,分析董事会成员的产生方式;第二种是以某一类院校

---

① 丹尼斯·朗. 权力论[M]. 陆震纶,郑明哲,译. 北京:中国社会科学出版社,2001:3.

② 丹尼斯·朗. 权力论[M]. 陆震纶,郑明哲,译. 北京:中国社会科学出版社,2001:149.

为对象,分析这一类院校董事会成员的产生方式;第三种是以美国公、私立大学为对象,分析美国公、私立大学董事会成员的产生方式。

1. 以几所院校为对象分析董事会成员的产生方式

1967 年,亨德森(Algo D. Henderson)在他的报告《董事会的作用》(*The Role of the Governing Board*)中指出,在 1967 年完成该报告之时,他认为,“密歇根州三所公立大学董事会成员均是由本州公民选举产生”①。

1973 年,帕尔特里奇(James G. Paltridge)在题为“董事会的决策模式”(*Boards of Trustees: Their Decision Patterns*)的调查研究中,研究了 19 所大学董事会成员的产生方式,“①有 7 个董事会的成员是通过州长任命,并且得到州议会或其他州政府机构的批准;②有 6 个董事会的成员只是通过州长任命产生;③有 3 个董事会的成员完全或部分由州议会选举产生;④有 2 个董事会的成员是在州范围内由本州公民选举产生;⑤有 1 个董事会的成员是在州的各个区之内由区的公民选举一名董事会成员;⑥有 2 个董事会,其部分成员是通过现在董事会中的成员选举产生,这有两种情况,一种情况是董事会的新董事是由校友协会选举,其余部分由州议会选举产生;另一种情况是董事会新成员由董事会中现有成员选举产生”②。

2. 以某一类院校为对象分析董事会成员的产生方式

1973 年,穆尔(William Jr. Moore)在他的《社区学院董事会:能力的质疑》(*The Community College Board of Trustees: A Question of Competency*)一文中研究了社区学院董事会成员的产生方式。他认为社区学院董事会成员的产生方式有两种,一是任命,二是选举,“有一些董事会成员是通过选举产生的,比如说在密苏里州的圣路易斯的初级学院;其他董事会成员是通过任命方式产生的,比如说华盛顿州的西雅图或俄亥俄州的克利夫兰”③。

---

① Henderson A D. The Role of the Governing Board [M]. Washington. D. C.: Association of Governing Boards of Universities and Colleges, 1967: 6.

② Paltridge J G. Boards of Trustees: Their Decision Patterns [M]. University of California, Berkeley: Center for Research and Development in Higher Education, 1973:19.

③ Moore W Jr. The Community College Board of Trustees: A Question of Competency [J]. The Journal of Higher Education, 1973(3):172.

1982 年，鲍登（Henry L. Bowden）在他的《私立大学和学院董事会的组织与运作》（*Boards of Trustees：Their Organization and Operation at Private Colleges and Universities*）一书中研究了私立大学和学院董事会成员的产生方式。他认为，如果私立大学和学院董事会出现空缺的时候，应该由董事会中其余的成员选举新董事，用他自己的话来说就是董事会应该是一个自我延续体（self-perpetuating body），并且选举新董事事宜是由提名委员会负责的，"董事会应该是一个自我延续体，我的意思是说董事会新成员应该由董事会中现有的成员选举产生，而不应该由大学之外的任何人或机构来选举或任命新董事……选举的过程应该由一个提名委员会负责，该委员会成员不应该超过 5 人，并且他们应该具有不同程度的游说能力。当董事会中出现空缺或即将出现空缺之际，提名委员会就应该建议补充新的董事、提出候选名单并指定选举的日期。提名委员会成员还需要遍访本社区公认的领导人物，并且说服这些人如果当选的话要出任该大学董事"①。

3. 以美国公、私立大学为对象分析董事会成员的产生方式

1972 年，珀尔曼（Daniel H. Perlman）在他的名为"美国学院和大学董事会"（*College and University Governing Boards in the United States*）的研究报告中，指出了大学董事会成员的产生方式。他认为美国大学董事会成员的产生方式有 4 种，即"选举方式、任命方式、增选方式（即由董事会自身指定新的成员）和指定当然成员的方式（也就是说，由于某种独特的职位，比如说州公共教育督学、大学校长、校友协会主席等职位的人当然成为董事会成员）"②。

内森（John W. Nason）在他的《董事会的性质：学院和大学董事会的作用与责任》（*The Nature of Trusteeship：The Role and Responsibilities of College and University Boards*）一书中指出，不同性质的院校董事会成员的产生方式是不同的，"所有私立学院和大学的董事会都是自我延续体，也就是由董事会中其余的成员选举新董事……在四年制的公立大学中，

---

① Bowden H L. Boards of Trustees：Their Organization and Operation at Private Colleges and Universities [M]. Macon：Mercer University Press, 1982：2 – 3.

② Perlman D H. College and University Governing Boards in the United States [M]. Chicago：Roosevelt University, 1972：2.

75%的董事是由州长或者州政府其他官员任命，并且这种任命还需要得到州议会两院中一院的同意，并且在5个州，董事完全由本州公民选举产生……私立初级学院的董事在产生方式上也享有并面临着与私立学院和大学同样的机遇与危机。在公立社区学院中，50%到60%的董事是由当地公民选举产生，其余40%到50%的董事由州长或地方官或者二者共同任命产生"①。

2001年，刘宝存在《美国公、私立高等学校董事会制度比较研究》一文中研究了美国公、私立高校董事会成员的产生方式。他指出美国公、私立高校董事会成员在产生方式上是有差异的，"在人员选拔上，公立四年制单校园高校、两年制和四年制多校园学校大多数采用由州长任命、州立法机关批准的方式选拔董事，单校园社区学院则多采用选举方式。实际上，社区学院的董事会董事产生办法因办学主体而异。大多数社区学院为县、市、镇所办，董事会成员多通过选举产生。在州立的社区学院中，董事通常由州长或其他政府官员任命。私立高等学校的董事一般是应邀、应聘的，董事是有钱资助的企业家或者是社会名望高的专家。有些私立学校如哈佛大学的董事则完全由校友选举产生。实际上，单独依靠某一种方式选拔董事的学校并不多，大多数都采用多种方法"②。

2008年，和震在他的《美国大学自治制度的形成与发展》一书中，研究了美国大学董事会成员的产生方式。他认为公立大学和私立大学董事会成员产生方式有各自的特点，"私立高等教育机构的董事会具有自我永久性，是自我更替的。既有的董事会全体成员共同选举和校友推荐，是私立大学和学院董事会成员的两种主要的选择方式。而州立大学董事会是以一种公共信托为基础的，它以全州人民的公共利益为服务的目标，对代表全州人民的州政府负责，董事会成员往往被等同于公务员。在州立大学的发展过程中，董事会成员的选择一般有三种方式：州长任命、州议会

① Nason J W. The Nature of Trusteeship: The Role and Responsibilities of College and University Boards [M]. Washington. D. C.: Association of Governing Boards of Universities and Colleges, 1982:62-64.

② 刘宝存. 美国公、私立高等学校董事会制度比较研究 [J]. 吉林教育科学·高教研究, 2001(6):51,54.

选举、全州人民选举”①。

（二）关于大学董事会权力行使内容的已有研究

1. 应然权力论

这种观点的提出者主要阐述的是董事会应该拥有什么权力的问题。

1959 年，拉姆（Beardsley Ruml）在他的《纪念一个学院董事：文理学院财政与结构问题报告》（*Memo to a College Trustee: A Report on Financial and Structural Problems of the Liberal College*）一书中研究了文理学院董事会权力的问题。他认为董事会应该有两方面权力，一是在教育计划上，另一是在学院的财产上，“实际上，董事会拥有特许状所授予的教育计划和关于学院财产的最终的权力。它有这种最终的权力，董事会应该乐于向州、联邦、地方、捐赠人、父母和学生、学院教师辩护他们的权力”②。

1969 年，劳（Morton A. Rauh）在他的《学院董事：过去、现在和未来》（*The College Trustee—Past, Present, and Future*）一文中研究了董事会应当拥有的权力，即“①遴选校长；②评价校长对大学的管理；③掌控大学的资产；④作为大学内部各种纷争的最终上诉法庭；⑤维持大学内部各种权力以及大学与社会之间的一种平衡”③。

1970 年，科尔巴利（John E. Corbally）在他的《高等教育治理中的董事会》（*Boards of Trustees in the Governance of Higher Education*）一文中讨论了董事会应该实施的两项具体权力，一项权力是为大学制定具体的目的，另一项权力是评价大学实现规定目标的程度，“大学董事会应该保留两项具体的权力，一是为大学提出具体的目的，二是在任何时刻评价大学实现目的的程度。通过规定的这些权力以及通过设定程序以实施这些权力，董事会能够要求大学的所有雇员都向他负责，并且一致地、清晰地将其余一系列权力进行委托”④。

---

① 和震. 美国大学自治制度的形成与发展［M］. 北京：北京师范大学出版社，2008：174.

② Ruml B. Memo to a College Trustee: A Report on Financial and Structural Problems of the Liberal College [M]. New York: McGraw-Hill Book Company, Inc., 1959:13.

③ Rauh M A. The College Trustee—Past, Present, and Future [J]. The Journal of Higher Education, 1969(6):439.

④ Corbally J E. Boards of Trustees in the Governance of Higher Education [J]. Theory into Practice, 1970(4):242.

1984 年,蔡特(Richard P. Chait)在他主编的《董事会对学术事务的责任》(*Trustee Responsibility for Academic Affairs*)一书深入到董事会内部,探讨董事会内部的一个委员会——学术事务委员会(Academic Affairs Committee)在大学或学院学术事务上的责任。他认为学术事务委员会应该拥有四项有关大学或学院学术事务的责任,即"①规范大学或学院教师的人事政策和程序以体现其学术取向;②规范大学或学院的教育项目要与该校的使命和策略相一致;③确保学术财政预算要反映其学术取向;④监督大学或学院并对他们学术活动的绩效进行评价"①。

1993 年,英格拉姆(Richard T. Ingram)在《管理公立大学和学院:董事、主要行政领导、其他校领导工作手册》(*Governing Public Colleges and Universities: A Handbook for Trustees, Chief Executives, and Other Campus Leaders*)一书中指出,公立大学董事会应该拥有 12 项权力,即"①为大学或学院设定使命和目标,尽管董事会没有全部的权力去决定大学或学院的使命和相关的目标,但是董事会在确定大学和学院的使命和目标方面具有重要的作用;②任命大学或学院的校长;③支持大学或学院校长;④监督大学或学院校长;⑤坚持要求制订长期计划;⑥评价教育项目和公共服务项目;⑦确保大学或学院具有充足的资源;⑧确保大学得到良好的管理;⑨保护大学或学院一定的独立性;⑩为大学或学院与社会之间提供一个沟通的桥梁;⑪作为解决大学内部纠纷的上诉法院;⑫评价董事会的绩效"②。

2002 年,刘宝存在《美国公立高等学校董事会制度评析》一文中指出,董事会是公立高等学校的最高决策机构和最高权力机构,其基本职责在于对学校进行外部管理,制定学校的重大方针政策,保证学校的有效管理和健康发展。具体一点讲,其职责主要包括:"①确定学校的性质、目标和任务;②任命校长,协助校长开展工作,并对校长的工作进行评价;③制订学校长期发展计划;④保障足够的资源;⑤保障学校管理的有效

① Chait R P. Trustee Responsibility for Academic Affairs [M]. Washington. D. C.: Association of Governing Boards of Universities and Colleges, 1984:2.

② Ingram R T. Governing Public Colleges and Universities: A Handbook for Trustees, Chief Executives, and Other Campus Leaders [M]. San Francisco: Jossey-Bass Publishers, 1993: 95 – 109.

性;⑥审批、检查教育计划和公共服务计划;⑦沟通学校与社会的关系;⑧保障学校自治;⑨裁决校内申诉;⑩评价董事会工作。"①

2. 实然权力论

这种观点的提出者主要研究董事会实际行使什么权力的问题。

1951 年,蒂德(Ordway Tead)在他的《学院董事》(*College Trustees*)一文中,研究了学院董事会实际行使的权力,包括选举学院院长、批准学院院长提交的预算、提供学院充足的硬件设施、确定学费、管理捐赠以及维持学院良好的声誉等等,"董事会要进行的第一项也是最迫切的活动就是遴选一位学院院长,并且董事会对自己遴选的院长有能力展开自己的工作也有充分的信心,这是其他一切的基础。董事会做的第二件事情是理解并且批准院长或其他官员提交的年度预算。董事会进行的第三项活动就是为大学正常的运转提供充分的硬件条件,比如教室、图书馆、宿舍和实验室等等。……董事会进行的第四项活动是确定合理的学费额、利用捐赠的收入、缩小财政赤字以及所有其他的事情。但是就像我们已经指出的那样,董事会的权力不仅仅在学校的财政方面,也在道德方面,学校良好的声誉是董事会不断加以研究并加以维持、加强和扩充的"②。

1973 年,帕尔特里奇在题为"董事会的决策模式"(*Boards of Trustees: Their Decision Patterns*)的调查研究中,通过考察董事会在每次会议上的决议案,总结了董事会的权力内容:"行政和财政事务方面的权力;为学校提供硬件设施;教育事务上的权力;人事事务上的权力;学校内部事务上的权力;学校外部事务上的权力;关于仪式性事务的权力;关于学生事务的权力;关于行政组织的权力。"③帕尔特里奇还对董事会以上的权力内容进行进一步的分类,"其中人事事务权力包括教师的任命、工资、雇佣状况、员工的利益、任期和其他的权力。学生事务权力包括奖学金、体育事务、行为规范、学生服务、校内演说、学生报纸和其他权力;行政和财政事务方面的权力包括进行预算、确定学费、购买事务、管理捐赠、法律事务、预算转移和其他权力;为学校提供硬件设施的权力包括资本预算、资金拨

① 刘宝存. 美国公立高等学校董事会制度评析[J]. 高教探索. 2002(1):68.

② Tead O. College Trustees[J]. The Journal of Higher Education, 1951(4):172-173.

③ Paltridge J G. Boards of Trustees: Their Decision Patterns[M]. University of California, Berkeley: Center for Research and Development in Higher Education: 25.

款、缔结合约、长期计划、计划阶段和其他权力；教育事务上的权力包括研究合同、长期计划、校内项目、学位授予、入学标准和其他权力等”①。

1973 年，穆尔在他的《社区学院董事会：能力的质疑》（*The Community College Board of Trustees*：*A Question of Competency*）一文中研究了社区学院董事会权力内容，“社区学院的法人实体是董事会，它有权力维持法令、缔结和约、对学院人事的任命与解雇、晋升教师的职称、设定学费额、授予学位、批准学院所有的花销、与工会谈判、选择和批准学校的建筑项目……同时，它是学院内部各部分之间纠纷的仲裁者，它也是学院与本地区和州之间联系的纽带”②。

1982 年，内森在《董事会的性质：学院与大学董事会的作用和责任》（*The Nature of Trusteeship*：*The Role and Responsibilities of College and University Boards*）一书中指出，董事会的义务有：“①维护信托的完整性；②任命大学或学院的校长；③确保大学或学院得到良好的管理；④批准大学或学院的预算；⑤为大学或学院集资；⑥管理外界向大学或学院的捐赠；⑦为大学或学院提供充足的硬件设备；⑧监督大学或学院教育项目的实施；⑨批准大学或学院长期发展规划；⑩为大学或学院与社会之间提供一个沟通的桥梁与缓冲的空间；⑪保护大学或学院的自治地位；⑫作为解决大学内部纠纷的上诉法院；⑬了解并对大学或学院事务感兴趣。”③

（三）关于大学董事会权力基础的已有研究

1. 社会学者的研究

在已有的学术研究成果中，社会学者对权力基础进行了一般性的研究，研究的方式就是枚举掌权者在行使权力时带入权力关系中的资源，主要代表人物有阿米塔伊·埃齐翁尼（Amitai Etzioni）、威廉·甘森（William Gamson）和罗伯特·达尔等人。埃齐翁尼将权力基础划分为强制性资

① Paltridge J G. Boards of Trustees：Their Decision Patterns [M]. University of California, Berkeley：Center for Research and Development in Higher Education, 1973：32.

② Moore W Jr. The Community College Board of Trustees：A Question of Competency [J]. The Journal of Higher Education, 1973(3)：174 – 175.

③ Nason J W. The Nature of Trusteeship：The Role and Responsibilities of College and University Boards [M]. Washington. D. C：Association of Governing Boards of University and Colleges, 1982：19 – 43.

源、功利主义资源、规范性资源①;甘森将权力基础划分为强制性资源、诱导性资源、说服性资源②;达尔更是将权力基础详细划分为“个人自己拥有的时间;金钱、信用和财富的所有权;对信息的掌控;尊重与社会地位;拥有的个人魅力、声望、合法性、守法精神;符合出任公职人员的权力……团结一致,也就是作为社会一部分的成员从他人那里获得支持的能力;由于在职业、社会地位、宗教、民族出身或种族血统……选举权、智力、教育以及个人能力水平方面的相似程度,从而他们把他看成和他们一样”③。

2. 教育学者的研究

从已有的学术研究成果可以看出,教育学者在研究权力基础时,主要是研究大学校长的权力基础,这方面的代表是李巧针。她指出,“由于大学校长既是一个职位,也是一个个体,因此,大学校长的权力基础也可分为两类,一类是组织基础,另一类是个体基础。在美国研究型大学中,校长权力的组织基础主要在于研究型大学的组织结构、董事会制度、评议会制度等;个体基础主要包括校长个人的知识、经验、技能以及资历、品德、情感等因素”④。

(四)关于密歇根大学这一时期发展分期的已有研究

1875 年,密歇根大学原道德哲学与思辨哲学教授、当时密歇根大学图书馆馆员布鲁克(Andrew T. Brook)出版了《美国州立大学的起源与发展》(*American State Universities: Their Origin and Progress*),这是研究密歇根大学历史的第一部专著,该书研究的时段截至 1869 年。在该书中,布鲁克将密歇根大学从 1817 年建立到 1869 年这段时期划分为“密歇根高等教育早期组织阶段、安阿伯的筹建和开学、塔潘时期和黑文(Erastus O. Haven)时期”⑤。布鲁克的分期基本奠定了后来研究者对密歇根大学发展的分期方式。

---

① Etzioni A. The Active Society [M]. New York: The Free Press, 1968:357 -359.

② Gamson W. Power and Discontent [M]. Homewood, Ill.: The Dorsey Press, 1968:74 -81.

③ Dahl R A. Who Governs? Democracy and Power in an American City [M]. New Haven: Yale University Press, 1961:226.

④ 李巧针. 解析美国研究型大学校长的权力基础[J]. 大学·研究与评价, 2009(7/8):95 -96.

⑤ Brook A T. American State Universities: Their Origin and Progress [M]. Cincinnati: Robert Clarke & Co., 1875:v -vi.

法兰德（Elizabeth M. Farrand）在 1885 年出版的《密歇根大学史》（*History of the University of Michigan*）中将密歇根大学从 1817 年建立到 1883 年分为“从建立到 1835 年、1835 年到 1837 年、1837 年到 1841 年、1841 年到 1845 年、1845 年到 1851 年、塔潘时期、黑文时期、弗里兹（Henry S. Frieze）时期和安吉尔时期”①等 9 个阶段。

鉴于法兰德将 1817 年到 1851 年密歇根大学发展的这段时期划分得过于零碎，麦克劳克林（Andrew C. McLaughlin）在 1891 年出版的《密歇根高等教育史》（*History of Higher Education in Michigan*）一书中将 1817 年密歇根大学建立到 1852 年塔潘校长就任之间的历程分为两个时期，因而将 1817 年到 1891 年的历史分为“领地时期、1837 年到 1852 年、塔潘时期、黑文时期、弗里兹时期和安吉尔时期”②。

辛斯代尔（Burke A. Hinsdale）在 1906 年出版的《密歇根大学史：附 1837 至 1906 年间大学董事会和评议会成员简介》（*History of the University of Michigan with Biographical Sketches Regents and Members of the University Senate from 1837 to 1906*）一书中将 1817 年到 1852 年这段时期整合为领地时期和第一时期，因而将 1817 年到 1892 年这段时期的密歇根大学分为“领地时期、第一时期、塔潘时期、黑文时期、弗里兹时期和安吉尔时期”③。

威尔弗雷德·肖（Wilfred B. Shaw）在 1920 年著的《密歇根大学》（*The University of Michigan*）一书中将 1817 年到 1892 年密歇根大学的发展史分成 3 个时期，即“密歇根大学早期、密歇根大学早期校长时期以及安吉尔校长时期”④。他将 1817 年密歇根大学在底特律成立到 1852 年塔潘就任密歇根大学校长的时期称为密歇根大学早期，将塔潘就职到安吉尔就职时期称为早期校长时期，而把 1872 年到 1892 年称为安吉尔时

---

① Farrand E M. History of the University of Michigan [M]. Ann Arbor: Register Publishing House, 1885: contents.

② McLaughlin A C. History of Higher Education in Michigan [M]. Washington. D. C.: Government Printing Office, 1891: 3－4.

③ Hinsdale B A. History of the University of Michigan with Biographical Sketches Regents and Members of the University Senate from 1837 to 1906 [M]. Ann Arbor: The University of Michigan Press, 1906: contents.

④ Shaw W B. The University of Michigan [M]. New York: Harcourt, Brace and Howe, 1920: contents.

期。因而与辛斯代尔相比,肖在1920年的《密歇根大学》中将辛斯代尔的分期进一步整合。为庆祝密歇根大学建立100周年,肖在1842年主编《密歇根大学:全面地调查》(*The University of Michigan: An Encyclopedic Survey*)一书。该书在继承他1920年所著的《密歇根大学》中对该时期的整体分期框架基础上,将早期校长时期以两位校长、一位执行校长为名分割为三个时期,因而这段时期就由"密歇根大学早期、塔潘时期、黑文时期、弗里兹时期和安吉尔时期"①这5个时期组成。

通过以上综述可以看出,学界在研究董事会成员产生方式、董事会行使的权力、董事会行使权力的基础时所做的都是静态的理论分析,而没有展现出美国州立大学从传统学院到现代大学转型的不同时期董事会成员产生方式、董事会权力行使内容以及董事会权力行使基础的动态演变过程,而这种动态演变过程更能展现出大学董事会权力变迁对州立大学转型所发挥的具体作用。在对密歇根大学发展分期所做的研究方面,以上研究者均是以密歇根大学发展史上的重大事件作为分期依据,如密歇根大学建立、从底特律迁到安阿伯或者是各位校长的就任。重大事件当然是大学发展的重要分期依据,但关键要看将什么视为大学发展的关键事件以及如何解释这些关键事件。

本书以密歇根大学从传统学院向现代大学转型过程中所生成的现代大学因素及速度的不同程度将1852年到1892年划分为三个阶段:第一阶段是转型的起步时期,从1852—1863年;第二阶段是转型的缓慢发展时期,从1863—1871年;第三阶段是转型的快速发展时期,从1871—1892年,到这一时期结束时,密歇根大学基本完成了从传统学院向现代大学的转型过程。作为密歇根大学转型的基础,本书将1817年密歇根大学建立到1852年开始转型这段时期分为两个阶段:第一阶段为前传统学院时期,从1817—1837年,这一时期密歇根大学实际上就是一所中小学结合体;第二阶段为传统学院时期,从1837—1852年,此时期的密歇根大学停留在美国传统学院层次,实际上相当于欧洲的文科中学阶段。因而,本书将研究从1852年到1892年密歇根大学转型过程的不同阶段董事会实际

---

① Shaw W B. The University of Michigan: An Encyclopedic Survey [M]. Vol. 1. Ann Arbor: University of Michigan Press, 1942: vii.

行使的权力，并解释它们对密歇根大学顺利完成转型所发挥的作用。

五、 理论基础

本书以丹尼斯·朗的权力理论中权力基础部分为理论基础。丹尼斯·朗生于 1923 年，是纽约大学著名社会学家，其权力理论体现在他 1979 年出版的《权力论》一书中。丹尼斯·朗的权力理论主要由权力基础和权力形式两大部分构成。他认为权力是一种独特的社会关系，构成这种社会关系的双方是掌权者和权力对象，根据掌权者带入权力关系中使他得以行使各种权力的资源的不同而划分为不同的权力基础，根据权力对象服从掌权者命令的原因和动机的不同而划分为不同的权力形式，“权力形式随权力对象所遵从的不同原因与动机而异。与此相反，权力基础着眼于掌权者，并不着眼于他行使权力的原因与动机，而是着眼于他带入权力关系使他得以行使权力的各种资源”①。

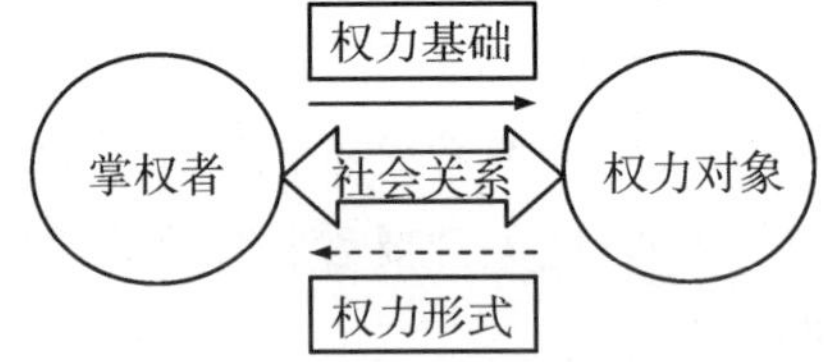

图前言 -1 丹尼斯·朗权力理论模型图

权力基础强调掌权者在行使权力时对各种权力资源的利用，这有助于说明作为事件众多参与者之一的掌权者在事件发展过程中所发挥的作用问题；而权力形式侧重于强调权力对象对掌权者命令服从的原因或动机，这有助于说明掌权者在事件发展过程中是以什么形式行使各种权力的问题。鉴于本书的研究目的是解释作为众多参与者之一的董事会在密歇根大学转型过程中所发挥的作用问题，因而我们选择丹尼斯·朗权力理论中的权力基础部分作为研究的理论基础。

六、 研究思路与研究方法

（一） 研究思路

从董事会权力行使这种董事会日常行为的角度解释密歇根大学从传

---

① 丹尼斯·朗. 权力论［M］. 陆震纶，郑明哲，译. 北京：中国社会科学出版社，2001：149.

统学院向现代大学的转型原因,有两条研究路径可供选择。第一条研究路径是以密歇根大学转型过程中开展的各项改革措施为轴,然后进一步分析在各项改革措施中董事会的所作所为,进而评价董事会在密歇根大学转型过程中所发挥的作用。另一条研究路径是以密歇根大学转型过程的不同阶段董事会行使的各项权力为轴,进而评价董事会行使的各项权力对密歇根大学完成转型所发挥的作用。至于选择哪条研究路径,必须遵循一条原则,那就是哪条研究路径能更全面和更客观地反映董事会权力变迁在密歇根大学转型过程中发挥的作用。根据这一原则,本书最终选择第二条研究路径。之所以认为第二条研究路径能更全面更客观地反映董事会权力变迁在密歇根大学转型过程中发挥的作用,有以下两方面原因。首先,从董事会权限角度来看,董事会的权限主要集中在大学人事、财政和管理政策的制定方面,在学术政策上董事会虽然没有权力,但他们却能通过人事、财政和管理政策的制定为学术政策的制定与实施提供各方面保障;而如果以第一条研究路径开展研究就很容易忽视董事会在密歇根大学的各项学术性改革措施中发挥的作用,或者是证据不足地过分重视董事会在其中发挥的作用,这样有碍于全面评价董事会行使的各种权力对密歇根大学转型发挥的作用。其次,从密歇根大学各项改革措施的具体实施负责人来看,各项改革措施的实施由校长负责,而董事会只是在每年固定的时间到大学召开有限的几次会议,这样在评价董事会的作用时研究者可能会形成一定的偏见,进而可能会无视董事会的作用,因而不利于客观评价董事会行使的各项权力在密歇根大学转型过程中发挥的作用。

在明确了本书的研究路径后,本书的研究思路是,首先简要分析前传统学院时期和传统学院时期密歇根大学董事会权力行使的内容、基础及发挥的作用,将之作为研究密歇根大学转型与董事会权力变迁的历史背景。

本书根据密歇根大学从传统学院向现代大学转型过程中现代大学因素的形成情况,将这一过程分成三个阶段。第一个阶段为转型的起步时期,时间从 1852 年到 1863 年,塔潘校长的就任和离职是这一时期起始的节点。这一时期密歇根大学董事会的组织特点是所有成员的任期长度都相同,并且任期开始时间也相同,从而任期结束的时间也相同。第二个阶段为转型的缓慢发展时期,时间从 1863 年到 1871 年,黑文校长的就任和弗里兹执行校长的卸任是这一时期起始的节点。这一时期密歇根大学董事会的组织特点是所有成员任期开始时间相同,但任期长度各不相同,从而所有董事会成员任期结束时间也不同,在某一时间只有少部分董事会成员任期结束。第三个阶段为转型的快速发展时期,时间从 1871 年到 1892 年,到这一时期结束时,密歇根大学也就完成了从传统学院向现代大学的转型过程,安吉尔校长就任和密歇根大学文理系研究生院的建立是这一时期起始的节点。这一时期密歇根大学董事会的组织特点是所有成员的任期长度都相同,但任期开始的时间各不相同,因而在某一时间只有少部分董事任期结束,也就只需重新选举少部分新董事。

在此基础上,本书以美国社会学家丹尼斯·朗的权力理论为基础,分别研究密歇根大学转型过程的三个阶段董事会权力行使的内容、基础及作用问题。

(二) 研究方法

1. 文献分析法

本书使用的第一种方法是文献分析法,这是历史研究中的一种最基本的方法。本书作者有幸得到了大量新的一手文献,从而为研究奠定了坚实的基础,这些一手文献可以分为六类:第一类是该时期密歇根州议会通过的有关密歇根大学的各种法律以及州议会两院相关的议会日志;第二类是这段时期密歇根大学董事会的会议纪要,这是记载董事会权力行使的基本资料;第三类是这段时期密歇根大学校长向董事会作的年度报告;第四类是这段时期密歇根州公共教育督学所作的年度报告,该年度报告中包括董事会向州公共教育督学所作的年度报告;第五类是密歇根大学董事会制定的大学管理规程;第六类是塔潘的教育著作、演讲,黑文的演讲与自传,弗里兹的演讲以及安吉尔的自传。此外,本书也有大量的二手文献作为研究的基础,这些二手文献主要包括密歇根大学史、密歇根州政治史以及密歇根大学董事的传记等三类文献。具体分析这些一手和二手文献主要体现在以下两方面:首先,研究密歇根大学董事会的会议纪要,董事会会议纪要记录了董事会的各种决定以及董事会各委员会提交的报告,而本书研究董事会权力行使,它在操作化的意义上就是董事会就大学各项事务做出的各种决定。其次,分析与密歇根大学相关的法律文本,研究密歇根大学董事会权力行使的合法性基础。

2. 分类与统计法

分类法就是按照事物的性质、特点、用途作为区分的标准,将符合同一标准的事物类聚的一种认识事物的方法。在本书中,分类法主要用在研究董事会会议纪要上。通过分析,我们从董事会大量的会议纪要中提取出董事会权力行使的所有行为;在此之后,将提取出来的董事会权力行使的各种行为按照性质的不同进行分类。本书根据董事会权力行使内容性质的不同,将董事会权力行使的内容分成如下几大类:大学预算制定权,大学教师(包括校长)任命权,大学组织建设权,建设图书馆、博物馆、艺术馆与科学实验室权,大学管理规程的制定与修改权,提高入学标准与毕业标准的权力以及学位授予权。在对董事会权力行使的行为进行分析提取与分类的基础上,通过统计的方法研究董事会在某一时期某种权力行使的频次,进而分析其对密歇根大学转型所发挥的作用。

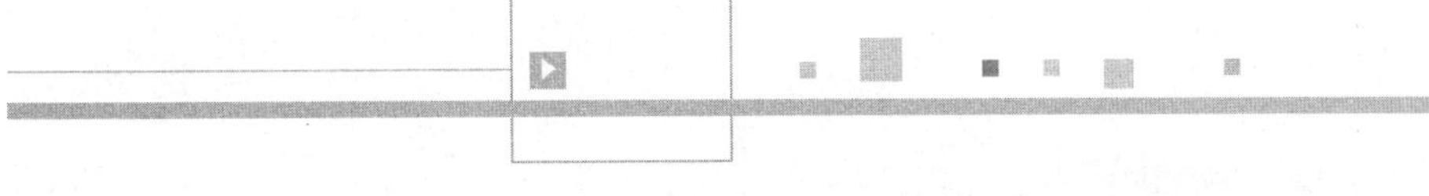

第一章　转型之前的密歇根大学董事会

19 世纪下半叶美国现代大学的形成有两种模式:第一种模式是改革传统学院,密歇根大学的改革建立了这一模式;而另一种模式是新建研究性大学,约翰·霍普金斯大学的开学建立了这一模式。1852 年,密歇根大学第一届民选董事会选举塔潘为校长,从而开启了密歇根大学从传统学院向现代大学转型的新时代,也掀起了美国传统学院改革的浪潮,因而这一年无论对密歇根大学发展史还是对美国高等教育发展史而言都是极其重要的一年。在密歇根大学开始转型之时,它已经走过了 35 年的风雨路,其间还经历过一次迁校。那么,在密歇根大学转型前,传统的密歇根大学经历了哪些发展阶段呢?在这些发展阶段中,密歇根大学董事会行使了哪些权力呢?其权力行使的基础是什么呢?它们行使的权力对密歇根大学发挥了哪些作用呢?在本章中将详细回答以上问题。

第一节　前传统学院时期的密歇根大学董事会

1817 年,密歇根领地总督和领地法院法官联合签署了密歇根大学建校法,这标志着密歇根大学在法律意义上的正式建立,校址选在了当时的领地首府底特律①。1817 年建校法将新组建的密歇根大学的管理权交给大学校长和教授组成的教授会行使。1821 年领地政府重新颁布了一部新的密歇根大学建校法,该法将大学正式定名为密歇根大学,并废除了 1817 年建校法建立的教授会,也废除了大学校长这一职位,建立了一个由 21 人组成的董事会负责管理大学的各项事务。从 1817 年建校底特律到 1837 年迁到安阿伯,本书将这段时期称为前传统学院时期,因为密歇根大学在这段时期虽然名为大学,但实际上开展的仅仅是小学和中学层次的教学工作,而迁到安阿伯后才开始进行传统学院层次的教学工作。那么在前传统学院时期,教授会和董事会实际都行使了哪些权力?它们行使这些权力的基础是什么?它们行使的这些权力对密歇根大学在这一时期的发展发挥了哪些作用?

一、 教授会与董事会行使的权力内容

(一) 教授会行使的权力内容

在法瑟·理查德(Father G. Richard)、奥古斯塔斯·伍德沃德(Augustus A. B. Woodward)和约翰·蒙蒂思(John Monteith)三人的联合推动下,在领地总督刘易斯·卡斯(Lewis Cass)和州务卿威廉·伍德布里奇(William Woodbridge)的支持下,1817 年领地总督和法官联合签署了密歇根大学建校法,这标志着密歇根大学在法律意义上的正式建立,当时这所大学被学究性地称为"密歇根广博知识之府,或密歇根大学"。在 1821 年建校法将学校正式定名为密歇根大学前,只有 1818 年 6 月 11 日古典文实中学和小学董事会会议上提交的一份报告正式使用过"密歇根广博知识之府",在其他所有地方都使用"密歇根大学"来指称建立在底特律的这所大学。

① 虽然现在设在安阿伯的密歇根大学成立于 1837 年,但早在 1817 年密歇根领地颁布密歇根大学建校法时就标志着密歇根大学在法律上的真正成立。1856 年,在密歇根大学董事会诉底特律市教育委员会一案中,密歇根州最高法院在判决中就指出:"现在(建在安阿伯)的密歇根大学董事会法人创建于 1817 年,并于 1821 年进行改组,在其早期建校法规定下成立的密歇根大学所获得的全部赠地都已交给了现在的密歇根大学。". 转引自 Elliott E C. Charters and Basic Laws: Selected American Universities and Colleges [M]. New York: The Carnegie Foundation for the Advancement of Teaching, 1934:348.

根据建校法的规定,大学要设立13个教授席位,但一个人可以同时兼任多个教授席位。密歇根大学建立后,实际上只有两位教授:蒙蒂思兼任7个教授职位,同时出任密歇根大学校长;而法瑟·理查德兼任其余6个教授的职位。蒙蒂思和理查德两人组成大学教授会。

在教授会存续的短短4年中,它们实际行使的权力主要集中在3方面:资产管理权,中小学校建设权,教师任命权。

1. 资产管理权

大学建立需要大量资金,1817年建校法规定密歇根大学建校资金来源:"将现有公共税率提高15%,并将现在及未来公共税收收入的15%拨给密歇根大学使用……大学可以连续发行4期彩票,并从奖金中抽取15%为大学之用。"①但没有任何证据表明教授会使用了建校法赋予它们发行彩票筹集建校资金这项权力。

1817年密歇根大学建校时得到过政府两次赠地和一次拨款。第一次赠地来自联邦国会,1804年联邦政府拨给密歇根领地1个市镇面积的土地用于建立一所学术机构,1826年联邦国会立法将赠地面积扩大到2个市镇。第二次赠地来自梅格斯堡条约赠地,1817年卡斯总督和麦克阿瑟将军(Duncan MacArthur)与怀安多特族、帕塔瓦米族、肖尼族、齐佩瓦族等4个印第安人部族签订了梅格斯堡条约(*Treaty of Fort Meigs*),在该条约中载明"印第安部族捐赠6个地块土地,其中3个地块土地捐赠给法瑟·理查德在圣安娜建立的教堂,另3个地块则捐给在底特律开办的学院"②,并授予教授会选择和出售梅格斯堡条约赠地的权力。拨款主要来自1805年底特律大火的受害者。为了管理这笔拨款,1817年9月20日和10月3日,教授会两次制定管理条例承诺对这笔拨款进行管理。

为了有效管理大学有限的资源,最大限度提高资源利用率,教授会制定了严格的大学财政支出制度,规定:"首先,大学今后的任何一笔财政支出必须先通过相关的管理条例才可以;其次,针对任何一项对大学的财政要求,大学会计必须首先进行考察、审计并进行确证,然后将确证结果提

---

① Elliott E C. Charters and Basic Laws: Selected American Universities and Colleges [M]. New York: The Carnegie Foundation for the Advancement of Teaching, 1934: 341.

② Shaw W B. The University of Michigan: An Encyclopedic Survey [M]. Vol. 1. Ann Arbor: University of Michigan Press, 1942: 29.

交给大学校长,只有经过校长批准后大学财务处长才可以满足这一财政要求。"①

此外,为了及时完成底特律第一小学和古典文实中学教学楼的建设工作,教授会除了在1817年10月3日、1817年10月21日先后通过拨款条例拨款外,还于1818年7月14日授权底特律第一小学和古典文实中学董事会:"借贷不超过700美元资金用于建设底特律第一小学和古典文实中学教学楼。"②

2. 中小学校建设权

密歇根大学在建校之初,并没有立即开设学院层次的课程,在性质上也不是一所高等教育机构,而更像是一个领地政府设置的教育行政机构。1817年建校法通过之后,密歇根大学教授会颁布命令,规定在该领地各地建立小学、古典文实中学和学院,同时对这些教育机构的课程设置做出一定的规定。

1817年9月12日,教授会就规定"在底特律、门罗(Munroe)、马基纳克(Michilimackinac)等县建立小学,在底特律建立1所古典文实中学"③。1817年9月24日,密歇根大学开始建设第一座教学楼,该楼位于贝茨大街(Bates Street)西侧领地议会附近,到1818年11月教学楼基本竣工,该楼第一层用于开办小学,而第二层用于开办文实中学。1817年10月3日,教授会规定"在底特律建设密歇根"④。同时,教授会还规定了中小学应该开设的课程:"小学应该开设阅读、写作、算术、英语语法和演讲术等课程……古典文实中学应该开设法语、拉丁语、希腊语、古代史、英语语法、写作、演讲术、数学、地理、道德和建筑。"⑤

---

① Records of the University of Michigan 1817 – 1837 [M]. Ann Arbor: University of Michigan Press, 1935:29.

② Records of the University of Michigan 1817 – 1837 [M]. Ann Arbor: University of Michigan Press, 1935:35.

③ Records of the University of Michigan 1817 – 1837 [M]. Ann Arbor: University of Michigan Press, 1935:22 – 25.

④ Records of the University of Michigan 1817 – 1837 [M]. Ann Arbor: University of Michigan Press, 1935:28.

⑤ Records of the University of Michigan 1817 – 1837 [M]. Ann Arbor: University of Michigan Press, 1935:22 – 23.

甚至,教授会对小学使用的教材还做出了规定:“如果可行的话,在小学中将使用以下书籍为教材:默里(Lindley Murray)的单词拼写课本和他的英语读本、英语语法与练习册、沃克(John Walker)的演讲术和字典、圣经。”①

3. 人事任命权

(1) 大学行政人员的任命。密歇根大学建校之初,为了使大学能有效运行,1817 年 9 月 12 日,教授会决定任命一位财务处长(Treasurer)和一名教务处长(Register)。财务处长主要负责“发行 10000 美元的大学公债”②,而教务处长主要负责“管理有关大学的各种法律法规,大学教授会做出的各种任命和决定,以及执行教授会临时委派的各种任务”③。

为了使大学财务处长能快速收集到属于大学的办学资金,1817 年 10 月 3 日,教授会还授权“大学财务处长可以雇佣资金收集员(Collector)”④,助其将属于大学的资金快速筹集上来。

(2) 小学与古典文实中学董事的任命与职权的分配。密歇根大学由于在建校之初更多地发挥了领地教育行政部门的作用,建立各级教育机构,因此,其人事任命就不仅仅局限于密歇根大学行政人员的任命。

大学教授会规定:“将为每一所小学和古典文实中学任命 1 到 13 名董事负责管理学校,其主要职责是视察与监督其所在各小学和文实中学,向大学教授会报告各校的进展情况以及各校教师的教学能力和教学活动……同时,董事还有责任向教授会推荐合格的教师人选,一旦教授会批准了董事的建议人选,该人选就将得到教授会的任命,同时也能得到相应的报酬;如果各校董事发现他们雇佣的教师没有履行教学的能力,或者行

① Records of the University of Michigan 1817 - 1837 [M]. Ann Arbor: University of Michigan Press, 1935:26 - 27.

② Records of the University of Michigan 1817 - 1837 [M]. Ann Arbor: University of Michigan Press, 1935:25.

③ Records of the University of Michigan 1817 - 1837 [M]. Ann Arbor: University of Michigan Press, 1935:26.

④ Records of the University of Michigan 1817 - 1837 [M]. Ann Arbor: University of Michigan Press, 1935:30.

为不检点，他们也有责任向大学教授会如实禀报，从而将此人免职。”①

除了对各校董事任命和相关职责做出说明之外，教授会还明确规定了董事的权力：“各小学和文实中学有权召集自己学校的会议，任命相关工作人员，制定与执行相关的行政法规，从而更有效地筹集必需的资金以便为各自所在学校建设必需的校舍。”②

1818年2月26日，教授会任命“威廉·伍德布里奇、威廉·珀蒂（William W. Petit）、亚历山大·麦克姆（Alexander Macomb）、所罗门·西布利（Solomon Sibley）、菲利普·勒屈耶（Philip Lecuyer）、威廉·布朗（William Brown）、查尔斯·拉尼德（Charles Larned）、奥斯汀·温（Austin E Wing）、安德鲁·惠特尼（Andrew G. Whitney）、威廉·麦卡斯基（William McCoskry）、阿布·爱德华兹（Abe Edwards）、乔治·麦克杜格尔（George McDougall）和约翰·怀廷（John L. Whiting）”③为古典文实中学董事。同日，任命“亨特（H. J. Hunt）、本杰明·斯特德（Benjamin Stead）、詹姆斯·阿博特（James Abbott）、大卫·麦金斯特里（David C. Mckinstry）、康波（Barnabas Campeau）、约翰·威廉姆斯（John R. Williams）、奥利弗·米勒（Oliver W. Miller）、本杰明·伍德沃思（Benjamin Woodworth）、奥利弗·威廉姆斯（Oliver Williams）、斯蒂芬·马克（Stephen Mack）、詹姆斯·康纳（James Conner）和皮特·德努瓦耶（Peter J. Desnoyers）”④为底特律第一小学的董事。

由于大学建校之初资金所限，所以教授会决定底特律第一小学和底特律古典文实中学在同一栋教学楼开设。为了能加速“密歇根大学”第一栋教学楼完工，1818年4月23日，密歇根大学教授会决定：“底特律第一小学和底特律古典文实中学董事联合起来行动……以推进教学楼的建

① Records of the University of Michigan 1817－1837 [M]. Ann Arbor: University of Michigan Press, 1935:24, 31.

② Records of the University of Michigan 1817－1837 [M]. Ann Arbor: University of Michigan Press, 1935:31.

③ Records of the University of Michigan 1817－1837 [M]. Ann Arbor: University of Michigan Press, 1935:39.

④ 同③。

设能以最快方式完工。"①

（3）中小学教师的任命。1818 年，教授会首先为建在底特律的小学聘请了莱缪尔·沙特克（Lemuel Shattuck）。沙特克来自马萨诸塞州，1821 年被任命为密歇根大学新建董事会的第一任秘书，并于 1821 年底离开密歇根州。由于当时小学师资缺乏，因而在底特律的小学中实行导生制教学。1818 年，教授会聘请了休·迪基（Hugh M. Dickie）为文实中学第一位教师，迪基毕业于杰斐逊学院。1819 年 1 月迪基去世后，教授会聘请了约翰·戴明（John J. Deming）担任文实中学教师。1821 年 2 月，聘请埃比尼泽·克拉普（Ebenezer Clapp）担任文实中学教师。

（二）董事会行使的权力内容

1821 年领地总督和法官联合签署了密歇根大学建校法，同时废除了 1817 年建校法。新建校法正式将大学定名为密歇根大学，并建立了一个由 21 人组成的董事会，领地总督是董事会的当然成员。1821 年大学建校法规定，密歇根大学继承原密歇根大学所获得的 1804 年联邦赠地、1817 年梅格斯堡条约赠地以及所有其他财产。从 1821 年组建董事会到 1837 年迁到安阿伯这 16 年间，大学董事会行使的权力主要集中在资产管理权与教师任命权两方面。

1. 资产管理权

1821 年董事会召开了第一次会议，总督伍德布里奇向董事会报告了他之前对联邦赠地的调查结果。调查结果显示，按地段选取联邦赠予的土地要比按整块选取 1 个市镇土地②收益高。董事会委托伍德布里奇组建一个委员会起草这份报告，委员会起草的报告得到了董事会和领地议会的批准，并提交到联邦国会。在奥斯汀·温的积极推动下，联邦国会于

① Records of the University of Michigan 1817 – 1837 [M]. Ann Arbor: University of Michigan Press, 1935:33.

② 作者注：根据 1787 年西北法令对西北地区土地测量方式的规定，西北地区将以方形的形状测量并划分土地。划分土地的最大面积为市镇，每个市镇长、宽皆为 6 英里，面积为 36 平方英里，合计 23040 英亩。将市镇进一步平均划分为 36 份，每份称为 1 个地段，地段长、宽皆为 1 英里，面积为 1 平方英里，合计 640 英亩。每个地段再平均分为 4 份，每份称为四分之一地段，它长、宽皆为 0.5 英里，面积为 0.25 平方英里，合计 160 英亩。四分之一地段再平均分成 4 份，每份称为十六分之一地段，它长、宽皆为 0.25 英里，面积为 0.0625 平方英里，合计 40 英亩，这是土地测量划分的最小单位。

1826年5月20日通过法案，该法案不仅将联邦对密歇根大学赠地数量增加到2个市镇的面积，而且允许它们在领地范围内以地块为单位选择联邦大学赠地，“授权联邦财政部长从密歇根领地将要出售的公共土地中保留2个市镇面积的土地，拨赠给该领地内的密歇根大学，以备大学之用，禁止将联邦赠地用于其他任何目的。同时，在要进行测量的土地上以地块为单位选取联邦赠地，并代替1804年3月26日通过的题为“对印第安纳领地公共土地分配之规定”中为了在印第安纳领地上建立一所大学而拨赠一整个市镇面积土地的规定”①。该法案对于增加大学财政来源非常关键，一方面因为它增加了联邦对大学的赠地数量，另一方面因为它能使大学在整个领地范围内选择更有价值的土地，而不必整块选择1个市镇面积的土地，从而避免价值高与价值低的土地同时被选取的情况发生。据统计，“到1836年为止，大学已经选择了29个地块的土地”②。

1827年10月30日，大学董事会决定停止对底特律古典文实中学的财政资助，鼓励教师自行维持古典文实中学③。记录表明，从那时起一直到1837迁到安阿伯这十年间，大学董事会偶尔将该教学楼租赁出去供其他教育目的使用，“1830年，底特律市请求大学董事会将教学楼租赁给它们开办公立学校，1831年5月，董事会同意了底特律市提出的要求。1834年，董事会又将教学楼租赁给约翰·贝洛斯(John N. Bellows)和克雷恩(D. B. Crane)④。1836年，艾伦斯(Rev. Mr. Elens)租赁教学楼二层开办了一所古典学校”⑤。

2. 教师任命权

1821年，新成立的大学董事会聘任小学校长莱缪尔·沙特克为董事

① The Public Statutes at Large of the United States of America, from the Organization of the Government in 1789 to March 3, 1845 [M]. Vol. IV. Boston: Charles C. Little and James Brown, 1846:180.

② Shaw W B. The University of Michigan: An Encyclopedic Survey [M]. Vol. 1. Ann Arbor: University of Michigan Press, 1942: 30.

③ Records of the University of Michigan 1817 – 1837 [M]. Ann Arbor: University of Michigan Press, 1935:127.

④ Records of the University of Michigan 1817 – 1837 [M]. Ann Arbor: University of Michigan Press, 1935:160.

⑤ Shaw W B. The University of Michigan: An Encyclopedic Survey [M]. Vol. 1. Ann Arbor: University of Michigan Press, 1942: 28.

会秘书后,聘任约翰·法马尔(John Farmer)为底特律小学教师①。1824年1月,法马尔辞去底特律小学教师职务。之后,董事会又聘请埃比尼泽·谢泼德(Ebenezer Shephard)和库克(Mr. Cook)担任底特律小学教师,库克于1827年去世。1827年后,底特律小学主要由小学教师自行管理,遂逐渐演变成一所私立学校。

1821年,教授会聘请埃比尼泽·克拉普担任文实中学教师,在教授会做出这一决定不久后,领地议会就颁布法律将大学正式更名为密歇根大学,并建立董事会取代教授会对大学进行管理。1822年,董事会没有重新任命克拉普担任文实中学教师,而任命阿隆索·韦尔顿(Alanson W. Welton)接任克拉普文实中学教师的职位②。1824年韦尔顿离开这一职位后,阿什贝尔·韦尔斯(Ashbel S. Wells)接任了他的职位③。1826年韦尔斯离开这一职位后,查尔斯·西尔斯(Charles C. Sears)接替韦尔斯的职位④。1827年后,董事会决定停止对文实中学的资助,文实中学就几乎停办了。

从前传统学院时期密歇根大学教授会和董事会行使的权力内容来看,他们行使的权力主要集中在两方面,即资产管理权与教师任命权。从这一时期密歇根大学实际发展情况来看,前传统学院时期密歇根大学最高教育水平就局限在文实中学阶段,在这一阶段,大学仅仅有一栋教学楼,并且教学楼的一层用于小学教育,二层用于文实中学教育,根本没有为大学教育留下空间。1827年后,董事会对文实中学的财政资助就停止了,并且这栋教学楼在1827年后偶尔出租给他人用于其他教育目的。因此,从实际发展角度来看,该时期密歇根大学就是一所中小学的结合体,而教授会和董事会实际行使的权力更多局限在资产管理方面,教师任命方面的权力主要表现在为小学和文实中学任命教师。

---

① Records of the University of Michigan 1817 – 1837 [M]. Ann Arbor: University of Michigan Press, 1935: 64.

② Records of the University of Michigan 1817 – 1837 [M]. Ann Arbor: University of Michigan Press, 1935:73.

③ Records of the University of Michigan 1817 – 1837 [M]. Ann Arbor: University of Michigan Press, 1935:96.

④ Records of the University of Michigan 1817 – 1837 [M]. Ann Arbor: University of Michigan Press, 1935:117.

二、教授会与董事会权力行使的基础及其性质

（一）赠地立法传统

1785年西北法令规定西北土地按照方形测量，以市镇为最大测量单位，每个市镇长、宽各为6英里，面积为36平方英里。每个市镇再划分为长、宽各1英里的地块，其中第16地块用于资助开办学校。1787年西北法令第三条规定，"宗教、道德与知识对于良好政府与人类幸福来说是必不可少的，因而国家政府将永远鼓励发展学校和其他任何教育方式"①。这条规定成为政府资助西部诸州教育发展的"宪法"。1804年，联邦国会通过"处理印第安纳领地公共土地的法令"，在该法令第五款中指出，"以上所有土地，除了保留每个市镇内第16地块用于在该市镇建立学校、除了在以上土地局设立的三个地方②由财政部长选择一整块市镇面积的土地用于建立一所大学外……所有土地都将在土地测量总管、或印第安纳领地总督、或土地局登记员抑或公共资金管理者的指导下，出售给出价最高的购买人"③。1805年联邦国会通过"将印第安纳领地划分为2块领地的法令"，将印第安纳领地分为2个领地，一个领地仍然命名为印第安纳领地，而另一个领地则命名为密歇根领地，领地首府设在底特律。

联邦政府通过的以上几部法律表明联邦政府承认对促进西部教育发展承担责任，同时也形成了联邦政府赠地发展西部诸州教育的传统，而这些传统成为董事会行使大学资金管理权的一种重要资源，成为它们行使权力的基础。

---

① Laws of the Territory of Michigan [M]. Detroit: Sheldon M'Knight, 1833:27.

② 作者注：1804年法第二款规定，为了出售印第安纳领地公共土地，联邦国会在印第安纳领地三个地方设立三个土地局，第一个土地局设在底特律，负责出售俄亥俄州北部的印第安纳领地土地；第二个土地局设在温森斯(Vincennes)；第三个土地局设在卡斯卡斯基亚(Kaskaskia)。转引自 The Public Statutes at Large of the United States of America, from the Organization of the Government in 1789 to March 3, 1845 [M]. Vol. II. Boston: Charles C. Little and James Brown, 1845:277－278.

③ The Public Statutes at Large of the United States of America, from the Organization of the Government in 1789 to March 3, 1845 [M]. Vol. II. Boston: Charles C. Little and James Brown, 1845: 279.

（二）1817 年和 1821 年建校法

1817 年密歇根领地政府通过的建校法规定，密歇根大学将设立 13 个教授职位，教授由密歇根领地总督任命，“密歇根大学校长和教授所组成的教授会有权……为密歇根大学从密歇根领地各县、市、镇任命助教和管理人员”①。同时规定，“大学校长和教授所组成的教授会有权……在密歇根各县、市、镇以及其他任何行政单位建立学院、文实中学、小学”②。

1821 年，密歇根领地通过的建校法废除了 1817 年建校法，并废除了教授会，建立了一个由 21 人组成的董事会管理大学，并赋予董事会任命大学教授的权力，“大学董事会有权任命与解除大学校长和教授职务”③；此外，1821 年建校法继承了 1817 年建校法赋予教授会建立学院、文实中学和小学的权力，授权董事会“在大学资金允许以及它们认为合适的情况下，建立学院、文实中学和小学”④。

1817 年和 1821 年建校法赋予大学教授会和董事会大学建校权以及教师任命权，从而成为教授会与董事会在这段时期行使权力的基础。

（三）权力基础的性质

赠地立法传统是联邦国会为促进西北领地教育发展而通过的各部捐赠法所形成的，这些法律规定捐赠的联邦土地是给予大学法人的，而不是给大学董事会任何一名成员的，因而对教授会和董事会而言，赠地立法传统是一种集体资源。

1817 年和 1821 年通过的两部建校法将教师任命和中小学建立方面的权力授予大学教授会和董事会，因而对教授会和董事会而言，1817 年和 1821 年建校法资源也是一种集体资源。

三、 教授会与董事会权力行使所发挥的作用

该时期是密歇根大学发展的前传统学院时期，从大学实际发展的状

---

① Elliott E C. Charters and Basic Laws: Selected American Universities and Colleges [M]. New York: The Carnegie Foundation for the Advancement of Teaching, 1934: 341.

② 同①。

③ Hubbard L L. University of Michigan, Its Origin, Growth and Principles of Government [M]. Ann Arbor: The University of Michigan, 1923:6.

④ 同③。

况而言，此时密歇根大学实际就是一所中小学的结合体。因而在该时期，大学教授会与董事会行使的各种权力对其发展所发挥的作用主要表现在，作为大学内部最高管理机构，为密歇根大学的发展提供一定的经济基础以及为其教师任命提供合法性基础，而这种作用也仅限于1827年之前，因为在1827年之后董事会就停止了对密歇根大学的财政资助与教师任命。

由此可见，前传统学院时期教授会和董事会权力行使的内容主要体现在大学资产管理与教师任命方面。但如果从学校发展的实际程度来看，教授会与董事会在大学层面上所行使的权力主要集中在资产管理方面，发挥的作用也主要体现在为大学发展提供必要的经济基础。在这一阶段，教授会和董事会主要利用赠地立法传统和1817与1821年建校法这两种资源作为它们行使权力的基础，从资源的性质来看，这两种权力资源都是集体资源。

第二节 传统学院时期的密歇根大学董事会

1837年3月18日，密歇根领地刚刚加入联邦政府后不久，密歇根州议会就通过了《密歇根大学组织与管理法》，之后安阿伯一家土地公司提供了40英亩土地作为新大学的校园用地，这可能是密歇根大学从底特律迁到安阿伯的最主要原因，从此开启了密歇根大学发展的一个新时期。这一时期从1837年开始到1852年塔潘当选为校长结束，本书称为密歇根大学发展史上的传统学院时期。该时期密歇根大学正式开展传统学院层次的教学，而1852年塔潘就任校长之后，大学就开始了从传统学院向现代大学的转型过程。那么在这段时期，大学董事会行使了哪些方面的权力？它们是以什么资源行使这些权力的？它们行使的这些权力对传统学院时期的密歇根大学发挥了什么作用？

一、传统学院时期的密歇根大学董事会行使的权力内容

(一)大学选址和筹建权

1. 大学选址权

当1837年密歇根大学建校法通过后,在哪里筹建密歇根大学还是一个有待解决的问题。当时密歇根州多个地方希望未来的密歇根大学能够建在它们那里,而安阿伯一家土地公司为大学董事会提供40英亩土地作为校园用地起到了关键性作用。

1837年6月5日,新组建的密歇根大学董事会11名成员①一行来到安阿伯,为密歇根大学选择校址。董事会任命由法恩斯沃思、惠特莫尔和亚当组成的小组委员会负责选择学校校址,并向董事会汇报。6月6日,小组委员会向董事会汇报,他们选择了诺兰农场②(Nowland Farm)作为密歇根大学校址。皮彻建议董事会采纳小组委员会的建议,但克拉里认为需要对诺兰农场做仔细的调查后再作决定。莱昂建议董事会方式方法委员会对诺兰农场进行考察,同时也对拉姆西农场(Rumsey Farm)一并进行考察。6月7日董事会会议上,方式方法委员会向董事会汇报了考察结果,董事会最终决定将拉姆西农场作为大学校址。③

2. 大学筹建权

1838年3月3日,董事会任命由芒迪、弗莱彻(William A. Fletcher)和法恩斯沃思3人组成的建筑委员会,负责"制定并向董事会提交一份校园建筑计划……雇佣一位称职的建筑师,在建筑师的监督下,建造大学楼

---

① 作者注:这11名成员包括州长斯蒂文斯·梅森(Stevens T. Mason),副州长爱德华·芒迪(Edward Mundy),州务卿埃隆·法恩斯沃思(Elon Farnsworth)、齐纳·皮彻(Zina Pitcher)、塞缪尔·登顿(Samuel Denton)、卢修斯·莱昂(Lucius Lyon)、伊萨克·克拉里(Isaac E. Crary)、罗斯·威尔金斯(Ross Wilkins)、约翰·波特(John F. Porter)、吉迪恩·惠特莫尔(Gideon O. Whittemore)和约翰·亚当(John J. Adam),他们都住在底特律。

② University of Michigan. Regents' Proceedings with Appendixes and Index: 1837 – 1864 [M]. Ann Arbor: University of Michigan Press, 1915:5.

③ University of Michigan. Regents' Proceedings with Appendixes and Index: 1837 – 1864 [M]. Ann Arbor: University of Michigan Press, 1915:8.

舍和规划大学校园”①。

1838 年 8 月，芒迪亲自到纽约聘请当时美国最杰出的建筑师亚历山大·戴维斯（Alexander J. Davis）为大学制订校园规划。戴维斯接受了芒迪的邀请并于 1838 年 9 月 7 日到安阿伯进行为期 8 天的实地考察，之后他为大学制订了一项规模宏大的校园规划。在戴维斯的建筑规划中，“他将哥特式的主楼置于州府大街之侧，主楼向西，后面有一个庞大的植物园和大片草坪，在植物园东边散布着供教授居住的专家楼”②。1838 年 9 月 16 日，董事会采纳了戴维斯的校舍建设规划，并决定再为大学任命一位建筑师。为此董事会提出了 4 位候选人，罗伯特·埃利奥特（Robert Elliott）、查尔斯·卢姆（Charles Lum）、威廉·奥姆斯特德（William Olmstead）和伊萨克·汤普森（Isaac Thompson），董事会最终任命汤普森为大学建筑师。董事会将大学校园建设规划提交给州长和州公共教育督学批准，梅森州长批准了董事会提交的规划，但皮尔斯（John D. Pierce）督学认为大学无力完成戴维斯设计的规划而坚决反对，“他认为花费如此多的经费用于校园建筑是不明智的，这会使大学的学术工作陷于瘫痪。大学之大不在于大楼，而在于拥有大师、图书馆和实验设备”③，最终董事会否决了戴维斯的建筑计划。

1839 年 1 月 31 日，董事会在放弃了戴维斯的校园建设规划后，建筑委员会向董事会提出了新的校园规划图，该规划“为大学建立 4 所供教授使用的专家楼，这些专家楼也暂时用于大学博物馆、图书馆和教学设备储存馆，等大学主楼建好后再将它们转到主楼中”④。2 月 11 日，董事会批准了建筑委员会的校园建设规划。同时，董事会终止了它与戴维斯和汤普森之间的合同，并重新与汤普森签订了建筑合同，至于为什么做出这种

① University of Michigan. Regents' Proceedings with Appendixes and Index：1837－1864［M］. Ann Arbor：University of Michigan Press，1915：39.

② Truettner J M. Aspirations for Excellence：Alexander Jackson Davis and the First Campus Plan for the University of Michigan 1838［M］. Ann Arbor：The University of Michigan Press，2003：63.

③ Hoyt C O，Ford R C. John D. Pierce：Founder of the Michigan School System［M］. Ypsilanti，Michigan：The Scharf Tag，Label & Box Co.，1905：86.

④ University of Michigan. Regents' Proceedings with Appendixes and Index：1837－1864［M］. Ann Arbor：University of Michigan Press，1915：70.

调整，董事会并没有给出解释。7 月 13 日，董事会终止了与汤普森之间的合同，与建筑师查尔斯·卢姆签订了 4 所专家楼的建设合同①，最终卢姆于 1840 年夏完成了 4 所专家楼的建设任务。1841 年 4 月 8 日，建筑委员会向董事会提议建立"一栋长 110 英尺、宽 42 英尺，高 4 层，有 32 间教室、32 间木料室、64 间学生宿舍和 64 间洗漱室的主楼"②，该主楼的建筑设计由卢姆制订，并由其于 1841 年夏天主持完成。

1847 年 1 月 7 日，查尔斯·惠普尔(Charles W. Whipple)提出建立大学医学系的建议，并提议成立特别委员会考虑医学系成立事宜。同时由于学生人数的增长，学生住宿问题也日益凸显。因此，1847 年 1 月 9 日，埃帕弗·兰塞姆(Epaph Ransom)提议"再建立一所教学楼，该楼在外形和一般规划上要与主楼相似，该教学楼的部分房间用于医学系的实验室、报告厅和解剖室，其余房间作为学生宿舍"③。兰塞姆的建议得到董事会的批准，并任命由基尔斯利(Jonathan Kearsley)和欧文(John Owen)组成特别委员会负责实施该计划，董事会决定由道格拉斯(Silas H. Douglass)教授负责监督医学系教学楼的建设工作。医学系教学楼从 1848 年开始动工建设，并于 1850 年完工。

(二) 大学预算制定权

该时期，密歇根大学制度建设仍处于起步阶段，在预算制定上表现为制定机构不断变化，董事会有时委托财政委员会编制大学预算，有时委托执委会编制大学预算，有时又临时任命特别委员会编制大学预算。在预算制定的持续性上，预算制定也是时断时续，并没有逐年连续地制定财政预算。最后，董事会负责审核和批准大学财政预算案。批准之后，董事会将财政预算案提交州公共教育督学，由督学提交州议会，州议会最终审批督学提交的大学财政预算。

1839 年，董事会批准"财政委员会主席特罗布里奇(C. C. Trowbridge)

① University of Michigan. Regents' Proceedings with Appendixes and Index: 1837 - 1864 [M]. Ann Arbor: University of Michigan Press, 1915:93.

② University of Michigan. Regents' Proceedings with Appendixes and Index: 1837 - 1864 [M]. Ann Arbor: University of Michigan Press, 1915:128.

③ University of Michigan. Regents' Proceedings with Appendixes and Index: 1837 - 1864 [M]. Ann Arbor: University of Michigan Press, 1915:365.

提交的 1839—1841 财年年度财政预算报告"①;1841 年,董事会批准"财政委员会主席特罗布里奇提交的 1841—1842 财年年度财政预算报告"②;1842 年,董事会批准"负责制定董事会年度报告的特别委员会提交的 1842—1843 财年年度财政预算报告"③;1843 年,董事会批准"负责制定董事会年度报告的特别委员会提交的 1843—1844 财年年度财政预算报告"④;1848 年,董事会批准"执委会制定的大学 1848—1849 财年年度财政预算报告"⑤;1849 年,董事会批准"执委会制定的大学 1849—1850 财年年度财政预算报告"⑥;1850 年,董事会批准"执委会制定的大学 1850—1851 财年年度财政预算报告"⑦。下图直观地表明了这一时期董事会批准的大学财政预算额的变化情况:

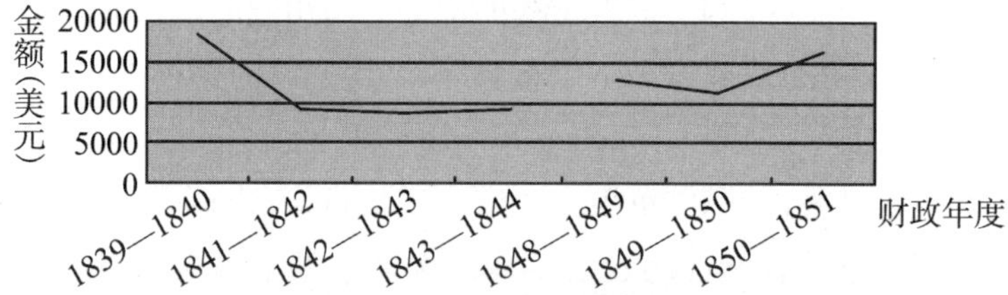

图 1-1　1839—1844、1848—1851 财年密歇根大学年度财政预算支出变化图

资料来源:University of Michigan. Regents' Proceedings with Appendixes and Index: 1837-1864 [M]. Ann Arbor: University of Michigan Press, 1915:106, 198, 254, 277, 406, 434, 462.

---

① University of Michigan. Regents' Proceedings with Appendixes and Index: 1837-1864 [M]. Ann Arbor: University of Michigan Press, 1915:103.

② University of Michigan. Regents' Proceedings with Appendixes and Index: 1837-1864 [M]. Ann Arbor: University of Michigan Press, 1915:196.

③ University of Michigan. Regents' Proceedings with Appendixes and Index: 1837-1864 [M]. Ann Arbor: University of Michigan Press, 1915:253.

④ University of Michigan. Regents' Proceedings with Appendixes and Index: 1837-1864 [M]. Ann Arbor: University of Michigan Press, 1915:276.

⑤ University of Michigan. Regents' Proceedings with Appendixes and Index: 1837-1864 [M]. Ann Arbor: University of Michigan Press, 1915:396.

⑥ University of Michigan. Regents' Proceedings with Appendixes and Index: 1837-1864 [M]. Ann Arbor: University of Michigan Press, 1915:419.

⑦ University of Michigan. Regents' Proceedings with Appendixes and Index: 1837-1864 [M]. Ann Arbor: University of Michigan Press, 1915:456.

(三) 批准附属中学建立权

1837 年大学建校法通过后,由于当时“密歇根州政治制度和社会制度仍处于过渡时期,公立学校还处于相当混乱的状态,公共教育制度的建立仍处于起步阶段”①,因而董事会并没有决定立刻开始招生,而是选择先建立一批附属中学。

1837 年6 月6 日,董事会第一次会议任命由约翰·波特、齐纳·皮彻和吉迪恩·惠特莫尔组成附属中学委员会,负责附属中学建设相关事务。为进一步明确董事会附属中学建设权,在皮尔斯督学建议下,6 月 21 日州议会通过 1837 年建校法修正案,修正案第三款指出:“董事会有权……在本州各县建立附属中学,而无须得到州议会的批准。”②6 月 21 日,董事会决定:“当从公共利益角度来看是适当的时候,将建立如下数量的附属中学:在第一参议员选区建 1 所,在第二参议员选区建 1 所,在第三参议员选区建 2 所,在第四参议员选区建 1 所,在第五参议员选区建 3 所。拨款 8000 美元用于支付附属中学教师的工资……每所学校每年将得到 500 美元用于支付教师的工资,其余金额将按照各中学在上一年招生的学生数按比例在各中学间分配。”③

1837 年6 月21 日,董事会批准在庞蒂亚克(Pontiac)建设1 所附属中学;1838 年,董事会批准在底特律、门罗、克拉马祖(Kalamazoo)和尼尔斯(Niles)各建立 1 所附属中学;1839 年,董事会又批准在蒂卡姆西(Tecumseh)和怀特皮金(White Pigeon)各建立 1 所附属中学;1841 年 4 月 15 日,董事批准在罗梅欧(Romeo)建立 1 所附属中学。这样,到 1841 年,董事会已经批准建立 8 所附属中学。

然而,董事会不久就发现,附属中学无法同时承担公立学校与大学附属中学的双重功能。某些学生由于年龄或知识准备不足等原因而无法进入附属学校,他们就指责附属学校是密歇根州贵族教育机构,进而指责密

---

① Shearman F W. System of Public Instruction and Primary School Law of Michigan [M]. Lansing, Michigan: Ingals, Hedges & Co., 1852:313.

② Acts of the Legislature of the State of Michigan: Passed at the Annual Session of 1837 [M]. Detroit: John S. Bagg, State Printer, 1837:308 – 309.

③ University of Michigan. Regents' Proceedings with Appendixes and Index: 1837 – 1864 [M]. Ann Arbor: University of Michigan Press, 1915:12.

歇根大学是大众教育的敌人。既然附属中学没有达到预期的目的,同时附属中学也消耗了大学有限资金中的很大一部分,董事会在经过深思熟虑后,最终于 1846 年决定停止对所有附属中学进行资助。

(四) 大学教师任免权

1837 年 6 月 6 日,董事会第一次会议任命由伊萨克·克拉里、罗斯·威尔金斯和埃隆·法恩斯沃思组成的教授任命委员会,负责大学教师任命方面的相关事务。

1. 大学教授任命权

1838 年 7 月 17 日,在基尔斯利董事提议下,董事会任命阿萨·格雷(Asa Gray)为密歇根大学植物学和动物学教授①,这是密歇根大学任命的第一位教授,但格雷并没有为密歇根大学学生授过课。在格雷决定到欧洲游历之前,1838 年 9 月 17 日,董事会决定委托格雷为密歇根大学图书馆购买 5000 美元的图书,格雷出色地完成了董事会的委托,为密歇根大学图书馆购买了 3770 册图书。1842 年,格雷辞去密歇根大学教授职务,接受哈佛大学董事会的邀请任教哈佛。为了弥补格雷留下的空缺,1842 年 6 月 6 日,在董事惠普尔提议下,董事会任命艾布拉姆·塞杰(Abram Sager)为密歇根大学植物学和动物学教授。

1839 年 8 月 23 日,皮彻提议任命密歇根州地质学家道格拉斯·霍顿(Douglass Houghton)为大学地质学、矿物学教授,并请求教授任命委员会对此事进行研究。10 月 2 日,在教授任命委员会建议下,董事会任命霍顿为大学地质学、矿物学教授。作为教授,霍顿并没有承担大学的教学任务,他在大学的主要工作就是分类和整理大学博物馆的各种标本。

1841 年 1 月,大学主楼行将竣工,并且附属中学的一些学生也已经具备了进入大学的能力;同时,附属中学委员会报告,由于密歇根大学迟迟没有招生,迫使附属中学的一些学生到其他州继续接受高等教育。为此,董事会决定密歇根大学将于 1841 年 9 月正式开始招生。但此时密歇根大学仍然缺乏必要的师资,由于格雷和霍顿都不承担大学的教学任务,为此董事会眼下最紧迫的任务就是为大学任命教师。1841 年 4 月 16 日,

① University of Michigan. Regents' Proceedings with Appendixes and Index: 1837 – 1864 [M]. Ann Arbor: University of Michigan Press, 1915:50.

克拉里提议,“为了使大学能够如期开学,现在是时候任命一位大学教师了”①,克拉里的提议得到了董事会的响应。在皮彻的提议下,克拉里的提议被提交给教授任命委员会审议,并要求该委员会在下次会议上对此事进行汇报。5 月 13 日,法恩斯沃思代表教授任命委员会向董事会提交了报告,报告指出:“在现有的财政状况下,大学应该任命 2 位教授和 1 位助教,并且出于大学收入和公共利益考虑,董事会应该要求这 2 位教授组建并管理大学预科,直到大学学生数量多到使他们无法分身,他们应该抽出一部分时间给预科学生授课……委员会建议从附属中学校长中任命大学教授。”②因而,1841 年 7 月 22 日,董事会任命奥克兰中学校长乔治·威廉姆斯(George P. Williams)为大学语言学教授。③ 1841 年 8 月 19 日,董事会决定“重新任命威廉姆斯为大学数学教授;任命约瑟夫·怀廷(Joseph Whiting)为大学语言学教授”④。这是董事会首次任命的实际从事大学教学工作的 2 位教授。

由于大学学生人数的逐渐增加以及学生学习内容的逐渐分化,威廉姆斯教授和怀廷教授的教学任务日益加重。为此,1842 年 12 月 6 日,执委会提议任命爱德华·汤姆森(Edward Thomson)为道德哲学教授。⑤ 1843 年 7 月 5 日,执委会通知董事会,汤姆森接受了董事会的邀请,但 1844 年汤姆森接受卫斯理大学董事会邀请出任该校校长而辞去了密歇根大学道德哲学教授职务。9 月 12 日,董事会任命安德鲁·布鲁克为大学思辨哲学和道德哲学教授。⑥

1845 年 7 月 20 日,怀廷教授去世。为了弥补怀廷去世所留下的空

① University of Michigan. Regents' Proceedings with Appendixes and Index: 1837 – 1864 [M]. Ann Arbor: University of Michigan Press, 1915:173.

② University of Michigan. Regents' Proceedings with Appendixes and Index: 1837 – 1864 [M]. Ann Arbor: University of Michigan Press, 1915:174 – 175.

③ University of Michigan. Regents' Proceedings with Appendixes and Index: 1837 – 1864 [M]. Ann Arbor: University of Michigan Press, 1915:181.

④ University of Michigan. Regents' Proceedings with Appendixes and Index: 1837 – 1864 [M]. Ann Arbor: University of Michigan Press, 1915:186.

⑤ University of Michigan. Regents' Proceedings with Appendixes and Index: 1837 – 1864 [M]. Ann Arbor: University of Michigan Press, 1915:248.

⑥ University of Michigan. Regents' Proceedings with Appendixes and Index: 1837 – 1864 [M]. Ann Arbor: University of Michigan Press, 1915:291.

缺,8月5日,达菲尔德(George Duffield)建议任命丹尼尔·惠登(Daniel D. Whedon)为大学逻辑学、修辞学和历史哲学教授①;9月30日,达菲尔德建议任命约翰·阿格纽(John H. Agnew)为大学拉丁语和希腊语教授②。1845年10月13日,霍顿在进行地质考察时跌入苏必利尔湖不幸去世,为了填补霍顿去世留下的空缺,董事会于1846年8月5日任命希拉斯·道格拉斯为大学化学系教授。③ 之后,董事会任命路易斯·法斯克列(Louis Fasquelle)为大学现代语教授。④

1851年7月,布鲁克决定辞去大学教授职位,7月15日,董事会批准了布鲁克教授提交的辞呈。1851年12月31日,阿布纳·普拉特(Abner Pratt)提议,由于丹尼尔·惠登在讲堂上宣传废奴学说,因而解除他的大学教授职务;基尔斯利提议"在本学期结束后,自然哲学与数学教授,逻辑学、修辞学和历史哲学教授,以及拉丁语、希腊语教授任期中止"⑤。

1847年1月7日,惠普尔向董事会提交了道格拉斯和塞杰建立大学医学系的申请。惠普尔建议董事会成立一个5人委员会专门考虑这一建议,为此董事会成立了由曼迪、格林利(William L. Greenly)、欧文、皮彻和泰勒(Charles C. Taylor)组成的委员会。1848年1月19日,皮彻向董事会提议,"任命道格拉斯为大学医学系药物学教授,同时兼任药剂学和法医学教授;任命塞杰为大学医学系理论和实践医学教授"⑥,同时泰勒提议任命1个提名委员会,再向董事会提名1位医学系教授。1849年7月18日,医学系教授任命特别委员会向董事会建议"任命摩西·冈恩

① University of Michigan. Regents' Proceedings with Appendixes and Index: 1837 - 1864 [M]. Ann Arbor: University of Michigan Press, 1915:319.

② University of Michigan. Regents' Proceedings with Appendixes and Index: 1837 - 1864 [M]. Ann Arbor: University of Michigan Press, 1915:326.

③ University of Michigan. Regents' Proceedings with Appendixes and Index: 1837 - 1864 [M]. Ann Arbor: University of Michigan Press, 1915:343.

④ University of Michigan. Regents' Proceedings with Appendixes and Index: 1837 - 1864 [M]. Ann Arbor: University of Michigan Press, 1915:345.

⑤ University of Michigan. Regents' Proceedings with Appendixes and Index: 1837 - 1864 [M]. Ann Arbor: University of Michigan Press, 1915:502.

⑥ University of Michigan. Regents' Proceedings with Appendixes and Index: 1837 - 1864 [M]. Ann Arbor: University of Michigan Press, 1915:388 - 389.

(Moses Gunn)为大学解剖学教授"①。1850年1月10日,特别委员会提议"任命亚当斯·艾伦(Adams Allen)为医学系病理学、生理学教授;任命塞缪尔·登顿(Samuet Denton)为医学教授;重新任命塞杰为妇产科和儿科教授"②。

2. 大学助教任命权

董事会不仅根据大学发展的实际需要设置新的教授职位并为相应教职任命教授,而且也在必要时为大学任命助教以辅助教授进行相关的教学工作。

1843年7月5日,董事会请求执委会在他们认为必要时为大学任命1位助教,这是密歇根大学正式招生后董事会第一次要求为大学任命助教。1843年11月22日,执委会向董事会报告,"他们已经雇佣了乔纳森·比奇(Jonathan Beach)为大学助教,每年工资为300美元"③,这是董事会任命的第一位语言学助教。

1844年8月12日,基尔斯利提议教授委员会提名1位助教以填补比奇任期到期后留下的空缺。1845年1月9日执委会年度报告④指出,董事会已经任命了伯里特·史密斯(Burritt A. Smith)接任比奇的助教职位。同时,他们任命道格拉斯为地质学、矿物学助教,一年后董事会将其升任为大学化学系教授。

1846年8月4日,助教史密斯辞职。史密斯辞职后,至1852年年底前,大学董事会除了在1851年7月15日任命安德鲁斯(Edmund Andrews)为医学系解剖学演示员外,就再也没有专门任命大学助教。1847年8月3日,文理系教师在向董事会提交的报告中指出,"文理系教

---

① University of Michigan. Regents' Proceedings with Appendixes and Index: 1837 - 1864 [M]. Ann Arbor: University of Michigan Press, 1915:432.

② University of Michigan. Regents' Proceedings with Appendixes and Index: 1837 - 1864 [M]. Ann Arbor: University of Michigan Press, 1915:444.

③ University of Michigan. Regents' Proceedings with Appendixes and Index: 1837 - 1864 [M]. Ann Arbor: University of Michigan Press, 1915:269.

④ University of Michigan. Regents' Proceedings with Appendixes and Index: 1837 - 1864 [M]. Ann Arbor: University of Michigan Press, 1915:301.

师强烈建议董事会任命 1 位助教，主要辅助语言学教授开展教学工作"①，董事会没有同意文理系的请求，而是进一步挖掘大学内部已有资源，要求布鲁克和惠登兼职语言学教授的助教，1849 年 7 月 18 日教师向董事会作的报告②就指出了这一点。

（五）大学课程、教材规定权和学位授予权

1. 大学课程和教材规定权

1837 年大学建校法规定，大学由文理系、法学系和医学系组成，却没有规定各系应该学习什么课程、使用什么教材，这就为董事会行使课程和教材建设权留下了广阔的空间。

1842 年 5 月 28 日，皮彻向董事会建议，要求执委会对增加数学课程的教学内容进行研究，并就研究结果向董事会进行汇报③；8 月 30 日，皮彻建议"在大学课程中增加索福克勒斯希腊语法"④。皮彻的这两条建议都得到了董事会的批准。

1848 年 7 月 20 日，皮彻向董事会建议"任命一个 3 人特别委员会，委托该委员会向董事会报告医学系的……学习课程"⑤，董事会批准了皮彻的建议，并任命皮彻、温和阿特伯里（John G. Atterbury）3 位董事为特别委员会成员。1849 年 1 月 9 日，特别委员会向董事会提交的报告指出，"演讲课程和背诵课程将持续一年时间……通过演讲和背诵教授的课程每天将上 3 节课，周六休息……由教师提议、由董事会确定教科书"⑥。

1850 年 1 月 10 日，雷德菲尔德（A. H. Redfield）向董事会提出大学

---

① University of Michigan. Regents' Proceedings with Appendixes and Index：1837 – 1864［M］. Ann Arbor：University of Michigan Press，1915：381.

② University of Michigan. Regents' Proceedings with Appendixes and Index：1837 – 1864［M］. Ann Arbor：University of Michigan Press，1915：431.

③ University of Michigan. Regents' Proceedings with Appendixes and Index：1837 – 1864［M］. Ann Arbor：University of Michigan Press，1915：236.

④ University of Michigan. Regents' Proceedings with Appendixes and Index：1837 – 1864［M］. Ann Arbor：University of Michigan Press，1915：242.

⑤ University of Michigan. Regents' Proceedings with Appendixes and Index：1837 – 1864［M］. Ann Arbor：University of Michigan Press，1915：401.

⑥ University of Michigan. Regents' Proceedings with Appendixes and Index：1837 – 1864［M］. Ann Arbor：University of Michigan Press，1915：417.

课程改革的建议①,建议暂时停止所有使用英语教材的历史学习和历史背诵课程,学生通过使用希腊语、拉丁语、法语和德语写作的历史教材学习历史;暂停学习西班牙语和意大利语,但继续学习德语。

2. 学位授予标准制定权以及各种学位授予权

1845 年 8 月,密歇根大学第一批毕业生即将毕业,1845 年之前董事会并没有感到行使学位授予权的必要,而到此时董事会就必须考虑学位授予权的行使。在行使学位授予权方面,董事会首先行使的是制定学位授予标准的权力,其次开始授予各种学位。

1845 年 1 月 9 日,基尔斯利向董事会提议:“要求教授委员会在董事会下次会议时向董事会报告毕业证书的样式;其次要求教授委员会向董事会报告授予学位的标准;再次要求教授委员会报告由谁来授予学位以及学位授予的形式问题。”②4 月 17 日,教授委员会向董事会提交报告,报告专门指出学位授予标准与仪式问题:“大学四年学习期间,任何有旷课记录的学生都不能获得学位……所有学位申请者必须亲自出席学位授予仪式……除非道德优良,并在毕业前向教授提出学位申请,否则不能获得学位……在每学期结束时会对每学期学习的内容进行考试。大四毕业前一周将举行一次考试,这次考试不仅考察这一学期的学习内容,而且考察整个大学阶段学习的内容……要让教师和考试委员会确定学生是否掌握了大学期间所学到的所有基本原理。”③同时,对学位授予仪式也进行了规定。

1848 年 7 月 20 日,皮彻向董事会建议:“任命一个由 3 人组成的特别委员会……要求他们向董事会报告……医学系的学位授予标准。”④1849 年 1 月 9 日,特别委员会向董事会报告了医学学位的授予标准:“由于任何学生都可以获得医学博士学位,因此学位申请者必须提交证据证明他

---

① University of Michigan. Regents' Proceedings with Appendixes and Index: 1837 – 1864 [M]. Ann Arbor: University of Michigan Press, 1915:439.

② University of Michigan. Regents' Proceedings with Appendixes and Index: 1837 – 1864 [M]. Ann Arbor: University of Michigan Press, 1915:305.

③ University of Michigan. Regents' Proceedings with Appendixes and Index: 1837 – 1864 [M]. Ann Arbor: University of Michigan Press, 1915:312.

④ University of Michigan. Regents' Proceedings with Appendixes and Index: 1837 – 1864 [M]. Ann Arbor: University of Michigan Press, 1915:401.

已经开业当医生 3 年，必须在密歇根大学医学院学习 1 门演讲和背诵课程，必须年满 21 周岁，必须向考试委员会提交 1 篇医学论文，并且在学期末要顺利通过考试委员会举行的考试。"①

除了制定学位授予标准外，董事会从 1845 年开始还批准并授权教师授予符合学位标准的毕业生学位。1845 年 8 月 2 日，威廉姆斯教授、布鲁克教授和史密斯助教联合向董事会提交了 11 位申请文学学士学位的学生名单，这是密歇根大学首次授予学位；1847 年 8 月 4 日，惠登向董事会建议授予斯托克韦尔（Chas F. Stockwell）文学硕士学位，这是密歇根大学在文学学士学位基础上授予的第一个文学硕士学位；1852 年 4 月 21 日，医学系教师向董事会提交了 27 名申请医学博士学位的学生名单，这是密歇根大学第一次授予医学学位，也是密歇根大学第一次授予博士层次的学位。

（六）大学图书馆和博物馆建设权

1. 大学图书馆建设权

早在大学招生之前的 1838 年，董事会就请求计划游历欧洲的格雷为大学购买图书。1838 年 9 月 17 日，董事诺维尔（John Norvell）就向董事会提议："植物学教授格雷计划到欧洲游历，因此建议董事会拨给格雷 5000 美元为大学购买图书。"②格雷共为大学购买了 3770 册图书，种类繁多，有历史、哲学、古典文学、科学、艺术和法学等，其中绝大部分图书在当时美国是无法买到的，有些图书在欧洲甚至都是善本，图书馆委员会在 1840 年 12 月 22 日的报告中清楚地指出了这一点。③ 董事会委托格雷购买图书，是建立大学图书馆的重要开端。此外，1839 年 1 月 31 日，建筑委员会向董事会提议为大学建立 4 所专家楼，这些专家楼也暂时用作大学博物馆和图书馆，等大学主楼建好后再将它们转到主楼中。该建议为大学图书馆的建设提供了物质场所的保障。

---

① University of Michigan. Regents' Proceedings with Appendixes and Index: 1837 – 1864 [M]. Ann Arbor: University of Michigan Press, 1915:418.

② University of Michigan. Regents' Proceedings with Appendixes and Index: 1837 – 1864 [M]. Ann Arbor: University of Michigan Press, 1915:56.

③ University of Michigan. Regents' Proceedings with Appendixes and Index: 1837 – 1864 [M]. Ann Arbor: University of Michigan Press, 1915:143.

在格雷购书基础上,董事会之后继续拨款为大学购买新书。1843 年 7 月 5 日,图书馆委员会成员皮彻指出,“该委员会已经花了 250 美元购买梅格斯先生(Mr. Meigs)的藏书”①,这是董事会自格雷购书后第一次大规模为图书馆购书。董事会委任皮彻、基尔斯利和欧文组成的特别委员会与霍顿夫人协商购买已故霍顿教授的藏书问题。1847 年 1 月 7 日,特别委员会向董事会报告“共花费 420.5 美元购买了霍顿教授的藏书,共计 150 多本”②。

该时期,董事会拨款为图书馆购书的行为并不是持续的。1847 年 8 月 4 日,皮彻建议“每年拨款 100 美元用于购书,拨款 50 美元用于购买期刊”③,皮彻的建议得到董事会批准。此后 1848 年、1849 年、1851 年董事会每年都拨款 100 美元用于图书馆购书。

2. 大学博物馆建设权

1837 年 11 月 18 日,副州长芒迪向董事会提议出资 4500 美元购买纽约收藏家莱德勒(Baron Lederer)的矿石标本,“莱德勒共收藏约 2600 件外国矿石标本,其中许多标本甚为罕见,在其他地方是无法买到的。在托里(Dr. Torrey)看来,虽然莱德勒要价不菲,但对大学而言,购买这批矿物标本仍然物有所值”④,董事会批准了芒迪购买莱德勒矿石标本的建议。最终,董事会拨款 4500 美元购买了莱德勒的矿石标本。莱德勒标本的购置成为建立大学博物馆的重要开端。

事实上,从大学建校伊始,密歇根州政府就将大学看成是州地质考察中收集的各种标本的博物馆。1838 年 3 月 22 日,州政府通过的州地质考察法第八款就指出,“矿石标本将以如下方式收集和保存:首先,给州政府提供各种矿石的善本;其次,如果可能的话,每种标本都收集 16 个,由密

① University of Michigan. Regents' Proceedings with Appendixes and Index: 1837 – 1864 [M]. Ann Arbor: University of Michigan Press, 1915:265.

② University of Michigan. Regents' Proceedings with Appendixes and Index: 1837 – 1864 [M]. Ann Arbor: University of Michigan Press, 1915:360.

③ University of Michigan. Regents' Proceedings with Appendixes and Index: 1837 – 1864 [M]. Ann Arbor: University of Michigan Press, 1915:371.

④ University of Michigan. Regents' Proceedings with Appendixes and Index: 1837 – 1864 [M]. Ann Arbor: University of Michigan Press, 1915:19.

歇根大学董事会在大学及其各附属中学之间分配"①。1846 年 5 月 11 日,州政府通过的法律指出,"所有属于州政府并且现在保存在密歇根大学的地质标本、矿物标本、动物标本和植物标本……都转到密歇根大学由董事会管理"②。

二、 传统学院时期的密歇根大学董事会权力行使的基础

(一) 法律资源

董事会在这一时期行使的权力的第一种资源就是法律资源,也就是说它所行使的各种权力都是合法的。

在大学董事会选址权方面,1837 年 3 月 20 日,州政府颁布了大学选址法,该法第一款规定,"密歇根大学将坐落在安阿伯或其附近,大学董事会将到那里选择 1 块面积不少于 40 英亩的土地,其土地所有者将董事会选择的土地转让给董事会,其形状和方位由董事会决定"③。在大学筹建权方面,1837 年建校法第十六款规定,"一旦州政府提供建校资金,董事会有权筹建大学必需的楼舍建筑"④。

在附属中学建设权方面,1835 年州宪法第十款第五条指出,"根据捐赠条款的规定,当民众要求促进科学、文化和艺术的发展时,来自租赁或出售联邦赠地以及其他任何实现该目的的资金将构成大学及其附属中学的永久基金"⑤;1837 年建校法第十八款规定,"在州议会批准后,董事会与州公共教育督学有权共同为本州不同地方建立附属中学"⑥。

在大学教师任命权方面,1837 年建校法第七款和第十款指出,"董事会有权任命规定数量的大学教授和教师……当他们认为出于大学利益需

---

① Acts of the Legislature of the State of Michigan: Passed at the Adjourned Session of 1837 and the Regular Session 1838 [M]. Detroit: John S. Bagg, State Printer, 1838: 120.

② Shaw W B. The University of Michigan: An Encyclopedic Survey [M]. Vol. 1. Ann Arbor: University of Michigan Press, 1942: 35.

③ Acts of the Legislature of the State of Michigan: Passed at the Annual Session of 1837 [M]. Detroit: John S. Bagg, State Printer, 1837: 142.

④ Elliott E C. Charters and Basic Laws: Selected American Universities and Colleges [M]. New York: The Carnegie Foundation for the Advancement of Teaching, 1934: 345.

⑤ Shearman F W. System of Public Instruction and Primary School Law of Michigan [M]. Lansing, Michigan: Ingals, Hedges &Co. , 1852: 18.

⑥ 同④。

求之际,他们有权解除大学任何一位教授和教师的职务”①。

在规定大学课程、教材和学位授予权方面,1837 年建校法第九款和第十七款指出,“董事会有权控制大学开设的课程,并在教授建议下,规定各系使用的教材;同时董事会有权授予其他大学所授予的学位和毕业证书”②。

在建立大学图书馆和博物馆权方面,1837 年建校法第十七款规定,“董事会有权使用各种拨款为大学购买图书、设备和各种标本”③。

(二) 职业声望

1838 年 3 月 3 日,董事会任命由芒迪、弗莱彻和法恩斯沃思 3 人组成的建筑委员会,负责“制订并向董事会提交一份校园建设规划……雇佣 1 位称职的建筑师,在建筑师的监督下,规划和建造大学校园”④。对建筑委员会来说,最重要的事情就是提交大学校园建设规划,而提交建设规划的关键是雇佣 1 位优秀建筑师。

芒迪是密歇根州政治家,密歇根州第一任副州长,1794 年出生于新泽西州,1812 年毕业于拉特格斯学院,毕业后就在新泽西当律师。1831 年,芒迪举家迁到安阿伯,当时的领地总督任命他为治安法官,之后又任命他为领地法院法官。1835 年,芒迪作为第四区代表参加密歇根州制宪会议,同时作为梅森州长的竞选伙伴一起赢得州长选举,从 1835 年开始担任密歇根州首任副州长。1837 年在安阿伯新建密歇根大学,芒迪作为副州长成为董事会的当然成员。

1799 年,法恩斯沃思生于佛蒙特州的农场主家庭,并在当地学校接受教育。1822 年来到底特律,在西布利的事务所中学习法律,在西布利当选为法官后他接管了西布利事务所的全部事务。1834 年,他入选密歇根领地议会,1835 年州宪法设立州务卿职位,他被任命为州务卿,并在这

① Elliott E C. Charters and Basic Laws: Selected American Universities and Colleges [M]. New York: The Carnegie Foundation for the Advancement of Teaching, 1934: 343 – 344.

② Elliott E C. Charters and Basic Laws: Selected American Universities and Colleges [M]. New York: The Carnegie Foundation for the Advancement of Teaching, 1934: 344 – 345.

③ Elliott E C. Charters and Basic Laws: Selected American Universities and Colleges [M]. New York: The Carnegie Foundation for the Advancement of Teaching, 1934: 345.

④ University of Michigan. Regents' Proceedings with Appendixes and Index: 1837 – 1864 [M]. Ann Arbor: University of Michigan Press, 1915:39.

一职位上工作到 1843 年。1843 年，他辞掉州务卿职务，巴里(John S. Barry)州长任命他为州首席检察官，1846 年到 1847 年间他又短期担任过州务卿。

弗莱彻是密歇根州最高法院首任首席大法官。1788 年 6 月 26 日出生于新罕布什尔州的普利茅斯。早年，弗莱彻曾在马萨诸塞州的萨勒姆经商，后来放弃经商到纽约学习法律。1821 年，弗莱彻来到底特律当律师。1823 年，密歇根领地总督卡斯任命弗莱彻为韦恩县(Wayne County)法院首席大法官，从此弗莱彻开始了其政治生涯。法官任期结束后，他又被任命为密歇根领地首席检察官。在从政期间，他也继续在底特律从事他的律师职业。1837 年，密歇根领地正式加入联邦政府，成为联邦政府第 26 个州。弗莱彻被任命为州最高法院首任首席大法官。1842 年从最高法院退休后，担任大学董事会董事，并在这一职位上工作到 1846 年。

从以上对芒迪、法恩斯沃思和弗莱彻的简要介绍中我们可以看出，他们 3 人都是州政府当时重要职位上的领导人。他们 3 人在雇佣建筑师时，利用了自己职位所赋予的崇高声望来行使这一权力。为了给大学雇佣 1 位杰出的建筑师，芒迪副州长亲自到纽约大学聘请当时美国著名的建筑师亚历山大・戴维斯，芒迪以副州长的身份亲自登门是戴维斯接受密歇根大学董事会邀请的一个重要原因。

（三）个人能力

董事会之所以在大学建校伊始就制订了庞大的附属中学和拨款计划，主要是由于州公共教育督学皮尔斯的建议和帮助。

1797 年 2 月 18 日，皮尔斯生于新罕布什尔州切斯特菲尔德的一个清教徒家庭，两岁时父亲就因风湿病去世，之后母亲改嫁。皮尔斯的童年是在爷爷和叔叔家度过的。经过他的自身努力，1813 年进入布朗大学，但由于需要经常外出教书以挣一部分学费，他 1822 年才从布朗大学毕业。毕业之后，皮尔斯从事牧师职业。1831 年，皮尔斯全家迁往密歇根领地的马绍尔，来到马绍尔后，他担任长老派教堂牧师。皮尔斯不仅仅是一位牧师，也是一位具有公共精神的公民，他对领地上出现的各种思想运动和政治运动都很感兴趣，也投身到各种文学协会和辩论协会的活动中。同时，皮尔斯还是一位哲学家，当时代新的要求产生时，他又成为一位教育哲学家，为密歇根州建立了庞大的教育制度。

皮尔斯督学为大学董事会行使附属中学建设权提供的资源主要体现在两方面,一方面是论证附属中学的重要性并提出附属中学建设方案;另一方面是有效出售大学赠地,从而为附属中学的建设提供经费保障。

1. 论证附属中学的重要性并提出附属中学建设方案

1836 年,皮尔斯被任命为首任州公共教育督学。在被任命为州公共教育督学后,他决定到东部考察当地学校的实际运行情况,他考察的目标是"收集从小学到大学各级学校的有关信息,包括它们的组织、管理和财政资助情况"①。由于他缺少必要的考察资金,他以 600 美元的价格卖掉了他在马绍尔的房子,而当时正在生病的妻子也陪同他一起到东部考察。在考察东部期间,他拜访了众多杰出人物,其中有纽约州公共教育督学、州务卿迪克斯(John A. Dix)、麻省州长埃弗赖特(Edward Everett)、耶鲁学院院长戴(Jeremiah Day),又参加了在伍切斯特召开的美国教育学院(American Institute of Instruction)大会和在辛辛那提召开的美国专业教师学院(College of Professional Teachers)大会。这两次大会是由当时美国两个最大的专业教师组织主办的。在大会上,皮尔斯发表了关于当时美国教育问题和需要的演讲,一举成为一名教育家。其实,早在 1835 年州制宪会议期间,皮尔斯就通过基佐报告对普鲁士教育制度有了一些间接了解,他在日记中记载:"在这时,我得到了基佐对普鲁士教育制度的考察报告,我对基佐报告很感兴趣。在一个阳光明媚的午后,我和克拉里在马绍尔县法院后山坡上讨论了州制宪会议上应该为密歇根州制定的那些重要原则,而教育问题则是我们那天讨论的一个重要问题。"②

1837 年 1 月 5 日,皮尔斯向州议会提交了他制订的教育计划,这是一份极其重要且影响深远的计划。在该计划中,皮尔斯对各县创办附属中学的条件、附属中学董事会及其相关权力、附属中学资金来源、附属中学专业设置、附属中学学费及课程都作了规定。他指出,在每个县达到一定数量的定居人口后就应该建立 1 所附属中学,同时该县要为附属中学提供 1 个校址,并建立必要的校舍,当然附属中学的建立应该得到州公共教

① Hoyt C O, Ford R C. John D. Pierce: Founder of the Michigan School System [M]. Ypsilanti, Michigan: The Scharf Tag, Label& Box Co., 1905: 81 - 82.

② Hoyt C O, Ford R C. John D. Pierce: Founder of the Michigan School System [M]. Ypsilanti, Michigan: The Scharf Tag, Label& Box Co., 1905: 81.

育督学的批准。附属中学由 7 名董事组成的董事会管理,董事会负责监督附属中学的全部事务,负责教师的任免,以及向 3 人组成的监事会作年度报告。其中 1 名董事由州公共教育督学任命,县遗产法官以及 2 名副法官是董事会当然成员,县书记员是董事会当然的书记员。为了维持附属中学的正常运行,附属中学所在县要提供与密歇根大学拨款等额的配套资金。在专业设置上,“每个附属中学由师范系、高级英语系和古典文学系 3 个系组成。师范系学制 3 年,免费向那些毕业后有志于从教的人开放,条件是这些学生要承诺在毕业后至少教 4 年书。英语系学费每年不超过 10 美元,古典文学系每年学费不超过 12 美元”①。

皮尔斯非常看重附属中学在教育制度中的重要地位,他认为附属中学不但能为小学培养合格的教师,而且也能为大学提供足够的合格新生,这一点他在 1841 年最后一次年度报告中就指出了:“没有附属中学,密歇根大学是不可能取得成功的,密歇根大学务必要依赖附属中学。同时附属中学对小学也同样重要,因为它能为小学提供大量受过教育的、高素质的合格教师。”②

2. 有效出售大学赠地

皮尔斯为大学董事会行使附属中学建设权提供的另一种资源,是有效出售大学赠地而获得的经济基础。1837 年 3 月,州议会通过的大学和小学土地处理法以及 6 月通过的该法修正案,将大学土地的出售权委托州公共教育督学行使。从皮尔斯督学报告可以看出,1837 年出售大学赠地一共获得了 150447.9 美元,平均每英亩 22.85 美元。③ 第一年就以如此高的价格出售了部分大学赠地,使人们对大学土地出售的前景十分乐观。皮尔斯估计,如果能按照这个价钱出售全部大学赠地,大学能获得大约 100 万美元的赠地基金,那么大学每年就能从赠地基金中获得 7% 约 7 万美元的利息收入。而安阿伯一家土地公司甚至认为大学能从赠地中获

---

① Shearman F W. System of Public Instruction and Primary School Law of Michigan [M]. Lansing, Michigan: Ingals, Hedges & Co., 1852: 26.

② Shearman F W. System of Public Instruction and Primary School Law of Michigan [M]. Lansing, Michigan: Ingals, Hedges & Co., 1852: 63.

③ University of Michigan. Regents' Proceedings with Appendixes and Index: 1837 – 1864 [M]. Ann Arbor: University of Michigan Press, 1915: 232.

得500万美元的收入。

然而，随后实际情况并没有人们想象的乐观。当大学赠地投入土地市场后，许多赠地已经为移民所占据，而这些居住分散的移民绝大多数都拥有选举权，因而州议会在决定驱逐他们时就显得十分犹豫。1839年州议会迫于压力通过法案，规定将大学赠地降至1.25美元每英亩的价格出售给移民，最终该法案被梅森州长否决。但大学赠地出售的价格却再也没有达到规定的每英亩20美元的价格，1840年督学以平均每英亩6.21美元的价格出售给定居者4734.12英亩的土地，1841年土地出售的平均价格为每英亩12美元。当1881年大学赠地全部出售完毕后，大学最终获得了548744.4美元①，仅相当于皮尔斯1837年预期的一半。此外，购地者也没能按照1837年土地处理法及其修正案规定的还款日期还款，州议会被迫通过延期还款法，如1838年4月6日通过法律，规定将购地者该年的还款日期延迟到当年的12月1日②；1839年3月4日通过法律，规定将该年购地者的还款日期从5月1日推迟到12月1日，并指出“在任何购地者的请求下，要求督学批准在购地者支付了25%的购地本金后，每年只缴纳5%或10%的购地本金，或者完全推迟缴纳购地本金，推迟期限不超过10年”③；1840年3月30日，州议会通过的法律规定保留那些没有缴纳上一年地款及利息的购地者土地所有者的资格，并要求“上述欠款及利息将在该年12月1日之前还清，并支付欠款的利息”④。尽管如此，在出售大学赠地所取得收入方面，密歇根州也要比其他诸州幸运得多，例如威斯康星州从出售72个地块的联邦赠地中仅仅获得了15万美元的收入。

1841年后，皮尔斯不再担任州公共教育督学，大学董事会的财政状况也每况愈下。同时由于附属中学没有达到董事会预期的建设目的，

---

① Shaw W B. The University of Michigan: An Encyclopedic Survey [M]. Vol. 1. Ann Arbor: University of Michigan Press, 1942: 34.

② Acts of the Legislature of the State of Michigan: Passed at the Adjourned Session of 1837 and the Regular Session 1838 [M]. Detroit: John S. Bagg, State Printer, 1838: 233.

③ Acts of the Legislature of the State of Michigan: Passed at the Annual Session of 1839 [M]. Detroit: John S. Bagg, State Printer, 1839: 13.

④ Acts of the Legislature of the State of Michigan: Passed at the Annual Session of 1840 [M]. Detroit: John S. Bagg, State Printer, 1840: 138.

1842 年 1 月董事会决定,从 1842 年 8 月起将对各附属中学的拨款降到每年 200 美元,到 1846 年 8 月,董事会决定完全停止对附属中学进行拨款。

三、 传统学院时期的密歇根大学董事会权力行使基础的性质

(一) 集体资源

作为权力行使的资源或基础,法律资源的提供者是密歇根州议会,是议会全体议员智慧与努力的结晶,而不是某个议员个人行为的结果;同时,法律所规定的相关权力是授予大学董事会的,而不是授予任何单个董事的,因而法律资源是一种集体资源。

同时,作为密歇根州副州长的芒迪,亲自登门请求建筑师戴维斯为大学制订校园规划,这给予了戴维斯极高的尊重。戴维斯得到的尊重是芒迪副州长身份所具有的声望给予的,而这种身份是由于职位所赋予的,因而职业声望是一种集体资源。

(二) 个人资源

皮尔斯提出的中等教育思想是他个人知识与经验的体现,而个人知识和经验是个人能力的体现;同时,皮尔斯以不菲的价格出售大学赠地是他个人营销能力的体现。因而,个人能力是一种个人资源。

四、 传统学院时期的密歇根大学董事会权力行使所发挥的作用

这一时期是密歇根大学开展传统学院层次教育的时期,该时期大学董事会并没有任命一位专职校长,因而由董事会行使大学内部规章制度的制定权和大学管理权。

作为大学最高权力机构的董事会,它在这一时期为大学制定财政预算,在预算执行过程中有时还超支执行预算,从而为大学在这一时期各方面发展提供了必要的经济基础。

作为大学内部最高管理者,在大学筹建时期,在附属中学的发展策略、大学选址、大学建设规划、教师任命、学位授予标准的制定以及各种类型和层次学位授予方面,董事会行使了合法的决策权,从而为这一时期大学各项政策的制定和执行提供了必要的合法性基础。

由此可见,与前传统学院时期董事会相比,该时期董事会行使的权力范围进一步扩大,同时权力基础也在不断扩大,董事会综合运用各种不同

的资源作为自己行使权力的基础。这些资源在性质上可以分为两类,即集体资源和个人资源。虽然该期董事会在行使权力时对个人资源有所利用,但主要还是运用集体资源。此外,在大学发展的这一时期,董事会作为大学内部最高权力机构,通过制定财政预算为大学各方面发展提供了必要的经济基础,同时为大学各项发展政策的制定和实施提供了必要的合法性基础。

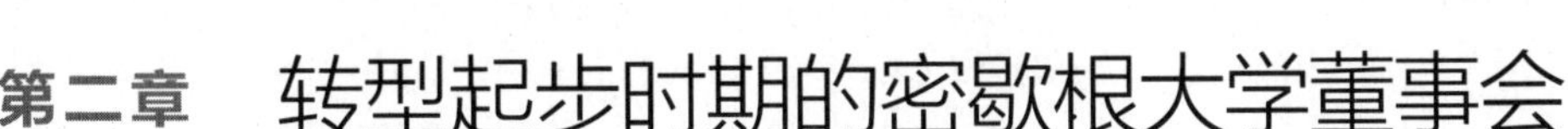

第二章　转型起步时期的密歇根大学董事会

1852年,密歇根大学董事会选举亨利·塔潘出任校长,这是密歇根大学董事会选举产生的第一任校长。[①] 塔潘的当选开启了密歇根大学从传统学院向现代大学转型的新时代,他改变了密歇根大学的组织目标,其目的是把密歇根大学"从一所传统学院建成一所名副其实的大学"[②]。虽然塔潘带着满腔的热情和远大的抱负来到密歇根大学,但由于受当时密歇根州教育的发展程度和密歇根大学整体的发展水平所限以及他中途被董事会解职,从而使他的改革计划仅仅实施了一小部分,因而本研究将这一时期称为密歇根大学转型的起步时期。那么,在这一时期,作为密歇根大学内部最高权力机构的董事会行使了哪些方面的权力呢?其权力行使的基础是什么呢?它们对密歇根大学从传统学院向现代大学的转型发挥了怎样的作用呢?

在回答以上这些问题之前,我们首先要考察密歇根大学董事会自身发生了什么变化。这时期的密歇根大学董事会已经不同于传统学院时期

---

① 作者注:1817年密歇根领地政府通过了密歇根大学建校法,该法规定,密歇根大学将任命13位教授,其中综合科学教授将兼任校长职位。密歇根大学建立后,虽然名为大学,但其教学水平却没有达到大学层次;虽然在底特律建立了大学校舍,但仅仅进行着中学、小学层次的教学。在此期间,大学仅由两位教师组成,即蒙蒂思和理查德,并由蒙蒂思出任校长。1821年,密歇根领地政府通过了新建校法,并废除了1817年建校法。1821年建校法成立了一个由21名董事组成的董事会管理大学,同时取消了校长职位。1837年,密歇根州政府通过了新建校法,并将大学迁到安阿伯,虽然1837年建校法规定董事会任命一名大学校长,但由于资金原因董事会一直没有任命,直到1852年民选董事会接管大学后,才于1852年8月任命塔潘为校长。

② Frieze H S. A Memorial Discourse on the Life and Services Rev. Henry Philip Tappan, D. D., LL. D. [M]. Ann Arbor: Published by the University, 1882:30.

的董事会,1850 年密歇根州制定了一部新的州宪法,新的州宪法将密歇根大学董事会成员的产生方式从之前由州长和州议会参议院共同任命,更改为由本州选民直接选举的方式,并规定董事会成员的任期均为 6 年,因而这一时期董事会的特点,是所有成员任期同时开始并且任期长度相同,任期结束时间也相同。1852 年 1 月 1 日,第一届民选董事会的 8 名成员正式就职,1858 年 1 月 1 日在他们的任期集体结束后,新当选的第二届民选董事会正式就职。下面将详细说明董事会成员产生方式的变迁历程。

第一节 从任命制董事会到民选制董事会

作为美国高校内部的最高权力机构,大学董事会在美国有着悠久的历史,它产生于美国的殖民地学院。建国后,虽然各州新建的州立大学都移植了殖民地学院的董事会管理制度,但它们却开始对董事会成员的产生方式进行了某些进步性的改革,而在这些院校中,密歇根大学董事会成员产生方式的进步改革引领了当时的改革潮流。1817 年,密歇根领地政府颁布的第一部大学建校法规定,大学董事会成员由领地总督任命,抛弃了殖民地学院董事会采用的由董事会原有成员选举新成员的方式,从而在大学董事会成员产生方式的进步性方向上迈出了可贵的一步。1850 年,密歇根新宪法将大学董事会成员的产生方式更改为民选制,到 1852 年,第一届民选董事会正式就职。在如此短的时期内和如此早的阶段,密歇根大学董事会成员产生方式就能达到如此进步的程度,在美国是绝无仅有的。那么,从 1817 年到 1852 年,密歇根大学董事会成员产生方式的进步性改革经历了哪些阶段呢?每个阶段董事会成员产生方式的进步体现在哪里呢?导致 1850 年董事会成员产生方式变迁的原因是什么呢?下面将详细讨论这一问题。

一、 由单一主体任命大学董事会成员的时期:1817—1831 年

密歇根领地政府组建于 1805 年,“当时领地政府由领地总督和领地

法官共同组成，他们除了履行各自的职能外，还共同行使领地的立法权”①。1824 年，联邦国会立法取消了领地总督和法官共同享有的立法权，并规定组建密歇根领地议会，第一届领地议会由 9 名议员组成，由联邦总统从领地居民推举的 18 名候选人中任命产生。在权限上，领地议会拥有领地的立法权，但联邦国会有权修改和否决领地议会通过的任何法律。至此，密歇根领地立法、行政、司法 3 个政府职能部门全部形成。

（一）由领地总督任命大学董事会成员

1817 年建校法规定，“密歇根大学校长与教授或他们中的绝大部分人有权管理大学的各项事务，有权制定相关的法律，有权起诉也可以被起诉，有权获得或持有财产，有权使用或更改大学印章，有权建立学院、附属中学、小学、图书馆、博物馆、体育馆、植物园、实验室以及其他各种文化和科学机构，以及有权为在密歇根各县、市、镇以及其他行政区划内建立的学校任命管理人员、助教和教师”②，由此可见，1817 年建校法实际上把密歇根大学的管理权授予了由大学校长和教授组成的教授会。而 1817 年建校法又明确规定，“大学教授由领地总督提名和任命”③，因而该建校法实际上将教授会成员的提名和任命权授予了领地总督。

1817 年建校法规定大学设立 13 个教授席位，但从 1817 年到 1821 年，仅仅有蒙蒂思和理查德出任教授。蒙蒂思担任 7 个教授职位，同时兼任大学校长，理查德担任其余 6 个教授职位，这 4 年间实际上就只有他们 2 人组成教授会管理密歇根大学。

（二）由领地议会任命大学董事会成员

从 1817 年建校法通过到 1821 年，虽然密歇根大学教授会通过了几项确定大学校长、教授、助教等人的工资以及购买校园用地和建设校舍等的法规，但大学实际上只开办了小学和文法中学，并没有实现 1817 年建校法所勾勒出来的宏伟蓝图，1817 年建校法对当时的密歇根领地来说还

---

① Brown C R. The Government of Michigan, Its History and Jurisprudence [M]. Kalamazoo: Moore & Quale, 1874: 15.

② Hubbard L L. University of Michigan, Its Origin, Growth and Principles of Government [M]. Ann Arbor: The University of Michigan, 1923:2 – 3.

③ Hubbard L L. University of Michigan, Its Origin, Growth and Principles of Government [M]. Ann Arbor: The University of Michigan, 1923:2.

过于理想化。1821 年 4 月 30 日,领地政府通过了一部新建校法,在废除了 1817 年建校法设立大学校长做法的同时,也废除了由校长和教授组成教授会管理大学的做法,转而组建了一个由 21 人构成的外行董事会管理大学。

与 1817 年大学建校法不同,1821 年建校法将领地议会确定为大学董事会成员的任命主体,法案第一款规定,“领地议会将任命……为密歇根大学第一届董事会成员,只要领地议会允许,他们以及未来的密歇根大学董事会成员都将继续留任”①,但 1821 年建校法通过时,领地议会还没有组建。鉴于 1817 年建校法对领地总督任命大学教授会成员的规定以及领地总督任命大学教授会成员的实践,又鉴于 1817 年建校法和 1821 年建校法的格式都是以“密歇根领地总督和法官兹立法”开头以及由领地总督和 2 位领地法官共同签署,据此我们可以推断,在 1824 年密歇根领地议会组建之前,密歇根大学董事会成员实际上仍然是由领地总督任命的。

(三) 单一主体任命董事会成员方式的进步性

董事会成员任命方式的进步性是指本州(或本领地)人民能够参与董事会成员任命活动的程度,参与的程度越高,则越进步。

由领地总督任命大学董事会成员对密歇根领地选民而言,实际上相当于他们“间间接选举”大学董事会成员,因为领地总督是由总统任命产生的,而总统又是各州选民选举产生的选举人选举产生的。而由领地议会任命大学董事会成员对密歇根领地选民而言,实际上相当于他们“间接选举”大学董事会成员,因为领地议会议员虽然需要经过总统的确认,但他们都是领地选民选举产生的。因此,虽然由单一主体任命的大学董事会成员只相当于领地居民“间间接”至多是“间接”地选举产生,但相对于那些与领地选民无关而仅由董事会原有成员选举新成员的方式,至少已经在进步的道路上迈出了可贵的一步。

---

① Hubbard L L. University of Michigan, Its Origin, Growth and Principles of Government [M]. Ann Arbor: The University of Michigan, 1923:5.

二、 由政府行政和立法部门共同任命大学董事会成员的时期：1831—1850 年

（一） 领地总督和议会共同构成大学董事会成员的任命主体

1821 年大学建校法虽然将领地议会确定为大学董事会成员的任命主体，但当时领地议会并没有组建，因而董事会成员实际上仍由领地总督任命。当 1824 年领地议会组建后，1821 年建校法的规定与领地总督任命董事会成员的实践之间就产生了法律制度上的真空，如何设计总督与领地议会在大学董事会成员任命上的权力关系就成为领地政府必须解决的问题。

1831 年 3 月 1 日，密歇根领地议会颁布法律首次明确解决这一问题。该法规定，“当密歇根大学董事会出现空缺时，将由领地总督提名，由领地议会批准任命新董事”①。该法的通过，明确解决了在密歇根大学董事任命问题上由于任命主体的增加而提出的重新安排权力关系的制度设计问题。

（二） 州长和州议会参议院共同构成董事会成员的任命主体

1835 年密歇根领地在底特律召开制宪会议，制宪会议于 5 月制定了密歇根第一部州宪法，同年 10 月密歇根领地居民批准了这部州宪法。该宪法第十条第一款规定，“由州长提名、州议会批准任命一位公共教育督学，督学任期两年”②。1836 年，在州制宪会议教育委员会主席伊萨克·克拉里的提议下，梅森州长提名约翰·皮尔斯担任州第一任督学。州议会在批准梅森州长的任命后，委托皮尔斯起草一份密歇根州教育制度报告。在接受州议会的委托后，皮尔斯亲自到东部考察那里的教育制度，1837 年初，皮尔斯向密歇根州议会提交了一份内容广泛的报告，而报告中有关大学的部分就成为 1837 年密歇根大学建校法的蓝本。

在董事会成员的产生方式上，1837 年建校法继承了 1831 年领地议会通过的法律对大学董事会成员产生方式的规定，但更加明确了州议会的任命主体为州议会参议院。该法规定，董事会成员由“州长提名，由州

① Hubbard L L. University of Michigan, Its Origin, Growth and Principles of Government [M]. Ann Arbor: The University of Michigan, 1923:23.

② Constitution of the State of Michigan of 1835. // Michigan Legislative Council. Michigan Compiled Laws, 1979 [M]. Vol. 1. Lansing: Legislative Council, 1981:15.

议会参议院批准任命"①产生。1846 年,虽然州议会对 1837 年建校法进行了某些修正,但在大学董事会成员产生方式的问题上仍然保留了 1837 年建校法中所作的规定。

(三) 双主体任命方式的进步性

对密歇根州选民而言,由政府行政部门首脑(领地时期指的是领地总督,建州后指的是州长)和立法部门(领地时期指的是州议会,建州后指的是州议会参议院)共同出任大学董事会成员的任命主体,比仅由单一主体任命大学董事会成员的方式要更加进步,也更加符合分权制精神。

在代议制民主下,虽然立法机构议员是由密歇根选民直接选举产生的,但他们在遴选大学董事会成员时是否考虑到选民的利益是一个难以解开的谜,同样由选民间接选举产生的领地总督以及"由本州选民直接选举产生的州长"②能否做到这一点也是一个值得怀疑的问题。此外,虽然任命大学董事会成员是属于政府行政部门的权力,但行政权的运用也需要监督,而权力监督的最有效方式就是以权力制约权力,由政府行政部门和立法部门共同分享大学董事会成员的任命权就是立法权与行政权之间相互制衡的体现。因此,与 1817 年建校法将大学董事会成员任命权授予领地总督和 1821 年建校法将大学董事会成员任命权授予领地议会相比,双主体的任命方式更符合美国民主政体的分权精神,也更有利于实现选民的利益。

三、 由本州选民直接选举大学董事会成员的时期:1850—1852 年

(一) 从间接选举走向直接选举

在 1835 年密歇根州第一部州宪法制定 15 年后,密歇根州又制定了一部新宪法。在如此短暂的时间内重新制定宪法的原因固然有很多,"可能最主要是由于'跟风'这种流行观念在作怪,即其他州纷纷开始制定新

① Hubbard L L. University of Michigan, Its Origin, Growth and Principles of Government [M]. Ann Arbor: The University of Michigan, 1923:9.

② Constitution of the State of Michigan of 1835. // Michigan Legislative Council. Michigan Compiled Laws, 1979 [M]. Vol. 1. Lansing: Legislative Council, 1981: 9.

宪法，密歇根州也应该顺应时代潮流”①。然而，密歇根州新宪法的制定却有明确的教育目标。

1850 年密歇根州新宪法获得通过，全州人民首次在宪法层次上规定了大学董事会成员的产生方式。新宪法第十三款第六条规定：“在选举巡回法官时，将在全州每个巡回法院所在的司法区各选举 1 名大学董事会成员，大学董事会成员的任期将与巡回法官的任期相同。”②同时新宪法第六款第六条规定：“密歇根州将划分为 8 个巡回法院司法区，每个司法区内的选民将选举 1 名巡回法院法官，巡回法官的任期时间为 6 年。”③从而可知，1850 年密歇根州新宪法规定密歇根大学董事会将由 8 名成员构成，全部由选民直接选举产生，其任期时间均为 6 年。

虽然 1850 年州宪法明确规定大学董事会成员由选举产生，但何时选举以及如何选举等具体问题还需要州议会制定具体的法律。1851 年 3 月 10 日，州议会颁布的巡回法官和大学董事选举法（以下简称“选举法”）就是在这一方面做出的初步尝试。

在选举时间上，1851 年选举法规定：“将在 1851 年 4 月的第一个周一以及今后每六年的同一时间进行选举，在新宪法以及今后州议会通过的各种法律所划归的各司法区内，由各司法区的选民选举 1 名巡回法官和 1 名密歇根大学董事，他们的任期均为 6 年……在本法规定下选举产生的巡回法官和大学董事将在 1852 年 1 月 1 日正式就职。”④

在选举方式上，“该选举法所规定的选举将以现有大选法规定的选举方式进行”⑤。为确保每一位选民都能了解和如期参与选举，1851 年选举法规定了由州务卿、县长、镇书记员或县选举检察员构成的三级通知制

---

① Campbell J V. Outlines of the Political History of Michigan [M]. Detroit: Schober & Co., 1876:535.

② Report of the Proceedings and Debates in the Convention to Revise the Constitution of the State of Michigan [M]. Lansing: R. W. Ingals State Printer, 1850:xxxiv.

③ Report of the Proceedings and Debates in the Convention to Revise the Constitution of the State of Michigan [M]. Lansing: R. W. Ingals State Printer, 1850:xxix.

④ Acts of the Legislature of the State of Michigan Passed at the Annual and Extra Session of 1851 [M]. Lansing: R. W. Ingals, State Printer, 1851:20, 22.

⑤ Acts of the Legislature of the State of Michigan Passed at the Annual and Extra Session of 1851 [M]. Lansing: R. W. Ingals, State Printer, 1851: 21.

度。选举法规定在该法通过后州务卿将书面通知密歇根州各司法区所辖各县县长该法内容,并在各司法区发行的报纸上印行该法律。各县县长在收到该法后,将即刻书面通知所辖各镇书记员和区选举检察员关于巡回法官和大学董事选举事宜。各镇书记员和区选举检察员在收到县长通知后,将书面通知本镇或本区选民选举进行的时间和地点,通知发布时间将持续8天(由于时间紧迫,1851年选举除外)。此外,各区的选举检察员需要提前准备好选票箱和选票,选民在同一张选票上填入自己所支持的巡回法官和大学董事的候选人姓名。

选举结束后,为了保障候选人的利益,1851年选举法建立了由镇区级、县级和州级唱票委员会构成的三级唱票制度。法律规定在镇区一级,选举检察员将负责镇区一级的唱票,并将唱票结果提交给县书记员。在县一级,在选举结束后的第二个周二,各县将以现有法律对国会众议员选举唱票的方式各自进行唱票,之后各县书记员集体签名将唱票结果提交给州财政部长。在州一级,由州务卿、州财政部长和州公共土地局长组成州选举唱票委员会,由他们从各候选人中按票数确定各选区巡回法官和大学董事人选,并负责通知当选的候选人。

由此可见,1851年选举法将1850年州宪法精神进一步具体化,它从选举时间以及选举方式上为密歇根大学董事会成员产生方式向直接选举过渡进行了初步的制度设计。在以上两部法律的规定下,1851年4月1日,州选举产生了第一届密歇根大学董事会①,各成员于1852年1月1日正式就职。

(二)直接选举方式的进步性及其不彻底性

1. 董事会成员直接选举方式的进步性

与由总督或领地议会单独构成大学董事会成员任命主体和由政府行政部门及立法部门共同构成大学董事会成员任命主体这两种间接选举方式相比,由选民直接选举产生大学董事会成员的方式要更加进步一些。

---

① 作者注:第一届民选董事会成员是第一司法区的麦克尔·帕特森(Michael A. Patterson)、第二司法区的爱德华·莫尔(Edward S. Moore)、第三司法区的埃隆·法恩斯沃思、第四司法区的詹姆斯·金斯利(James Kingsley)、第五司法区的伊莱沙·伊利(Elisha Ely)、第六司法区的查尔斯·帕尔默(Charles H. Palmer)、第七司法区的安德鲁·帕森斯(Andrew Parsons)和第八司法区的威廉·厄普约翰(William Upjoin)。

之所以这么说,有以下几方面原因:

首先,选民可以根据自己的判断独立选出自己支持的大学董事候选人,这样就使大学董事会成员的产生方式直接建立在“群众”基础之上,同时也能加强大学董事会成员对选民的责任意识,从而使密歇根大学成为一所真正意义上的本州“人民”的大学。

其次,通过规定从本州各司法区选举 1 名大学董事会成员,从而保障密歇根大学是真正意义上的密歇根州的大学。据 1817 年建校法所成立的大学教授会仅仅由理查德和蒙蒂思构成。理查德出生于法国传教士家庭,1792 年移民巴尔的摩,在圣玛丽学院教授数学;1798 年来到底特律,后来他成了圣安纳教堂的牧师。蒙蒂思出生于东部,1816 年毕业于普林斯顿神学院,毕业后应密歇根领地总督卡斯的邀请来到底特律,并在底特律创办了第一个新教教会。因此可以说,1817 年建校法建立的密歇根大学实际上是东部的大学。据 1821 年建校法成立的大学董事会由 21 人构成,而其中有 17 人都是底特律人;据 1837 年建校法成立的大学董事会由 12 人组成,其中有 7 人在底特律工作,并且从 1837 年到 1852 年间,大学董事会会议绝大部分是在底特律召开的,因此可以说从 1821 年建校法通过到 1852 年民选董事会正式就职期间,密歇根大学实际上是底特律的大学。而 1850 年州宪法规定从本州各司法区选举 1 名大学董事,从而保障密歇根大学成为一所真正意义上的密歇根州的大学。

此外,与当时其他州立大学相比,密歇根大学也是仅有的实现由选民直选董事会成员的大学。佐治亚大学和佛蒙特大学董事会此时仍由董事会原有成员选举产生新成员;田纳西大学、俄亥俄大学、印第安纳大学、弗吉尼亚大学董事会,此时仍由州长提名、州议会批准任命产生新成员;北卡罗来纳大学、南卡罗来纳大学和威斯康星大学董事会,此时仍由州议会选举产生新成员。

2. 大学董事会成员直接选举方式的不彻底性

虽然与之前大学董事会以及与当时其他州立大学董事会成员产生方式相比,由选民直接选举的方式更进步一些,但 1850 年密歇根州宪法所确定的大学董事会成员直接选举方式仍存在一定程度的不彻底性,其表现在对选民资格的严格界定上。

1850 年新宪法规定,并不是所有密歇根州人民都是选民,“只有那些有权选择并参与选举投票的人才是选民"①。那么,到底哪些人才是选民呢? 1850 年密歇根宪法第七款第一条规定:"在所有选举活动中,所有白人男性公民;1835 年 6 月 24 日起就居住在密歇根州的白人男性居民;1850 年 1 月 1 日起就居住在本州、在开始选举的 6 个月前宣布加入美国国籍并遵守本州法律的白人男性居民,或者已在本州居住两年半以上、在开始选举的 6 个月前宣布加入美国国籍并遵守本州法律的白人男性居民;每一位文明的、不属于任何一个部落的美国土著印第安人男性后代,这些人都是选民,都拥有选举权。"②

从 1850 年州宪法对选民属性的界定中可以看出,只有白人男性公民或在本州居住一定年限且宣布加入美国国籍的白人男性居民以及某些印第安人男性后裔才是选民。这就将女性以及绝大部分的有色人种排除在选民范围之外,这样具有选民资格的人就只占密歇根州人口的很小一部分,所以说即使 1850 年州宪法将密歇根大学董事会成员产生方式更改为由选民直接选举产生,但密歇根大学仍不是真正意义上的密歇根州"人民"的大学,充其量只是密歇根州"选民"的大学。

综上所述,1817 年密歇根大学在成立之时就将董事会成员的任命权授予领地总督,从而将董事会成员的产生方式奠定在比较进步的基础之上。从 1817 年到 1852 年这短短的 35 年间,密歇根大学董事会成员的产生方式就实现了从间接选举到直接选举的过渡。在间接选举阶段,大学董事会先后经历了由单一主体任命和由双主体任命阶段。此外,虽说密歇根大学董事会成员的直接选举在选民基础上还需要进一步扩大,但与当时其他州立大学董事会成员的产生方式相比,密歇根大学董事会成员产生方式的进步性程度已经领跑各州立大学,从而也为密歇根大学之后顺利完成从传统学院到现代大学的转型奠定了坚实的群众基础。

---

① Brown C R. The Government of Michigan, Its History and Jurisprudence [M]. Kalamazoo: Moore & Quale, 1874: 42.

② Report of the Proceedings and Debates in the Convention to Revise the Constitution of the State of Michigan [M]. Lansing: R. W. Ingals State Printer, 1850: xxxi.

第二节　转型起步时期的密歇根大学董事会行使的权力

1852年12月22日，塔潘正式就任密歇根大学校长。塔潘的到来，使密歇根大学进入了从传统学院向现代大学转型的新时期，但这一时期仅仅是转型的起步时期。这一时期密歇根大学董事会都行使了哪些方面的权力呢？它们对处于转型起步时期的密歇根大学发挥了哪些作用呢？以下将作具体分析。由于这一时期大学先后经由两届民选董事会，并且这两届民选董事会不仅在人事上没有任何连续性，而且权力行使的侧重点也出现了一定的转移，因而下文将分别介绍这两届民选董事会行使的权力内容。

一、第一届民选董事会行使的权力内容

（一）大学财政预算制定权

这一时期是密歇根大学转型的起步时期，大学推出了各项改革措施，因而每年财政预算都在增加，下图直观显示出这6年大学财政预算的变化走势：

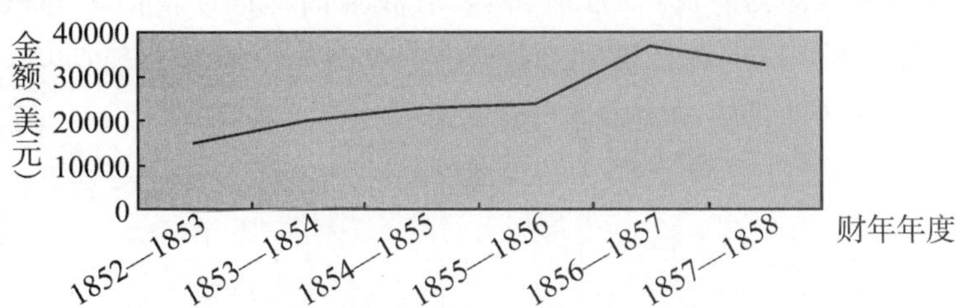

图2-1　1852—1858财年密歇根大学每年预算开支变化图

资料来源：University of Michigan. Regents' Proceedings with Appendixes and Index：1837-1864［M］. Ann Arbor：University of Michigan Press，1915：533，558，581，619，667，708.

1852年，董事会“批准财政委员会提交的1852—1853财年年度财政

预算报告，并将其作为向州公共教育督学提交的年度报告的一部分”①；1853 年，董事会批准“财政委员会主席帕特森提交的 1853—1854 财年年度财政预算报告”②；1854 年，董事会批准“财政委员会主席帕特森提交的 1854—1855 财年年度财政预算报告”③；1855 年，董事会批准“财政委员会主席帕特森提交的 1855—1856 财年年度财政预算报告”④；1856 年，董事会批准“财政委员会提交的 1856—1857 财年年度财政预算报告”⑤；1857 年，董事会批准“财政委员会提交的 1857—1858 财年年度财政预算报告”⑥。

此外，在预算执行上，董事会在实际的财政支出中通常还超支执行财政预算，下图直观显示出这一时期董事会实际的财政支出和预算支出之间的关系：

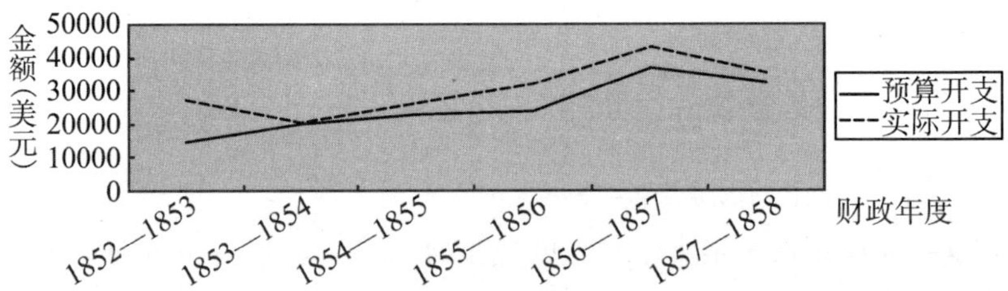

图 2-2 1852—1858 财年密歇根大学每年实际支出与预算支出关系图

资料来源：University of Michigan. Regents' Proceedings with Appendixes and Index：1837-1864［M］. Ann Arbor：University of Michigan Press, 1915：533, 556, 558, 579, 581, 619, 667, 668, 707, 708, 819.

① University of Michigan. Regents' Proceedings with Appendixes and Index：1837-1864［M］. Ann Arbor：University of Michigan Press, 1915：528.

② University of Michigan. Regents' Proceedings with Appendixes and Index：1837-1864［M］. Ann Arbor：University of Michigan Press, 1915：552.

③ University of Michigan. Regents' Proceedings with Appendixes and Index：1837-1864［M］. Ann Arbor：University of Michigan Press, 1915：574.

④ 同③。

⑤ University of Michigan. Regents' Proceedings with Appendixes and Index：1837-1864［M］. Ann Arbor：University of Michigan Press, 1915：650.

⑥ University of Michigan. Regents' Proceedings with Appendixes and Index：1837-1864［M］. Ann Arbor：University of Michigan Press, 1915：723.

（二）大学组织建设权

1852 年第一届民选董事会就职时，密歇根大学已经建立了文理系和医学系。在第一届民选董事会执政的 6 年间，董事会先后建立了天文台和化学实验室。

1. 大学天文台组建权

底特律人亨利·沃克（Henry N. Walker）参加了塔潘的就职演讲，在听完演讲后，他向塔潘表示，底特律人希望能够为大学的发展做出一定的贡献，并向塔潘咨询应该如何做。塔潘建议底特律人可以为大学建设 1 座天文台，沃克接受了塔潘的建议。在沃克的提议下，塔潘亲自向底特律人就捐建天文台事宜发表了演讲。沃克委托塔潘起草天文台建设计划，负责购买天文台设备并为天文台聘请主任，塔潘接受了沃克的委托。

1853 年初，塔潘就任伊始便到纽约和欧洲，为天文台购买设备和聘请主任，沃克则敦促董事会建设天文台。1853 年 3 月 28 日，董事会临时主席金斯利宣读了沃克的来信，信中指出："底特律居民为大学建设天文台的捐款活动已经结束，经塔潘批准，任命纽约人伯德（Geo Bird）负责制订天文台的建设规划以及天文台的建设工作。"①为此，董事会任命由"董事法恩斯沃思、沃克和道格拉斯教授"②组成一个特别委员会，负责天文台的选址事宜。大学天文台最终的建设费以及天文观测设备费共花了 2.2 万美元，其中底特律居民捐赠了 1.5 万美元，沃克本人捐赠了 4000 美元，董事会提供了不足部分。

2. 大学化学实验室建设权

1839 年 10 月 2 日，董事会决定，"任命底特律人道格拉斯·霍顿为大学地质学和矿物学教授，同时霍顿教授还要负责化学和药物学的教学任务"③，但霍顿实际上并没有承担大学的教学任务，他在大学的主要工作就是分类和整理大学博物馆的各种标本。1845 年，董事会任命道格拉

---

① University of Michigan. Regents' Proceedings with Appendixes and Index：1837 – 1864 [M]. Ann Arbor：University of Michigan Press，1915：536 – 537.

② University of Michigan. Regents' Proceedings with Appendixes and Index：1837 – 1864 [M]. Ann Arbor：University of Michigan Press，1915：538.

③ University of Michigan. Regents' Proceedings with Appendixes and Index：1837 – 1864 [M]. Ann Arbor：University of Michigan Press，1915：100.

斯为霍顿的助教,负责化学的教学工作。1846 年,由于霍顿去世,董事会晋升道格拉斯为化学系教授。在医学系成立之前,道格拉斯的化学教学方法就是简单的口头讲授,偶尔也做一些简单的实验作为辅助手段。医学系建立后,道格拉斯兼任医学系教授,在医学系他开始通过实验向学生教授化学。塔潘就职后,他认为大学应该建立化学实验室,使大学能够开设分析化学课程,同时预计分析化学实验室的建设费用大概需要 2000 到 3000 美元。

1856 年 5 月,董事会通过决议,"鉴于建立 1 所用于分析化学的实验与教学工作的实验室对化学的成功教学来说是必不可少的,决定拨款 2500 美元用于建立分析化学实验室……授权道格拉斯负责签订实验室的建设合约并负责监督实验室的建设工作"①。1857 年秋,分析化学实验室建设完毕,全部的建设费用约为 4100 美元,这些费用由董事会分 4 次拨付。

(三) 大学校长任命权

1837 年密歇根大学成立后,董事会在其第一次会议上就提出了任命大学校长的事情,但董事会发现 1837 年建校法只是规定"将大学管理权授予 12 人组成的董事会和大学校长,大学校长是董事会的当然主席"②,并没有授予他们任命大学校长的权力。随后,他们要求州议会修改建校法,1837 年 6 月 21 日州议会通过了建校法修正案,授权董事会"任命 1 位大学校长,大学校长不是董事会的成员,并且董事会有权规定校长所应承担的义务"③。1837 年密歇根州议会颁布大学建校法,但直到 1841 年 9 月密歇根大学才开始正式招生。由于 19 世纪 40 年代密歇根大学财政一直处于紧张状态,大学组织简单,学生数量少,董事会认为它暂时还没有财力也没有必要雇佣 1 位专职的大学校长,在这一时期由文理系的各位

---

① University of Michigan. Regents' Proceedings with Appendixes and Index: 1837 – 1864 [M]. Ann Arbor: University of Michigan Press, 1915:643.

② Hubbard L L. University of Michigan, Its Origin, Growth and Principles of Government [M]. Ann Arbor: The University of Michigan, 1923:9.

③ Acts of the Legislature of the State of Michigan: Passed at the Annual Session of 1837 [M]. Detroit: John S. Bagg, State Printer, 1837:308.

教授每年轮流兼任大学校长①,但没有额外的工资。

1846 到 1850 年,大学生与教师之间就秘密协会问题产生了激烈冲突,此次冲突不仅将安阿伯市也将密歇根州议会卷入其中。最终,大量加入秘密协会的学生被开除,董事会也认为如果当时有 1 位专职校长,这件事情可能会得到更好的处理。1850 年密歇根州通过新宪法,新宪法授权大学董事会任命 1 位大学校长。在任命制董事会执掌大学的末期,董事会成员也提出过任命大学校长一事,如 1851 年 7 月,董事查尔斯·惠普尔就向董事会提交过一份关于任命大学校长的报告②,12 月,兰瑟姆再次向董事会提出考虑任命 1 位大学校长的问题③,但董事会始终没有采取实质性行动。因而,任命大学校长的任务就落到了民选董事会的肩上。

在民选董事会第一次会议上,董事帕尔默就提议成立一个由 3 人组成的通信委员会,负责提名合适的校长人选。董事会任命由帕尔默、法恩斯沃思和金斯利组成通信委员会。董事会的第二次会议在安阿伯召开,董事帕森斯提议董事会"授权通信委员会可以每年 1500 美元的工资,以及 1 所专家楼作为新任命大学校长的薪酬"④。通信委员会与东部的大量名人进行了通信往来,帕森斯还专程到东部进行考察,他拜访了宾夕法尼亚的波特(Bishop Alonzo Potter)、联合学院的诺特(Eliphalet Nott)院长和历史学家班克罗夫特(George Bancroft),他们共推荐了 6 位候选人,分别是新英格兰著名教育家亨利·巴纳德(Henry Barnard)、纽约著名的长老派牧师威廉·亚当斯(William Adams)、亨利·塔潘、当时威斯康星大学校长约翰·拉思罗普(John H. Lathrop)、哥伦比亚学院著名的古典学教授查尔斯·安东(Charles Anthon)和著名学者伊莱泽·戴明(Elizur

① 作者注:约瑟夫·怀廷教授于 1844 - 1845 年、安德鲁·布鲁克于 1845 - 1846 年和 1849 - 1850年、丹尼尔·惠登于 1846 - 1847 年和 1850 - 1851 年、约翰·阿格纽于 1847 - 1848年和 1851 - 1852 年、乔治·威廉姆斯于 1848 - 1849 年分别担任密歇根大学校长职务。

② University of Michigan. Regents' Proceedings with Appendixes and Index: 1837 - 1864 [M]. Ann Arbor: University of Michigan Press, 1915:496.

③ University of Michigan. Regents' Proceedings with Appendixes and Index: 1837 - 1864 [M]. Ann Arbor: University of Michigan Press, 1915:500.

④ University of Michigan. Regents' Proceedings with Appendixes and Index: 1837 - 1864 [M]. Ann Arbor: University of Michigan Press, 1915:507.

Deming)。

1852 年 6 月,董事会通过决议,宣布“董事会一致选举亨利·巴纳德为密歇根大学校长”①,并要求帕尔默等人组成的通信委员会负责通知巴纳德本人董事会的决定,但在 7 月,董事会就收到了巴纳德拒绝出任密歇根大学校长的信息。

在遭到巴纳德的拒绝后,董事会转而选举威廉·亚当斯为校长②,但在 8 月,董事会又收到了亚当斯拒绝出任校长的信息。

在先后遭到巴纳德和亚当斯的拒绝后,在 8 月的董事会会议上,董事会在塔潘、拉斯罗普、查尔斯·安东、伊莱泽·戴明之间选择,其中有 5 名董事选举塔潘,3 名董事选举拉斯罗普③,最终塔潘成功当选,塔潘也接受了董事会的任命。1852 年 12 月 22 日,塔潘宣誓就任密歇根大学校长。

(四) 大学教师任命权

1. 大学教授任命权

在第一届民选董事会就职前,密歇根大学共有 10 位教授,其中文理学系有 6 位教授,医学系有 4 位教授,而道格拉斯既是文理系教授,也兼任医学系教授。

在民选董事会正式就职后的 1851 年 7 月,布鲁克辞去了大学教授职务。任命制董事会在结束任期前,还解除了 3 位文理系教授的教务。为了维持大学正常的教学秩序,尽量降低大学优秀教师的流失,民选董事会在第一次会议上就决定,“任命威廉·柯蒂斯(William S. Curtis)为道德哲学和思辨哲学教授,其任期到本学年结束时为止”④,以弥补布鲁克辞职留下的空缺。在柯蒂斯任期结束后,董事会任命塔潘为大学道德哲学和思辨哲学教授。此外,董事会向任期结束的威廉姆斯、惠登和阿格纽等 3 位教授分别表达了挽留之意:“鉴于上届董事会将大学校长的任命和文

① University of Michigan. Regents' Proceedings with Appendixes and Index: 1837 – 1864 [M]. Ann Arbor: University of Michigan Press, 1915:517.

② University of Michigan. Regents' Proceedings with Appendixes and Index: 1837 – 1864 [M]. Ann Arbor: University of Michigan Press, 1915:519.

③ University of Michigan. Regents' Proceedings with Appendixes and Index: 1837 – 1864 [M]. Ann Arbor: University of Michigan Press, 1915:521.

④ University of Michigan. Regents' Proceedings with Appendixes and Index: 1837 – 1864 [M]. Ann Arbor: University of Michigan Press, 1915:506.

理系教师的重组责任移交给本届董事会,董事会想向你们询问:在本学年结束后是否愿意继续留在大学任教,还是希望董事会在权力允许的范围内给您提供其他的职位?"①惠登和阿格纽表示希望离开,而威廉姆斯则希望能继续留在密歇根大学。1852 年 8 月,董事会任命威廉姆斯为数学和自然哲学教授。

1852 年 7 月,董事帕尔默提议"任命阿尔瓦·布拉迪斯(Alvah Bradish)为艺术理论和实践教授,但董事会并不支付布拉迪斯工资"②。在选举塔潘担任校长那天,董事会任命詹姆斯·博伊斯(James R. Boise)为拉丁语和希腊语教授,其任期从 1852 年 10 月开始。同年 12 月,博伊斯的教职名称被更改为希腊语和希腊文学教授,同时任命黑文为拉丁语和拉丁文学教授。1854 年 6 月,在董事金斯利建议下,董事会"任命来自罗得岛州的亨利·弗里兹为大学拉丁语和拉丁文学教授……其任期从 1854 年 10 月开始"③,同时改任黑文为历史和英国文学教授。1856 年 9 月,黑文辞去历史和英国文学教授职位。1857 年 9 月,在金斯利的提议下,董事会"任命安德鲁·怀特为历史和英国文学教授"④,以填补黑文辞职留下的职位空缺。

1852 年到 1853 年,大学课程设置中就列出了农业化学。1853 年春,英国国教派牧师查尔斯·福克斯(Charles Fox)为密歇根大学学生免费开了一期农业讲座。1854 年 6 月,在金斯利的建议下,董事会"任命查尔斯·福克斯为大学农学教授"⑤,但福克斯在接受董事会任命后不久就去世了,这届董事会就再也没有任命其他人为农学教授。

1853 年,在底特律市民的捐赠下,大学决定建立 1 座天文台。在塔潘的建议下,1854 年 6 月,董事会"任命柏林皇家天文台主任、世界著名

① Farrand E M. History of the University of Michigan [M]. Ann Arbor: Register Publishing House, 1885: 95 - 96.

② University of Michigan. Regents' Proceedings with Appendixes and Index: 1837 - 1864 [M]. Ann Arbor: University of Michigan Press, 1915:520.

③ University of Michigan. Regents' Proceedings with Appendixes and Index: 1837 - 1864 [M]. Ann Arbor: University of Michigan Press, 1915:570.

④ University of Michigan. Regents' Proceedings with Appendixes and Index: 1837 - 1864 [M]. Ann Arbor: University of Michigan Press, 1915:700.

⑤ 同③。

天文学家恩克(Encke)的助手布伦诺夫(F. Brunnow)博士为大学天文系教授和天文台主任"①。

1853年11月,董事会决定设立物理学和土木工程学教职,并在黑文的建议下,"任命亚拉巴马州亚历山大·温切尔(Alexander Winchell)出任物理学和土木工程学教授"②。1855年7月,温切尔请求董事会将其改任为地质学和博物学教授。1855年9月,董事会"任命西点军校毕业生佩克(W. G. Peck)代替温切尔出任大学物理学和土木工程学教授,改任温切尔为博物学教授"③。1857年6月,佩克辞掉了大学物理学和土木工程学教授职位。佩克辞职后,第一届民选董事会就再没有任命这一职位的全职教授,而是在同年12月临时任命伍德(D. Wood)为物理学和土木工程学助教,以填补佩克教授辞职留下的空缺。

1856年5月,在董事帕特森的提议下,董事会"任命威廉·特罗布里奇(William P. Trowbridge)为大学数学教授"④,这是董事会继佩克之后任命的第二位西点军校毕业生为大学教授。但一年后特罗布里奇就辞去了数学教授职位,之后第一届民选董事会再没有任命数学教授,而是于1857年6月"任命约翰·克拉克(John E. Clark)为科学系的数学助理教授"⑤,以填补特罗布里奇辞职后留下的空缺。

1852年7月,在董事帕特森的建议下,董事会"任命帕尔默(Alonzo B. Palmer)为解剖学教授,改任岗恩为外科学教授"⑥。1854年5月,董事会决定医学系生理学和病理学教授亚当斯·艾伦的任期到6月30日结束后不再与他续约,同时任命由董事厄普约翰、帕特森、塔潘、登顿、道

---

① University of Michigan. Regents' Proceedings with Appendixes and Index: 1837 - 1864 [M]. Ann Arbor: University of Michigan Press, 1915:570.

② University of Michigan. Regents' Proceedings with Appendixes and Index: 1837 - 1864 [M]. Ann Arbor: University of Michigan Press, 1915:554.

③ University of Michigan. Regents' Proceedings with Appendixes and Index: 1837 - 1864 [M]. Ann Arbor: University of Michigan Press, 1915:612.

④ University of Michigan. Regents' Proceedings with Appendixes and Index: 1837 - 1864 [M]. Ann Arbor: University of Michigan Press, 1915:643.

⑤ University of Michigan. Regents' Proceedings with Appendixes and Index: 1837 - 1864 [M]. Ann Arbor: University of Michigan Press, 1915:698.

⑥ University of Michigan. Regents' Proceedings with Appendixes and Index: 1837 - 1864 [M]. Ann Arbor: University of Michigan Press, 1915:519.

格拉斯、塞杰、岗恩等人组成一个特别委员会，负责任命教授以填补艾伦任期结束后留下的空缺，并负责重新安排医学系各位教授的职务。1854年6月，特别委员会提议"任命福特(Corydon L. Ford)为大学解剖学教授，改任帕尔默为大学药物学和妇幼疾病学教授，改任塞杰为大学产科和生理学教授，任命安德鲁斯为比较解剖学教授和人体解剖学演示员"①。1855年3月，董事会在安德鲁斯教授已有职务基础上，又追加了植物学和法医学教授职务。1855年6月，安德鲁斯接受芝加哥拉什医学院的邀请，辞去比较解剖学教授和人体解剖学演示员职务。

1856年12月，医学系教师向董事会建议任命一个特别委员会与他们商讨有关临床医学教学的问题。在董事诺思罗普的建议下，董事会任命由帕特森、法恩斯沃思和帕尔默组成一个特别委员会，负责调查临床医学教学问题。1857年3月5日，大学医学系名誉教授皮彻致信特别委员会主席帕特森，请求董事会设立临床学院。1857年3月，在董事帕特森的提议下，董事会"任命皮彻为大学医学系临床医学教授，在适当的时候为大学医学系学生开设临床医学课程"②。

2. 大学中低级职称教师任命权

19世纪50年代后，由于大批教授辞职后董事会暂时无法找到合适的人选，因而任命了一些助理教授填补教授离职后留下的空缺。此外，由于大学组织的复杂化和学生人数的增加，董事会为大学教授任命助教的情况就逐渐出现。

1855年12月董事会的年度报告指出，已经任命杜波伊斯(Alfred Dubois)为化学系教授道格拉斯的助教。

1856年，当特罗布里奇辞职后，董事会并没有立刻任命一位数学教授，而是任命克拉克为数学系助理教授，填补特罗布里奇辞职所留下的空缺。

1857年6月，佩克辞去了大学物理学和土木工程学教授职务，同年12月，董事会任命伍德为物理学和土木工程学助教，以填补佩克教授辞

① University of Michigan. Regents' Proceedings with Appendixes and Index: 1837 - 1864 [M]. Ann Arbor: University of Michigan Press, 1915:569.

② University of Michigan. Regents' Proceedings with Appendixes and Index: 1837 - 1864 [M]. Ann Arbor: University of Michigan Press, 1915:690.

职留下的空缺。

1857 年 6 月，帕特森提议“拨款 500 美元给天文系布伦诺夫教授，供其在天文台雇佣 1 个助手”①，但是在董事会 12 月会议上，董事会决定将拨款金额降到 250 美元。布伦诺夫用这些资金，为天文台选择了詹姆斯·沃森（James Watson）作为天文台助教，在布伦诺夫的培养下，沃森迅速成长为一位著名的天文学家。

1855 年 6 月，安德鲁斯辞去大学比较解剖学教授和人体解剖学演示员职务后，董事会任命查尔斯·方纳（Charles Fanner）为人体解剖学演示员以填补安德鲁斯留下的空缺，而没有任命比较解剖学教授。1857 年方纳辞职后，董事会任命阿尔伯特·赫尔默（Albert Helmer）为人体解剖演示员，以填补方纳留下的空缺。

（五）学位授予权

第一届民选董事会继承了任命制董事会制定的学位授予标准，但这段时期在学位授予的数量、类型以及学位证书的收费制度等方面都发生了变化。

从 1845 年开始正式授予学位到 1852 年民选董事会执掌大学这 7 年间，密歇根大学共授予 110 名毕业生文学学士学位、18 名毕业生文学硕士学位、27 名毕业生医学博士学位。从 1852 年民选董事会执掌大学到 1858 年第二届民选董事会执掌大学期间，共授予 117 名学生学士学位、60 名学生硕士学位和 182 名学生医学博士学位。

在这段时期，除了学位授予数量的增加外，学位授予的类型也进一步多样化。1855 年 6 月，在文理系教师建议下，董事会授予来自俄亥俄州的乔治·哈特（George Harter）和马塞厄斯·哈特（Matthias Harter）理学学士学位②，这是密歇根大学自建校以来第一次授予理学学士学位，密歇根大学因此成为美国第二所授予理学学士学位的大学（第一所授予理学学士学位的大学是哈佛大学，1851 年哈佛大学开始授予理学学士学位）。

此外，在学位证书工本费的收取上，1855 年之前，大学文理系学位证

① University of Michigan. Regents' Proceedings with Appendixes and Index：1837 – 1864 [M]. Ann Arbor：University of Michigan Press，1915：698.

② University of Michigan. Regents' Proceedings with Appendixes and Index：1837 – 1864 [M]. Ann Arbor：University of Michigan Press，1915：611.

书授予是免收工本费的。1845 年董事会要求董事会教授委员会制定一份学位授予标准，教授委员会在“报告”第三条第二款中建议“由大学董事会出资印制学位证书，并免费发放给各位毕业生”①，教授委员会的报告得到了董事会的批准。1847 年密歇根大学董事会在其通过的《密歇根大学管理规程》第十条第二款中重申了 1845 年教授委员会报告中的立场，即“由大学董事会出资印制学位证书，并免费发放给各位毕业生”②，这一政策一直维持到 1855 年。

1855 年 6 月，在董事帕特森的提议下，董事会决定：“今后凡是从密歇根大学获得学位的毕业生都需要交 2 美元的证书工本费，该规定也适用于今年申请文学硕士学位的毕业生。”③从此，密歇根大学文理系开始收取毕业生学位证书的工本费。而密歇根大学医学系学生从一开始就要交 2 美元的毕业证书工本费。

（六）拨款购买图书、标本和实验仪器权

1. 拨款购买图书的权力

1852 年，密歇根大学图书馆仅有 4000 余册图书，与 1841 年大学开始招生时的馆藏量不相上下，加之大学图书馆没有面向师生借阅以及没有设立专职图书管理员，这使得大学图书馆的管理十分不善，同时图书馆利用率也不高。

塔潘就任后不久，就呼吁安阿伯市民向大学图书馆捐款用于购书。在塔潘的呼吁下，安阿伯市民共捐赠了 1515 美元。在塔潘的提议下，1853 到 1854 年，董事会每年拨款 450 美元用于图书馆购买图书和期刊，利用这些资金，董事会为大学图书馆购买了 1200 册图书。

在此之后，董事会每年都拨款购书。1854—1855 学年董事会共拨款约 1300 美元、1855—1856 学年董事会共拨款约 923 美元、1856—1857 学年董事会共拨款约 1602 美元用于为大学图书馆购书。

---

① Report of the Committee on Professorship, 8. // By-Laws of the Michigan University, 1837 – 1880 [M]. Detroit: Harsha & Willcox, 1845: 37.

② Code of Rules and Regulations for the Government of the University, 13. // By-Laws of the Michigan University, 1837 – 1880 [M]. Detroit: Harsha & Willcox, 1845: 76.

③ University of Michigan. Regents' Proceedings with Appendixes and Index: 1837 – 1864 [M]. Ann Arbor: University of Michigan Press, 1915:607.

2. 拨款购买标本的权力

1837年密歇根大学迁到安阿伯后,在任命制董事会的管理下,大学博物馆已经收藏了大量的标本,在此基础上,民选制董事会继续为大学博物馆增加藏品。

1855年3月,为购买纽约商人奇尔顿(Mr. Chilton)低价出售的近400件化学标本,道格拉斯向董事会提出医学系愿意出一半的资金,并请求董事会拨给所缺的另一半资金。在道格拉斯的建议下,董事会决定"授权道格拉斯负责购买纽约人奇尔顿出售的化学标本,并授权董事会秘书在9月20日之前向道格拉斯拨款157.5美元用于购买上述标本"①。同时,董事会收到来自底特律人蒙德斯(J. Monds)的信,蒙德斯希望将自己收集的贝壳标本出售给密歇根大学,董事会委托温切尔负责与蒙德斯协商标本购买事宜。1855年6月,董事会拨款400美元购买了蒙德斯的贝壳标本。

1856年6月,董事会任命由帕特森、金斯利和塔潘组成一个特别委员会负责考察现在是否适宜将学生宿舍楼更改为大学图书馆,同时取消大学的住宿制,让学生在大学附近的居民家中寄宿。10月,该特别委员会向董事会报告,"大学可以取消住宿制,将宿舍更改为图书馆对大学来说十分必要"。在董事会的批准下,他们请求建筑师乔丹和安德森制订这项更改计划……该计划预算资金3500美元。② 1856到1857年,董事会逐渐将学校宿舍楼更改为图书馆,从而突破了大学博物学标本增加的空间局限。1857年6月,在董事帕特森的建议下,董事会给温切尔拨款56.81美元用于购买地质学和博物学标本。

3. 拨款购买实验仪器的权力

从1837年迁到安阿伯到1852年任命制董事会掌权期间,由于所用教学方法主要为讲授和背诵(就连医学系在开始阶段也是如此),因此这一时期董事会几乎没有拨款购买过教学实验仪器。第一届民选董事会就任后,由于土木工程学教授的任命以及化学实验教学方法的运用,董事会

① University of Michigan. Regents' Proceedings with Appendixes and Index: 1837 - 1864 [M]. Ann Arbor: University of Michigan Press, 1915:606.

② University of Michigan. Regents' Proceedings with Appendixes and Index: 1837 - 1864 [M]. Ann Arbor: University of Michigan Press, 1915:649.

在这段时期开始拨款购买实验仪器。

1854 年 5 月，温切尔接受董事会的任命，出任大学土木工程学教授，董事会当即决定“拨款 500 美元给温切尔用于购买工程学实验仪器”①。1856 年 3 月，温切尔请求董事会拨款购买显微镜，董事会决定“任命塞杰和温切尔组成一个特别委员会负责购买显微镜事宜”②。

1855 年 3 月，道格拉斯向董事会申请拨款 734 美元用于在纽约购买化学实验仪器，董事会决定分 2 期付款，第一批拨款 574 美元，10 月再拨余下的 160 美元。

二、 第二届民选董事会行使的权力内容

（一）大学预算制定权

在第一届民选董事会改革的基础上，第二届民选董事会时期密歇根大学的改革措施开始深入大学课程和教学方法等层面上，同时每年预算金额不断上升，下图直观显示出这一时期大学财政预算变化情况：

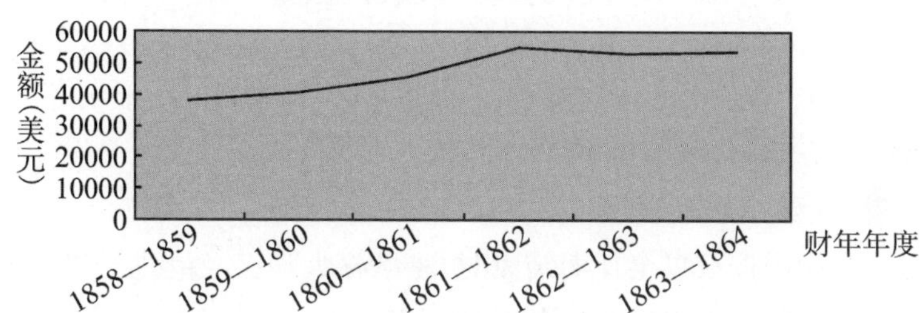

图 2 -3　1858—1864 财年密歇根大学预算开支变化图

资料来源：University of Michigan. Regents' Proceedings with Appendixes and Index: 1837 - 1864 [M]. Ann Arbor: University of Michigan Press, 1915:820, 881, 939, 981, 1019, 1090.

1858 年，董事会批准“财政委员会主席麦金太尔（McIntyre，Donald）提交的 1858—1859 财年年度财政预算报告”③；1859 年，董事会批准“财

① University of Michigan. Regents' Proceedings with Appendixes and Index: 1837 - 1864 [M]. Ann Arbor: University of Michigan Press, 1915:566.

② University of Michigan. Regents' Proceedings with Appendixes and Index: 1837 - 1864 [M]. Ann Arbor: University of Michigan Press, 1915:640.

③ University of Michigan. Regents' Proceedings with Appendixes and Index: 1837 - 1864 [M]. Ann Arbor: University of Michigan Press, 1915:797.

政委员会提交的 1859—1860 财年年度财政预算报告”①;1860 年,董事会批准“财政委员会主席麦金太尔提交的 1860—1861 财年年度财政预算报告”②;1862 年,董事会批准“财政委员会提交的 1862—1863 财年年度财政预算报告”③;1863 年,董事会批准“财政委员会主席麦金太尔提交的 1863—1864 年度财政预算报告”④。

此外,这一时期董事会在执行预算时,实际支出经常低于董事会制定的预算支出,下图清晰地表明这一时期大学实际支出与预算支出之间的关系:

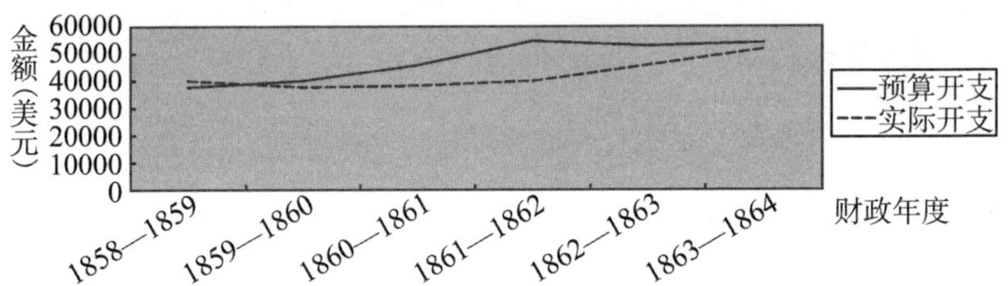

图 2 - 4　1858—1864 财年密歇根大学实际支出与预算支出之间的关系变化图

资料来源：University of Michigan. Regents' Proceedings with Appendixes and Index: 1837 - 1864 [M]. Ann Arbor: University of Michigan Press, 1915:820, 880, 881, 938, 939, 980, 981, 1018, 1019, 1087, 1090, 1104.

(二) 大学组织建设权

在第一届民选董事会任期结束时,密歇根大学已经组建了文理系、医学系、天文台和化学实验室,与其就职时相比,大学在组织上已经得到了进一步的发展,也为大学组织进一步完善奠定了基础。在第二届民选董事会执掌大学期间,它在大学组织建设方面行使权力的体现就是法学系和艺术馆的建立。

① University of Michigan. Regents' Proceedings with Appendixes and Index: 1837 - 1864 [M]. Ann Arbor: University of Michigan Press, 1915:894.

② University of Michigan. Regents' Proceedings with Appendixes and Index: 1837 - 1864 [M]. Ann Arbor: University of Michigan Press, 1915:920.

③ University of Michigan. Regents' Proceedings with Appendixes and Index: 1837 - 1864 [M]. Ann Arbor: University of Michigan Press, 1915:1012.

④ University of Michigan. Regents' Proceedings with Appendixes and Index: 1837 - 1864 [M]. Ann Arbor: University of Michigan Press, 1915:1065.

1. 密歇根大学法学系的建立

密歇根州大法官托马斯·库利(Thomas M. Cooley)曾说过,领地时期的密歇根政府就想建立一所法学院,但是直到1837年通过的大学建校法才规定密歇根大学成立法学系,并且在该建校法中法学系的地位是优于医学系的。不过,大学董事会却在1849年率先建立了医学系,原因是当时州里许多律师顽固坚持传统的学徒制律师培养模式,所以反对通过大学法学系的方式培养律师。法学系要建立就必须战胜法律界的这种反对势力,而这也只是时间问题。

在密歇根大学法学系成立之前,各种有关成立法学系、任命法学教授的请求就如雪片般飞入大学董事会。早在1852年,道格拉斯法官(Judge Douglass)和其他一些人就向董事会提议成立法学院①;1853年11月,罗斯(S. Rosse)向董事会建议成立大学法学院以及任命1位法学教授②;1855年3月,底特律律师协会建议大学任命1位法学教授③,并将该建议提交给董事会执委会。1856年6月,董事会执委会主席建议只要大学财政状况许可就任命1位法学教授,这是董事会对各种建立法学院的申请所作的第一次回应。1857年6月,在董事帕特森的建议下,董事会"委托校长任命1个特别委员会,负责确认费尔希(Alpheus Felch)州长和坎贝尔(James Campbell)法官是否愿意担任密歇根大学法学系的讲座教授"④。可见,虽然大学法学系成立于1859年,但董事会从1857年就开始为法学系的建立进行人事方面的准备了。

1858年12月,董事会"任命由董事约翰逊(James E. Johnson)、巴克斯特(Benjamin L. Baxter)和麦金太尔3人组成的特别委员会,负责制定

---

① University of Michigan. Regents' Proceedings with Appendixes and Index: 1837－1864 [M]. Ann Arbor: University of Michigan Press, 1915:516.

② University of Michigan. Regents' Proceedings with Appendixes and Index: 1837－1864 [M]. Ann Arbor: University of Michigan Press, 1915:553.

③ University of Michigan. Regents' Proceedings with Appendixes and Index: 1837－1864 [M]. Ann Arbor: University of Michigan Press, 1915:604.

④ University of Michigan. Regents' Proceedings with Appendixes and Index: 1837－1864 [M]. Ann Arbor: University of Michigan Press, 1915:698.

大学法学系建立计划，并就此提交考察报告”①，大学董事会正式开始筹建法学系。1859 年 3 月，特别委员会向董事会提交了法学系建立计划报告，该报告就美国国内大学法学院的实践经验以及密歇根大学的实际状况，就教授聘任、课程设置、授课方式、入学条件、学制长度、学费额度和学位授予等方面做了规定。董事会批准了特别委员会的报告，并决定法学系于 1859 年 10 月正式开学。

2. 密歇根大学艺术馆的建立

艺术馆的建立对大学文理系的教学具有重要意义。1859 年大学董事会决定建立艺术馆，毕晓普（Levi Bishop）董事提议，“要求大学校长和全职教授向艺术馆提供个人的画像，其费用由个人承担”②；1861 年 2 月，毕晓普董事再次提议，“鉴于在密歇根大学建立艺术馆的重要性，请求刘易斯・卡斯、奥斯汀・布莱尔（Austin Blair）州长和州最高法院四位大法官向大学艺术馆捐献各自的画像”③，但毕晓普董事的这一倡议并没有得到相关人士的回应。

1856 年，弗里兹教授从欧洲游学归来后带回大量艺术品，密歇根大学艺术馆奠基。1856 年校长向董事会所作的年度报告中指出：“刚从欧洲游学归来的弗里兹教授从那不勒斯、梵蒂冈和卢浮宫带回了大量珍贵的雕刻品、照片以及石膏和陶瓷艺术品。”④在弗里兹带回的艺术品基础上，大学艺术馆收到了各方捐赠的大量艺术品。1859 年毕业典礼当天，毕业生向大学捐赠了一座巨大的拉奥孔群雕，这是大学艺术馆成立以来得到的首件赠品。1861 年 12 月，麦金太尔董事向董事会转达安德鲁・怀特向大学捐赠艺术品的消息⑤，该宗艺术品是柏林艺术家用石膏复制

---

① University of Michigan. Regents' Proceedings with Appendixes and Index：1837 – 1864 [M]. Ann Arbor：University of Michigan Press，1915：799.

② University of Michigan. Regents' Proceedings with Appendixes and Index：1837 – 1864 [M]. Ann Arbor：University of Michigan Press，1915：834.

③ University of Michigan. Regents' Proceedings with Appendixes and Index：1837 – 1864 [M]. Ann Arbor：University of Michigan Press，1915：973.

④ University of Michigan. Regents' Proceedings with Appendixes and Index：1837 – 1864 [M]. Ann Arbor：University of Michigan Press，1915：652.

⑤ University of Michigan. Regents' Proceedings with Appendixes and Index：1837 – 1864 [M]. Ann Arbor：University of Michigan Press，1915：971.

的贺拉斯·怀特玉石和奖章藏品，总计 1700 多件。1862 年，罗杰斯艺术协会向大学捐赠了密歇根本土艺术家伦道夫·罗杰斯的雕刻品。同年，塔潘夫人也向大学艺术馆捐赠了大量珍贵的雕刻品。

（三）大学校长任免权

1863 年 6 月 25 日，董事布朗（Ebenezer L. Brown）突然提议："鉴于现在对大学领导层及教授队伍做出某些变更既是合适的，对大学看起来也是有益的，因而决定解除塔潘密歇根大学校长职务。"①对于塔潘这样一位对密歇根大学发展做出重要贡献的校长而言，某位或某些董事会成员不理解甚至不同意他的见解还可以理解，但奇怪的是，当天与会的 7 位董事除了巴克斯特之外，对布朗的建议无一例外全部投了赞成票，巴克斯特则没有参与投票，从而董事会以 6∶0 的优势通过了解除塔潘校长职务的决议。

在解除塔潘的校长职务后，董事会开始选举新校长。与会的 7 位董事全部选举大学曾经的拉丁语和拉丁文学教授黑文为密歇根大学新校长，从而黑文成功当选密歇根大学第二任校长。

（四）大学教师任命权

1857 年佩克辞去了大学物理学和土木工程学教授职务，董事会临时任命伍德作为物理学和土木工程学助理教授，填补佩克辞职留下的空缺。1859 年 6 月，在约翰逊董事的建议下，董事会决定"晋升助理教授伍德为物理学和土木工程学教授"②。

1859 年，天文学教授兼天文台主任布伦诺夫教授接受纽约奥尔巴尼达德利天文台的邀请，出任达德利天文台主任，而辞去密歇根大学天文学教授职务，但继续无偿担任密歇根大学天文台名誉主任。布伦诺夫辞职后，大学暂时"任命布伦诺夫的助手詹姆斯·沃森为大学天文台观测员、大学天文学和数学讲师"③。沃森是密歇根大学 1857 届毕业生，在大学

---

① University of Michigan. Regents' Proceedings with Appendixes and Index：1837 – 1864［M］. Ann Arbor：University of Michigan Press，1915：1054.

② University of Michigan. Regents' Proceedings with Appendixes and Index：1837 – 1864［M］. Ann Arbor：University of Michigan Press，1915：852.

③ University of Michigan. Regents' Proceedings with Appendixes and Index：1837 – 1864［M］. Ann Arbor：University of Michigan Press，1915：851.

期间跟随布伦诺夫学习天文学，布伦诺夫 1859 年辞职时，沃森在天文学方面已经有一定的造诣，“布伦诺夫对密歇根大学做出的贡献中没有什么比培养沃森更重要的了”①。1860 年 6 月，大学天文台建设资金的捐赠者们向董事会表达了他们对布伦诺夫的离去感到非常遗憾，希望大学董事会能够重新请回布伦诺夫。为此，董事会决定“改任沃森为物理学和数学讲师……任命布伦诺夫为天文学教授和天文台主任”②，沃森和布伦诺夫最终都接受了董事会的任命。1863 年 8 月，在董事会解除了塔潘的校长职务后，布伦诺夫也辞去了天文学教授和天文台主任职务，董事会又将沃森从物理学与数学讲师更改为天文学教授和天文台主任，全面接替其老师布伦诺夫留下的职务。

1855 年，杜波伊斯被任命为化学教授道格拉斯的助教，1863 年董事毕晓普向董事会提交了杜波伊斯的职位晋升申请，请求董事会将其晋升为药物学和有机化学教授，董事会批准了这一申请。

1861 年内战爆发，密歇根大学大量学生在没有经过任何军事训练的情况下就奔赴前线，这给大学和国家都造成了巨大的人才损失。为了给在校生提供一定的军事训练从而为国家安全服务，1861 年 6 月，约翰逊董事提议大学设立军事工程学教授职位，并委托校长采取必要的行动向董事会提出军事工程学教授的人选。但由于国家正处于战时，大学很难雇到具有实际军事才能的人出任该职位。1861 年 12 月，在帕森斯(Luke H. Parsons)董事的提议下，董事会决定“暂时任命伍德教授负责军事工程和战略学教学工作，并任命一些有实际军事能力的人对学生进行军训”③，并要求伍德在这学期开设军事工程学课程。全州人民也非常关注这件事，1862 年 6 月，全州各地关于任命威尔考克斯(O. B. Willcox)上校为军事工程学教授的建议如雪片般飞到大学董事会。但董事会认为威尔考克斯正在指挥他的部队进行战斗，现在并不适宜让他来大学教授军

---

① Farrand E M. History of the University of Michigan [M]. Ann Arbor: Register Publishing House, 1885: 115.

② University of Michigan. Regents' Proceedings with Appendixes and Index: 1837 – 1864 [M]. Ann Arbor: University of Michigan Press, 1915:908.

③ University of Michigan. Regents' Proceedings with Appendixes and Index: 1837 – 1864 [M]. Ann Arbor: University of Michigan Press, 1915:972.

事工程学课程,“全州各地人民认为威尔考克斯是这一职位的最佳人选,但我们认为暂时不应该考虑任命军事工程学教授问题。我们不能假想大学任命军事工程学教授、开设军事工程学课程对现在的战争有即刻的效果。这一职位所需要的合格人选正在战场上浴血奋战保卫国家的安全,战争现在更需要他们,我们不能把他们从现在的战场上召回”①。1863 年 6 月,塔潘向董事会建议任命贝克(Beck)少校为军事工程学教授。但由于 3 天后塔潘就被解除了校长职务,并且由于战时也难以得到有实际军事能力的人才,第二届民选董事会在其任期内也没有任命专职的军事工程学教授,因此暂时由伍德讲授军事工程学课程。

1863 年 3 月,大学现代语和现代文学教授法斯奎尔去世,法斯奎尔在密歇根大学文理系担任教授已经有 15 年之久。为了承担法斯奎尔曾经的职务,在董事巴克斯特的建议下,董事会“决定任命埃文斯(Edward P. Evans)为现代语和现代文学教授”②。

1862 年夏,为了赢得更多欧洲国家对北方的支持,在好友威德(Thurlow Weed)的劝说下,安德鲁 · 怀特决定到欧洲游说各国政要。③怀特向大学董事会提交了请假申请,并申请将他离职期间的全部工资用于大学博物馆建设。董事会批准了怀特的申请,但要求怀特推荐 1 名教师代替他履行教学职务。在怀特的推荐下,董事会任命查尔斯 · 亚当斯(Charles K. Adams)为助教,代替怀特履行大学的教学工作。1863 年 6 月,董事会将怀特的教职名称从“历史和英国文学教授”更改为“历史学教授”。1863 年 9 月,怀特向董事会请求将其请假期限延长至 1863—1864 学年第二学期开学之时,董事会批准了怀特的请求并任命亚当斯继续代替怀特给学生讲授拉丁语和历史课程。

董事会不仅解除了塔潘的校长职务,而且也解除了他的哲学教授职务,同时“任命来自安阿伯的蔡平(Lucius D. Chapin)为道德哲学和思辨

---

① University of Michigan. Regents' Proceedings with Appendixes and Index: 1837 – 1864 [M]. Ann Arbor: University of Michigan Press, 1915:1011.

② University of Michigan. Regents' Proceedings with Appendixes and Index: 1837 – 1864 [M]. Ann Arbor: University of Michigan Press, 1915:1039.

③ White A D. Autobiography of Andrew D. White with Portraits [M]. Vol. I. New York: The Century Co., 1906:91 – 93.

哲学教授……任命黑文为修辞学和英国文学教授”①。

1863 年,布伦诺夫辞去大学天文系教授和天文台主任后,董事会任命沃森全面接替布伦诺夫留下的职位空缺,但董事会的这一决定却导致大学物理学教授职位产生了新的空缺。1863 年 8 月,数学教授威廉姆斯请求董事会将其改任为物理学教授,他的请求得到董事会的批准。在布朗董事的建议下,董事会决定“任命来自克拉马祖学院的奥尔尼(Edward Olney)为大学数学教授”②,顶替威廉姆斯改任物理学教授后数学教授职位的空缺。

1860 年 8 月,医学系教授塞缪尔・登顿去世,他的去世给医学系 1860—1861 年学期的教学工作带来了极大的困难。1860 年 9 月,帕尔默教授向董事会请求由他接替登顿留下的职位,董事会借此机会,对医学系教授职务进行了重新安排:“改任帕尔默为医学理论与实践、病理学和药物学教授,改任冈恩为外科学和治疗学教授,改任塞杰为妇产科教授,改任福特为比较解剖学和生理学教授。”③1861 年 3 月,董事会决定“设立医学与药物学理论教授职位,并任命阿莫尔(Samuel G. Armor)为这一职位的教授”④,阿莫尔接受了董事会的任命,并请求董事会更改其教授职位的名称,因此董事会将阿莫尔的教职更名为医学与药物学教授。

1859 年 3 月,董事毕晓普向董事会提交了法学系总体规划,董事会决定法学系于 1859 年 10 月正式开学招生。为了给法学系的开学奠定师资基础,1859 年 3 月,董事会决定,“任命詹姆斯・坎贝尔、查尔斯・沃克(Charles I. Walker)和托马斯・库利为法学系教授……其任期从 1859 年 10 月开始”⑤,并任命坎贝尔为法学系主任。1859 年 12 月,董事会设立

---

① University of Michigan. Regents' Proceedings with Appendixes and Index: 1837 – 1864 [M]. Ann Arbor: University of Michigan Press, 1915:1055.

② University of Michigan. Regents' Proceedings with Appendixes and Index: 1837 – 1864 [M]. Ann Arbor: University of Michigan Press, 1915:1064.

③ University of Michigan. Regents' Proceedings with Appendixes and Index: 1837 – 1864 [M]. Ann Arbor: University of Michigan Press, 1915:918.

④ University of Michigan. Regents' Proceedings with Appendixes and Index: 1837 – 1864 [M]. Ann Arbor: University of Michigan Press, 1915:957 – 958.

⑤ University of Michigan. Regents' Proceedings with Appendixes and Index: 1837 – 1864 [M]. Ann Arbor: University of Michigan Press, 1915:837.

了杰伊法学教授、马歇尔法学教授和肯特法学教授3个法学讲座教授席位,并于1860年12月任命库利为杰伊法学讲座教授,任命坎贝尔为马歇尔法学讲座教授,任命沃克为肯特法学讲座教授。

(五) 大学规程制定权

1858年12月,董事会决定,由毕晓普董事、斯波尔丁(Oliver L. Spaulding)董事和董事会秘书组成1个特别委员会,负责“收集并以适当的形式提交董事会现行的各种大学规程”①。然而,这个特别委员会却在1859年3月向董事会提交了1份全新的管理规程,该规程将董事会划分为10个委员会②,分别负责大学各项事务,每个委员会由3名成员组成,成员由董事会任命。该规程极大地限制了校长的权力,规定校长有权“提出各种用于辩论和投票表决的问题……董事会财务员签署的所有票据,校长都要签署,否则票据无法生效;监督董事会规程的执行以及大学和各系的管理;每年向董事会提交年度报告”③。

1859年6月,在塔潘的建议下,董事会将3月份制订的大学规程组织教师讨论。1859年12月,塔潘提交了教师讨论结果的报告,董事会任命由帕森斯、毕晓普和约翰逊3名董事组成的特别委员会重新审议大学规程和做出必要的修正,并负责向董事会提交修改报告。1860年12月,经过修订的大学管理规程才得以通过,董事会规定该规程于1861年2月1日正式开始实施。1860年新规程与1859年3月制订的规程相比,对校长权力和董事会各委员会的数量及各委员会的权力都没有做出改变,但对董事会执委会和图书馆委员会成员构成做出了调整,规定“执委会由大学校长和董事会任命的3名董事组成,图书馆委员会由大学校长、董事会任命的3名董事、各系教师选举产生的1名教师代表以及图书馆馆员组成”④,而1859年规定所有委员会都是由董事会任命的3名董事组成。

---

① University of Michigan. Regents' Proceedings with Appendixes and Index: 1837 - 1864 [M]. Ann Arbor: University of Michigan Press, 1915:802.

② 作者注:即财务委员会、执委会、古典系委员会、科学系委员会、法学系委员会、医学系委员会、化学系委员会、图书馆委员会、博物馆委员会和天文台委员会。

③ General Rules and Regulations and By-laws of the University of Michigan [M]. Detroit: John Slater's Book and Job Printing Establishment, 1859:5.

④ Laws, Ordinances, By-laws and Regulations for the Government of the University of Michigan [M]. Detroit: John Slater's Book and Job Printing Establishment, 1861:11.

虽然1860年大学规程对董事会执委会和图书馆委员会人员构成作出了调整,但塔潘对此仍不满意。

(六) 提升大学课程层次、授予新学位和设立奖学金的权力

1852年,密歇根大学第一届民选董事会就职时,文理系的课程水平只相当于德国古典文科中学的程度,这一点塔潘在其就职演讲中就指出了:"文理系所学课程的程度并没有达到德国大学的相应水平,而无论是从学生入学年龄、学习内容、教学方法还是从学习时限上看,文理系的课程仅相当于德国文科中学的程度。"①第一届民选董事会掌权期间由于条件所限,也没有采取措施提升密歇根大学文理系的课程层次。1858年12月,董事会决定提升文理系的课程和学位授予层次,"大学文理系授予文学硕士和理学硕士学位这两种高级学位,相关学位申请者必须获得文学学士和理学学士学位,并且必须达到以下条件:申请者每学年至少在以下科目中②选修两门课程,课程全部通过演讲的方式传授。必须在教师的监督下参加3门所学课程的考试,同时必须向教师提交1篇所学学科的论文"③。文理系研究生课程的设置、演讲制的普遍运用以及毕业论文的规定,在制度上保障了密歇根大学文理系课程层次的提升。

在第二届民选董事会就职之前,密歇根大学已经开始授予文学和理

① Tappan H P. A Discourse Delivered on the Occasion of His Inauguration as Chancellor of the University of Michigan [M]. Detroit: Advertiser Power Presses, 1852:37.

② 作者注:文理学硕士学位课程设置计划:第一学期课程,塔潘讲授洛克及英国经验哲学以及康德和德国思辨哲学课程,威廉姆斯教授讲授微积分学课程,道格拉斯教授讲授化学和矿物学课程,法斯奎尔教授讲授法国文学课程,博伊斯教授讲授希腊戏剧家课程,温切尔教授讲授脊椎动物学课程,布伦诺夫教授讲授天文学课程,弗里兹教授讲授拉丁文学课程,布鲁克斯助教讲授修辞学和英国文学课程,克拉克助教讲授高等代数课程,怀特教授讲授英国史课程,伍德助教讲授流体力学课程;第二学期课程,塔潘讲授里德和常识学派、汉密尔顿作为里德哲学的阐释者以及基佐和折中主义课程,威廉姆斯教授讲授数学课程,道格拉斯教授讲授化学和矿物学课程,法斯奎尔教授讲授德国文学课程,博伊斯教授讲授希腊哲学家课程,温切尔教授讲授古生物学课程,布伦诺夫教授讲授天文学课程,弗里兹教授讲授拉丁文学课程,布鲁克斯助教讲授英语和英国文学课程,克拉克助教讲授积分学课程,怀特教授讲授英国宪法史课程,伍德助教讲授工程学课程. University of Michigan. Regents' Proceedings with Appendixes and Index: 1837 – 1864 [M]. Ann Arbor: University of Michigan Press, 1915:805 – 806.

③ University of Michigan. Regents' Proceedings with Appendixes and Index: 1837 – 1864 [M]. Ann Arbor: University of Michigan Press, 1915:804.

学学士、文学硕士和医学博士学位。1858 年 12 月,巴克斯特董事建议大学开始授予理学硕士学位,同时规定了理学硕士学位的授予条件。董事会批准了巴克斯特的建议。1859 年毕业典礼上,董事会授予伍德①为理学硕士学位,这是密歇根大学授予的第一个理学硕士学位,标志着文理系在学位授予的层次上整体提升到硕士层次。

1859 年 10 月,密歇根大学法学系开始招生,1860 年 3 月,董事会批准授予 24 人法学学士学位,这是密歇根大学首次授予法学学位。

至此,1837 年建校法明确做出的大学由文理系、法学系和医学系 3 个系构成的规定已经变为现实,并且 3 个系都已经开始授予学位。

为了鼓励学生之间在学业上形成一种竞争局面,1858 年 3 月,塔潘和怀特向董事会建议设立大学奖学金,奖励那些学业优异的学生。1858 年 6 月,"董事会讨论塔潘和怀特等人关于设立奖学金的建议,董事会最终同意设立奖学金"②。大学一共设立了 4 个奖学金,每个奖学金每年 50 美元,怀特捐赠了 2 个古典学奖学金,分别命名为"伍尔西奖学金"和"巴纳德奖学金",所有古典学专业的学生都可以申请这两个奖学金;董事会则捐赠了 2 个科学奖学金,分别命名为"霍顿奖学金"和"皮尔斯奖学金"③,所有理科专业的学生都可以申请这两个奖学金。1866 年,董事会取消了这 4 个奖学金。

(七)拨款增加大学图书馆和博物馆馆藏量权

在为大学购买图书方面,第二届民选董事会坚持第一届民选董事会形成的传统,每年拨一定的资金用于购买图书,并且每年拨款的额度与第一届民选董事会时相比还有所增加。经统计,1857 到 1858 年董事会拨款 1600 美元;1858 到 1859 年拨款 1350 美元;1859 到 1860 年拨款 1000 美元;1860 到 1861 年拨款 2350 美元;1862 到 1863 年拨款 1000 美元。

---

① 作者注:伍德 1857 年毕业于伦塞勒多克技术学院,同年密歇根大学董事会任命他为物理学和土木工程学助教,接替佩克教授辞职后留下的职位,在工作之余,他学习研究生课程,1859 年通过考试获得理学硕士学位,这是密歇根大学授予的第一个理学硕士学位,同年董事会就晋升他为物理学和土木工程学教授。

② University of Michigan. Regents' Proceedings with Appendixes and Index: 1837 – 1864 [M]. Ann Arbor: University of Michigan Press, 1915:746.

③ University of Michigan. Regents' Proceedings with Appendixes and Index: 1837 – 1864 [M]. Ann Arbor: University of Michigan Press, 1915:997.

到1863年底第二届民选董事会任期结束时，密歇根大学图书馆的馆藏量已经达到10000册，是1852年时图书馆馆藏量的2倍多。

由于取消住宿制腾出了大量空间，董事会决定重新安置博物馆的标本。1858年3月，董事会要求校长和大学教师考虑重新安排博物标本问题，并就此向董事会提交报告。1858年6月，麦金太尔提交了校长和教师提交的报告，报告指出，"在矿物学教授和麦金太尔董事的指导下，将矿物学标本移至图书馆一层西侧……在地质学教授和麦金太尔董事的指导下，地质学标本也移至图书馆一层西侧……在动物学教授和麦金太尔董事的指导下，动物学标本移至图书馆二层……现在存放在阁楼中的博物学标本移至北楼南端的空房中"①，这为博物馆继续增加馆藏奠定了良好的基础，也提供了发展的空间。1862年9月，麦金太尔董事建议将北楼一楼北教室供大学博物馆使用，这为大学博物馆确定了专门的场所。

第二届民选董事会继承第一届民选董事会传统，继续拨款为博物馆购买标本。1859年6月，麦金太尔董事建议"拨款250美元用于购买从美国西北部地区收集的博物学标本"②。1863年，董事会任命以塔潘为首的1个特别委员会负责研究是否购买怀特(C. A. White)的地质学标本，在经过特别委员会的考察研究后，特别委员会建议董事会购买怀特的地质学标本，董事会决定"委托麦金太尔董事和塞杰教授负责购买怀特的地质学标本……并授权二人以不超过500美元的价格运作这笔交易"③。

（八）拨款购买实验仪器权

大学医学系、天文台和化学实验室相继建立，这就要求董事会不断为其购买新的实验设备，从而实现它们应有的价值。

1860年3月，医学系教师向董事会提议购买德维尔博士(Dr. Deville)出售的显微镜，在布朗董事的建议下，董事会决定拨款275美元给医学系教师用于购买显微镜；8月，董事会拨款800美元给福特用于为

① University of Michigan. Regents' Proceedings with Appendixes and Index：1837 – 1864 [M]. Ann Arbor：University of Michigan Press，1915：745 – 746.

② University of Michigan. Regents' Proceedings with Appendixes and Index：1837 – 1864 [M]. Ann Arbor：University of Michigan Press，1915：849.

③ University of Michigan. Regents' Proceedings with Appendixes and Index：1837 – 1864 [M]. Ann Arbor：University of Michigan Press，1915：1038.

医学系购买解剖学实验仪器；12 月，董事会又拨款 100 美元给医学系帕尔默，用于为医学系购买病理解剖学仪器。

密歇根大学天文台建立于 1853 年，最初从纽约制造商亨利 · 菲茨（Henry Fitz）那里购买了一台 12 英寸物镜的天文望远镜，其余的设备是塔潘从欧洲购买的，但是最初购买的这些天文观测设备不足以做出创新性的成果。1858 年 1 月，第二届民选董事会的第一次会议上，在巴克斯特董事提议下，董事会决定"拨款 75 美元为大学天文台购买一台彗星探测器"①。1858 年 3 月，塔潘提醒董事会，1857 年上届董事会从纽约制造商那里为天文台购买了一台 13 英寸物镜的新天文望远镜以替代 1853 年购买的天文望远镜，该望远镜造价 6750 美元，但还欠 2300 美元没有支付，在约翰逊董事的建议下，董事会决定由财政委员会负责支付天文望远镜的欠款问题。1861 年，天文系教授布伦诺夫向董事会请求拨款为天文台购买观测仪，在麦金太尔董事建议下，董事会拨款 58.3 美元用于购买天文台所需仪器。

1857 年秋，在第一届民选董事会任期行将结束之际，密歇根大学分析化学实验室才建立完成，实验室后续仪器的购置工作就留给了第二届民选董事会去做。1858 年 6 月，在董事约翰逊建议下，董事会"决定拨款 150 美元给道格拉斯用于购买分析化学实验室实验仪器"②，1860 年 8 月，在布朗董事的建议下，董事会"决定拨款 500 美元用于分析化学实验室购买实验仪器"③。

三、 转型起步时期的密歇根大学董事会权力行使所发挥的作用

（一） 开启了密歇根大学的改革时代

第一届民选董事会选举塔潘为密歇根大学校长，塔潘改变了密歇根大学的组织目标，致力于将其建成一所名副其实的大学，从而开启了密歇

① University of Michigan. Regents' Proceedings with Appendixes and Index：1837 – 1864［M］. Ann Arbor：University of Michigan Press，1915：728.

② University of Michigan. Regents' Proceedings with Appendixes and Index：1837 – 1864［M］. Ann Arbor：University of Michigan Press，1915：748.

③ University of Michigan. Regents' Proceedings with Appendixes and Index：1837 – 1864［M］. Ann Arbor：University of Michigan Press，1915：921.

根大学的改革时代。

1837 年,在密歇根州第一任州公共教育督学皮尔斯的提议下,州议会通过了一部具有德国大学理念的大学建校法。1846 年和 1851 年,州议会又相继完善了 1837 年建校法所存在的不足之处。但在 1852 年塔潘就任校长之前,1837 年建校法所规划的宏伟蓝图并没有实现,实际上被束之高阁。1852 年塔潘的到来不仅为大学带来了德国大学理念,重拾大学建校法中已有的德国大学理念,更重要的是他开始运用这种理念对密歇根大学进行改革。

塔潘所持的德国大学理念是为董事会所了解的,最直接的体现就是 1852 年塔潘的就职演讲。同时,董事会也接受并支持塔潘的大学改革措施,这体现在董事会所行使的各种权力上。

（二）为大学各项改革措施提供必要的经济基础

密歇根大学在这一时期开展的各项大学化改革措施,每一项都需要大量的资金,因而这一时期大学财政预算支出每年都在增加。两届民选董事会在这一时期一直坚持批准财政委员会每年为大学制定的财政预算,尽管预算金额不断上涨,大学资金来源也并不宽裕。同时在执行预算上,第一届民选董事会往往还超支执行预算。从而,在密歇根大学从传统学院向现代大学转型的起步时期,作为大学内部最高权力机构的董事会,通过批准财政预算的方式为推进大学的各项改革提供了必要的经济基础。

（三）赋予取消住宿制以合法性基础

这一时期,随着规模的不断扩大,密歇根大学现有的校舍已经无法满足发展的实际需求,而大学现在没有多余资金用于新建校舍。在这种情况下,只能提高现有建筑的教学利用率,而现有校舍中有一部分校舍却一直用于非教学目的——宿舍。大学宿舍是美国传统学院的必要组成部分,密歇根大学在建立之初也秉承了美国传统学院这一传统。但塔潘认为,这种做法是不现实的,也是十分荒谬的,“本来这些钱应该用于合法的教育目的,在实施住宿制的时候,大学却将这些钱用于为 1000、2000、3000 或 4000 学生建宿舍……而在欧洲那些有大学的地方,私人提供的住房都能满足学生的住宿需求,在安阿伯这种供需规律也一定有效”①。

在塔潘的积极建议下,1856 年 6 月,董事会任命由帕特森、金斯利和塔潘组成特别委员会负责考察现在是否适宜将学生宿舍楼更改为大学图书馆,同时取消大学的住宿制,让学生在大学附近的居民家中寄宿。特别委员会最终向董事会建议取消大学住宿制,并得到了董事会的同意。取消住宿制后,董事会不仅减少了一大笔开支,而且也为馆藏量日益增加的图书馆和博物馆暂时找到了容身之所。因而可以说,在取消大学住宿制的过程中,董事会所发挥的作用是以大学内部最高权力机构的身份赋予住宿制的取消以合法性基础。

(四) 为自然科学进入大学及理学学位授予提供合法性基础

这一时期大学在古典专业课程学习领域之外引入了自然科学课程,这主要体现在物理学与土木工程学课程、地质学与博物学课程以及军事工程学课程的引入,同时在文学学位之外授予毕业生相应的理学学士和硕士学位。

在新型课程的引入以及新型学位的授予上,建议权主要由塔潘行使,而决定权主要由董事会来行使。因而在促进密歇根大学这方面的改革时,董事会所发挥的作用主要表现为以大学内部最高权力机构的身份赋予自然科学进入大学课程领域以及新学位的授予以合法性基础。

(五) 为新师资的任命提供合法性基础

随着大学文理系自然科学知识的引入以及法学系的建立,此时期大学对新教师的需求急剧增加,董事会为相应学科任命了充足的教师。同时,董事会在新教师任命时秉持的一个原则就是宁缺毋滥,在没有合适的教授人选之时,董事会宁可暂时任命助理教授承担教授的职责,等有合适人选之际再任命教授。这一原则正是塔潘所坚持的,即“大学每一个教授职位只能由那些具有杰出才能和全面教养的人来承担,这些人必须熟练掌握他所在知识领域的知识,并且在课堂教学中向学生传授原创性的研究成果。他们必须是各个专业中最杰出的人……他们不是我们信手拈来

① Frieze H S. A Memorial Discourse on the Life and Services Rev. Henry Philip Tappan, D. D., LL. D. [M]. Ann Arbor: Published by the University, 1882: 34 - 35.

的结果,而是我们精挑细选的结果”①。董事会和校长在大学教师任命上所坚持原则的一致性,主要是由于校长在大学新教师的提名上发挥了重要作用,而董事会主要行使的是批准权。在这方面,董事会所发挥的作用主要体现在以大学内部最高权力机构的身份赋予新教师任命以合法性基础。

(六) 为自然科学领域开展新的教学方法提供必要的工具

随着自然科学知识的引入以及强调大学的研究职能,传统的讲授法已经无法完成这一任务。在此时期,董事会不仅批准建立了天文台、博物馆和分析化学实验室,而且也不断拨款为它们购买实验设备以及新标本,这为密歇根大学在这一时期引入新的教学方法提供了重要的工具。而在为大学自然科学领域知识的教学提供必要工具方面,董事会的作用一方面体现在为这些工具的获得提供必要的经济基础,另一方面体现在赋予天文台、博物馆和分析化学实验室的建立以合法性基础。

由此可见,在密歇根大学从传统学院向现代大学转变过程的起步阶段,董事会行使了各种权力推动开展各项大学化的改革措施。在这一过程中,董事会所发挥的最重要的作用就是选举塔潘为校长,从而开启了密歇根大学的改革时代。密歇根大学的改革方案是由塔潘制订的,而董事会的作用主要体现在为改革方案的执行提供必要的经济基础以及合法性基础。

第三节 转型起步时期的密歇根大学董事会权力行使的基础

从权力行使的侧重点来看,两届民选董事会在权力行使上既有侧重点的偏移,又有权力行使内容的连续性。那么在密歇根大学转型的起步时期,董事会在行使这些权力时运用的资源是什么呢?这些资源从性质上来看是属于集体资源还是个人资源呢?下文将着重讨论这两个问题。

---

① Frieze H S. A Memorial Discourse on the Life and Services Rev. Henry Philip Tappan, D. D., LL. D. [M]. Ann Arbor: Published by the University, 1882: 31.

一、转型起步时期的密歇根大学董事会权力行使的基础

（一）法律资源

从1852年到1864年，两届民选董事会行使的各方面权力无论对密歇根大学的发展来说是有利的还是不利的，从性质上来看它们都是合法的，哪怕是1863年董事会宣布解除塔潘的校长职务也是合法的，密歇根大学评议会认识到了这一点。当塔潘的朋友以及学生们在为塔潘被解职之事而群情激愤之际，大学评议会通过决议："我们承认黑文博士的当选是一个既成的事实，也是一件合法的事情，这件事不允许我们继续讨论和质疑。同时，向我们的新校长真诚表达我们的想法，我们希望与新校长为了大学发展的共同目标精诚合作、共同努力。"①因而，转型起步时期的密歇根大学董事会在行使各种权力时所运用的第一种资源就是法律资源，而这些法律包括州宪法，也包括州议会通过的各种相关法律。

在大学预算制定权方面，1852年董事会通过的大学管理规程规定："在董事会每年的年会上，财政委员会要向董事会提交报告，报告内容包括1851年4月8日州议会通过的密歇根大学管理法第十五条规定的大学上一学年的财政收支情况、教授工资情况以及下一财年大学财政预算情况，董事会批准后将作为其向州公共教育督学提交的年度报告的一部分。"②而1851年4月8日州议会通过的密歇根大学管理法第十五条规定："董事会每年都要向州公共教育督学报告大学各项发展情况，包括：大学及其附属学校的发展情况，大学上一学年的财政收支情况，教师人数以及工资数额，各院系各年级学生人数，所使用的教材，下一财年大学的财政预算支出，上一年董事会会议纪要以及其他它认为或州公共督学认为相关的资料。"③由此可见，大学规程赋予董事会批准财政委员会财政预算报告的权力。

---

① University of Michigan. Regents' Proceedings with Appendixes and Index: 1837 - 1864 [M]. Ann Arbor: University of Michigan Press, 1915:1061.

② University of Michigan. Regents' Proceedings with Appendixes and Index: 1837 - 1864 [M]. Ann Arbor: University of Michigan Press, 1915:526 - 527.

③ Acts of the Legislature of the State of Michigan Passed at the Annual and Extra Session of 1851 [M]. Lansing: R. W. Ingals, State Printer, 1851: 207.

在大学组织建设权方面,1837 年建校法第一次对大学内部的组织结构做出规定,该法第八条规定:"大学将由 3 个系组成,第一是文理系,第二是法学系,第三是医学系。"①1846 年,州议会重新修订了 1837 年建校法,并在某些方面增加了董事会的权力,如大学校长任命和大学利息基金的创建,但对大学内部组织结构的规定仍然没有变。1851 年州议会通过了建校法,该建校法在授予董事会在大学组织建设的权力方面比 1837 年和 1846 年建校法都更明确,"大学将至少由文理系、法学系和医学系构成,此外如果大学董事会认为必要且大学基金情况允许的话,董事会有权设立其他院系"②。1851 年建校法的通过,不仅明确了董事会的大学组织建设权,而且突破了大学在未来组织发展道路上存在的限制,大学可以在 3 个院系基础上无限扩大自己的组织结构。

在大学人事任免权方面,1837 年建校法规定"大学董事会有权任命规定数量的教授和助教……如果董事会认为对大学的发展有益,董事会有权解除任何一名教授、助教或大学官员的职务"③,但没有规定大学校长的任命问题。而 1837 年 6 月通过的建校法修正案规定,"董事会将选举 1 名大学校长,并规定他的职权范围"④;1846 年建校法修正案规定,"董事会有权……选举 1 名大学校长,并任命规定数量的教授和助教……如果董事会认为对大学的发展有益,董事会有权解除任何一名教授、助教或大学官员的职务"⑤;1850 年密歇根州新宪法规定,"新当选的民选董事会将在第一次会议或今后任何适当的时机选举 1 名大学校长"⑥。

在课程设置和学位授予权方面,1837 年建校法规定,"董事会有权管

① Hubbard L L. University of Michigan, Its Origin, Growth and Principles of Government [M]. Ann Arbor: The University of Michigan, 1923:10.

② Acts of the Legislature of the State of Michigan Passed at the Annual and Extra Session of 1851 [M]. Lansing: R. W. Ingals, State Printer, 1851: 206.

③ Hubbard L L. University of Michigan, Its Origin, Growth and Principles of Government [M]. Ann Arbor: The University of Michigan, 1923:9, 11.

④ Acts of the Legislature of the State of Michigan: Passed at the Annual Session of 1837 [M]. Detroit: John S. Bagg, State Printer. 1837: 308.

⑤ The Revised Statutes of the State of Michigan Passed and Approved 1846 [M]. Detroit: Bagg & Harmon, Printers to the State, 1846: 217.

⑥ Report of the Proceedings and Debates in the Convention to Revise the Constitution of the State of Michigan [M]. Lansing: R. W. Ingals State Printer, 1850: xxxiv.

理课程,同时在教授的建议下,董事会有权规定各门课程所使用的教材,以及授予毕业生学位证书和毕业证书”①。虽然1846年州议会对1837年建校法作了修正,但完全保留了该建校法对大学董事会的课程设置和学位授予方面规定的权力。

在图书、标本和设备购买权方面,1837年建校法规定,“董事会有权、同时也有责任为了大学的发展繁荣,忠实地花费所有必需的资金为大学购买图书和教学设备”②;1846年修正的大学建校法规定,“大学董事会有权花费来自大学基金利息的必要数额用于购买教学设备和其他实验仪器,购买图书和博物标本”③。1846年大学利息的建立为大学的财政来源提供了一个比较稳定的基础。

在大学管理规程的修订权方面,1837年建校法规定,“大学董事会有权制定大学管理规程”④。虽然1846年州议会对1837年建校法作了修正,但完全保留了1837年建校法对大学董事会规程制定权的规定,而新的大学规程的制定则意味着对原有规程的修订,因而赋予大学董事会制定大学管理规程的权力,也就是赋予大学董事会修订大学已有规程的权力。

(二) 各方的捐赠

法律资源为董事会行使各种权力提供了合法性基础,但合法性基础仅仅是董事会行使各种权力的必要条件,而各方的捐赠则是两届民选董事会行使权力的另一个基础。如果说法律资源为大学董事会行使权力提供的是合法性基础,那么大量捐赠为董事会行使权力提供的则是经济基础。

1853年大学天文台的建立就是在得到底特律居民大量捐款的基础上实现的,天文台建设费用共计22000美元,其中底特律居民捐款15000

① Hubbard L L. University of Michigan, Its Origin, Growth and Principles of Government [M]. Ann Arbor: The University of Michigan, 1923:10.

② Hubbard L L. University of Michigan, Its Origin, Growth and Principles of Government [M]. Ann Arbor: The University of Michigan, 1923:12.

③ The Revised Statutes of the State of Michigan Passed and Approved 1846 [M]. Detroit: Bagg & Harmon, Printers to the State, 1846: 218.

④ Hubbard L L. University of Michigan, Its Origin, Growth and Principles of Government [M]. Ann Arbor: The University of Michigan, 1923:9.

美元,尤其是底特律居民沃克一人就捐款4000美元,董事会只出了不足部分的几千美元。正是在底特律居民大量捐款的基础上,密歇根大学天文台才得以建成,并且成为继华盛顿天文台和哈佛大学天文台之后美国第三座天文台。也正是由于底特律居民的大量捐款,这座建立在安阿伯的天文台才被命名为"底特律天文台"。

1858年,在怀特每年捐赠100美元的情况下,密歇根大学设立了"伍尔西奖学金"和"巴纳德奖学金"这两个古典学奖学金。

1859年大学法学系成立,这给教学楼本就不宽裕的学校带来了更大的压力。为了缓解这一压力,1859年10月,董事毕晓普提议董事会法学系委员会和法学教授制订一项法学系教学楼的建设计划,并做出法学系楼的预算。为了筹集到足够的建设费用,1859年12月,董事会决定,"请求安阿伯居民给密歇根大学董事会捐赠10000美元用于建立法学系楼,董事会同时也出10000美元用于这一目的"①。由于积极筹款,1863年初法学楼如期建成,不仅解决了大学教学楼紧张的问题,也在很大程度上解决了图书馆空间不足的问题。

董事会在行使某些权力时除了依赖底特律居民、安阿伯居民和怀特的资金捐赠,还依赖大量的物资捐赠。第二届董事会在行使艺术馆建立的权力时,主要是依赖弗里兹、怀特以及罗杰斯艺术协会的藏品捐赠实现的。

(三)塔潘的大学观

在密歇根大学从传统学院向现代大学转型过程的起步时期,密歇根大学实施了各项改革措施。而这些措施的设计者与提出者正是塔潘,他的大学观是这一时期董事会实施各项改革措施的重要思想资源。

塔潘认为在大学建立之前,应该首先树立一种大学观。塔潘之所以如此强调大学观的作用是因为,在当时,大多数人认为建立大学无非就是多建几所校舍、多招一些学生、多聘几位教师乃至多开几门课程,而塔潘认为,"大学应该是最高层次的教育机构……就其本质和规定性而言,大学是最高层次的教育机构,人们在其中可以不受限制地学习任何知

① University of Michigan. Regents' Proceedings with Appendixes and Index: 1837 - 1864 [M]. Ann Arbor: University of Michigan Press, 1915:869.

识……当它成为真正大学的时候，它应该拥有学习各门知识的手段以完善我们的教育，它也应该拥有各种做出新发明的手段以促进我们的知识”①。

那么，大学的基本构成是什么呢，塔潘认为，“大学首先得有大师”②，他们应该既能够从事本学科知识的教学，又能够在所在知识领域开展原创性研究；“其次大学必须拥有必要的图书、设备、标本和模型……我们必须扩大我们图书馆的馆藏量，我们需要1座天文台和大量的教学设备，我们必须增加博物馆的标本数量，我们也应该建立艺术馆”③。在塔潘看来，大学教师是大学发展的软件，而图书馆、博物馆、艺术馆和天文台就是大学发展的硬件。对于校舍问题，塔潘认为大学当然需要校舍，但只要够用就可以，没有必要将大量资源和精力用在建设大量校舍上，尤其是放在学生宿舍的建造上，因为大学并不是建在荒郊野外，学生可以从大学附近找到住处。

在回答了大学究竟是什么之后，根据大学的实际情况，塔潘认为密歇根大学发展应该分两步走。首先，“应该完善现有的教育”④，并为实现这一目标做出相应的课程、学位和教师等制度安排。在课程方面，塔潘建议大学应该在古典课程之外开设科学课程，如土木工程学、天文学、化学和农学等。在学位方面，塔潘认为学生在学完这些课程，并通过相应考试后，应该授予他们理学学士学位。相应地，在大学教师方面，塔潘认为，“在现有教授之外，还需要1位物理学和土木工程学教授、1位天文学教授、1位农业化学教授、1位历史学和政治经济学教授以及1位英语语言和文学教授”⑤。其次，在完善大学现有教育的目标实现后，塔潘认为，

① Tappan H P. A Discourse Delivered on the Occasion of His Inauguration as Chancellor of the University of Michigan [M]. Detroit: Advertiser Power Presses, 1852: 16, 21.

② Tappan H P. A Discourse Delivered on the Occasion of His Inauguration as Chancellor of the University of Michigan [M]. Detroit: Advertiser Power Presses, 1852: 20.

③ Tappan H P. A Discourse Delivered on the Occasion of His Inauguration as Chancellor of the University of Michigan [M]. Detroit: Advertiser Power Presses, 1852: 20, 46.

④ Tappan H P. A Discourse Delivered on the Occasion of His Inauguration as Chancellor of the University of Michigan [M]. Detroit: Advertiser Power Presses, 1852: 40.

⑤ Tappan H P. A Discourse Delivered on the Occasion of His Inauguration as Chancellor of the University of Michigan [M]. Detroit: Advertiser Power Presses, 1852: 47.

"密歇根大学就应该全力提升专业教育标准"①,因为真正的大学就是"一所专业学习的机构,一所学习最高层次科学和文学的机构"②。在提升专业教育标准的同时,塔潘认为大学在授课方式上应该改为演讲的方式进行,"我们希望密歇根大学文理系教师在数量增加之后,能够在高等课程上运用演讲的方式授课"③。

(四)帕尔默董事的策略

第一届民选董事会除了帕尔默担任过中学校长外,其余成员鲜有教育管理经历。幸运的是,第一届民选董事会任命的从事校长选举的通信委员会正是以帕尔默为秘书的,也正是在帕尔默的积极运作下,塔潘才最终当选为校长。

为了能够给密歇根大学选举 1 名优秀的校长,帕尔默专程到东部进行考察,他拜访了宾夕法尼亚的波特主教、联合学院的诺特院长和历史学家班克罗夫特,在请求他们出任密歇根大学校长先后被拒绝后,请求他们推荐校长候选人。班克罗夫特向帕尔默推荐了塔潘,这一点得到塔潘本人的认可:"帕尔默请求历史学家班克罗夫特出任密歇根大学校长一职,但他谢绝了帕尔默的邀请,并说我是这一职位的最佳人选。"④在拜见了塔潘后,塔潘的思想给帕尔默留下了深刻印象。从东部考察归来后,"帕尔默在内心中就确定了塔潘为大学校长的最佳候选人"⑤。

帕尔默在塔潘与董事会之间大量成功的斡旋是塔潘最后当选的重要原因。在拜见塔潘后的几个月间,帕尔默与塔潘进行了大量的通信往来,游说塔潘接受这一职位,而塔潘最初并没有向帕尔默做出接受密歇根大

---

① Tappan H P. A Discourse Delivered on the Occasion of His Inauguration as Chancellor of the University of Michigan [M]. Detroit: Advertiser Power Presses, 1852: 40.

② Tappan H P. Review by Rev. Dr. H. P. Tappan of His Connection with the University of Michigan [M]. Detroit: The Detroit Free Press Steam Book and Job Printing Establishment, 1864:5.

③ Tappan H P. A Discourse Delivered on the Occasion of His Inauguration as Chancellor of the University of Michigan [M]. Detroit: Advertiser Power Presses, 1852: 48.

④ Tappan H P. Review by Rev. Dr. H. P. Tappan of His Connection with the University of Michigan [M]. Detroit: The Detroit Free Press Steam Book and Job Printing Establishment, 1864:3.

⑤ Shaw W B. The University of Michigan: An Encyclopedic Survey [M]. Vol. 1. Ann Arbor: University of Michigan Press, 1942:39.

学校长职位的承诺，他说："我从来没有向帕尔默保证或暗示如果我当选密歇根大学校长我就一定接受这一职位，我仅仅答应帕尔默如果我当选的话，我会来大学参观，然后再作决定。"①而塔潘最后接受这一职位是因为该职位为他提供了一个发展与实践他珍爱多年的大学教育思想的机会，"在经过仔细思考后，我决定接受这一职位。我做出这一决定最主要的原因是该职位能够体现并实际发展我长期珍爱的教育思想尤其是大学教育思想"②。

帕尔默除了游说塔潘接受这一职位外，还要游说董事会接受塔潘这个人。因为在帕尔默向董事会提议塔潘之前，关于塔潘曾经受聘为"顺势疗法"③医生之事就已经流言四起，并且这种反对声音很大，以至于帕尔默暂时还不能将塔潘作为候选人提出。尽管董事会一致选举亨利·巴纳德出任校长，但巴纳德最终没有接受这一职位。之后帕尔默建议亚当斯出任这一职位，因为他知道，"虽然亚当斯在各方面都胜任密歇根大学校长职位，但他确信亚当斯一定不会接受这一职位"④，而他之所以还向董事会提出亚当斯作为候选人，无非就是想拖延时间从而挑战董事会的耐心。从 1852 年 8 月 9 日到 12 日的董事会会议纪要可以看出，董事会 4

① Tappan H P. Review by Rev. Dr. H. P. Tappan of His Connection with the University of Michigan [M]. Detroit: The Detroit Free Press Steam Book and Job Printing Establishment, 1864:4.

② Shaw W B. The University of Michigan: An Encyclopedic Survey [M]. Vol. 1. Ann Arbor: University of Michigan Press, 1942:39.

③ 作者注："顺势疗法"是一种有别于传统西医的独立、良好的医疗体系，源于西方。早在公元前 400 年，医学之父希波克拉底就提到了这种疗法。1790 年，德国医生塞缪尔·哈尼曼(Hahnemann, Samuel)从古刊物中将这种疗法挖掘出来。哈尼曼医生领导的研究小组经过多年的研究，将该疗法理论逐步完善。1832 年，欧洲遭受流行性霍乱的袭击，传统西医束手无策，顺势疗法卓越的功效首次展示了它的神奇魅力。该疗法的一个核心概念叫作"康复系统"，是人体的一种功能性系统，有着强大的自我康复功能。康复系统遍及人体各个组织，并在那里发挥着极其惊人的自我修复功能。在这个庞大的系统里，自我康复与外因治疗之间存在着一个纽带，就是精神牵引，这种牵引起着顺势引导和顺势推动的作用。以外力调整身体，使循环系统和神经系统功能顺畅，将自然康复力量送往各个病灶。"顺势疗法"是一种利用萃取自然物质的药剂能量高度稀释后用以诊治疾病的医疗体系，它注重的是微小能量刺激作用，强调刺激唤醒身体自然的平衡机制，激活人体自身巨大的修复能力，促进人体自愈，通过重建生命活力促使身体新生。

④ Farrand E M. History of the University of Michigan [M]. Ann Arbor: Register Publishing House, 1885: 93.

次开会考虑大学校长人选问题,最终还是选择了塔潘。第二天,“帕尔默就以私人名义即刻通知了塔潘董事会的决议”①,这一点可以从1852年8月13日帕尔默致塔潘的信中看出。

(五)塔潘的建议与宣传

在天文台的建设中,底特律居民的捐款发挥了重要的作用,而底特律居民之所以能够捐赠如此多的资金,并决定将捐赠资金用于大学天文台的建设,离不开塔潘校长的建议与宣传。而大学董事会之所以能够行使大学天文台建设权,一方面是依赖底特律居民为其提供大量资金,另一方面依赖的则是塔潘在资金使用方向的建议和资金筹集的宣传。

1852年,在聆听塔潘就职演讲的众多听众中,有一名叫沃克的人。他在塔潘发表就职演讲时就下定决心要采取一些措施为大学的发展做出些许贡献。就职演讲结束后,他向塔潘咨询应该在哪方面为大学发展出力,塔潘建议,底特律居民如果想为大学发展出力,最好为大学建立1座天文台。沃克接受了塔潘的建议,并邀请塔潘向底特律居民就为密歇根大学捐赠天文台事宜发表演讲。在沃克的邀请下,塔潘拜访了底特律一些名人并对他们发表了演讲,而“在此后的几天时间内,底特律居民就捐赠了7000多美元”②,最终底特律居民共捐赠了15000美元,其中沃克一个人就捐赠了4000美元。

二、转型起步时期的密歇根大学董事会权力行使基础的性质

(一)集体资源

法律资源是两届民选董事会所使用的一种集体资源。我们说两届民选董事会行使的各种权力都是合法的是指它们作为一个整体而非单个董事而言,董事会行使的各种权力都是以董事会的名义行使的,就如毕晓普和麦金太尔无论如何反对塔潘,他们最终都需要利用法律赋予大学董事会解除校长职位的权力才能使塔潘的离职合法化,尽管董事会解除塔潘

① Tappan H P. Review by Rev. Dr. H. P. Tappan of His Connection with the University of Michigan [M]. Detroit: The Detroit Free Press Steam Book and Job Printing Establishment, 1864:3.

② Farrand E M. History of the University of Michigan [M]. Ann Arbor: Register Publishing House, 1885: 114.

校长职务背后是某些董事一手操纵的阴谋,尽管对塔潘大多数朋友而言董事会的这一行为对大学是有害的,并且对塔潘这样一位为密歇根大学做出卓越贡献的功勋校长来说也是不公平的。此外,作为集体资源的各部法律是议会议员集体智慧的结晶,而不是任何一位议员个人行为的结果。因而从这个意义上来说,法律资源是一种集体资源。

各方的捐赠是两届民选董事会使用的另一种集体资源。在它们治理大学期间,大学取得了重大的进步,然而在这一时期州政府却没有给密歇根大学提供财政拨款。为了能够不断扩大大学的组织规模,提升大学的组织层次,董事会号召底特律和安阿伯两市市民向大学捐款,其所获得的捐款不仅从来源来看是集体的,而且从归属来说也是董事会集体的财产,而不是任何一名董事的个人财产,因而是一种集体资源。

（二）个人资源

塔潘的大学观是他针对大学的功能、本质以及发展阶段等基本范畴形成的一种系统思想,它是塔潘的一种个人的知识,因而对董事会行使各种权力而言,塔潘的大学观是一种个人资源。

在帕尔默见到塔潘并与之交流之后,就在内心中坚定支持塔潘出任密歇根大学校长,这是帕尔默个人知识和理性判断的结果,而帕尔默为塔潘就任一事与董事会进行的斡旋是他经验与能力的体现,而知识、经验、倾向是帕尔默的一种能力。因而对董事会行使各种权力而言,帕尔默的策略是一种个人资源。

塔潘建议沃克为大学捐建 1 座天文台是他大学观的体现,他在沃克的建议下向底特律居民倡议向大学捐款建立天文台是他游说能力的体现,也是他本人专业判断能力的体现。对董事会行使各种权力而言,塔潘的专业判断和个人游说能力是一种个人能力,因而是一种个人资源。

这一时期是密歇根大学从传统学院向现代大学转型的起步阶段,用塔潘自己的话来说就是完善密歇根大学现有教育的阶段。在此阶段中,董事会运用各种资源行使多方面权力推动密歇根大学实施各项改革措施,其中法律资源、各方面的捐赠和塔潘的大学观可以说是密歇根大学在这段时期顺利推动各种改革的三大保障。在这三者中,塔潘的大学观尤为重要,他为大学的发展规划了宏伟蓝图并指明了发展方向,同时塔潘还亲自为天文台的建设筹集资金、购买设备和聘请教授。此外,第一届民选董事会在上任伊始就考虑任命大学校长,可董事会内部只有帕尔默有过教育工作经验,因而董事会就责成帕尔默负责校长遴选一事,而帕尔默在塔潘和董事会之间的成功斡旋是塔潘出任大学校长的重要原因,因而董事会成功行使大学校长任命权对帕尔默董事的个人能力这种个人资源的运用也是显而易见的。因而在这一时期,董事会在行使各种权力时共同运用了集体资源与个人资源,但与前一时期相比,这一时期对个人资源的运用程度开始逐渐提高。

第三章　转型缓慢发展时期的密歇根大学董事会

1863年6月,董事会解除了塔潘的校长职务并选举黑文为继任校长,1864年新当选的董事会重新选举黑文为校长。黑文的当选标志着密歇根大学从传统学院向现代大学的转型过程进入另一个时期,这一时期一直到1871年弗里兹执行校长辞职时为止。与转型的起步时期相比,这一时期是密歇根大学内部关系相对和谐的时期,也是转型过程中相对平稳与缓慢的时期,因而本研究将这段时期称为转型的缓慢发展时期。

那么,在这一时期,作为大学内部最高权力机构的董事会行使了哪些方面的权力呢?它在行使权力时运用了哪些资源作为权力基础呢?与起步时期相比,这一时期董事会在权力行使的侧重点上发生了哪些变化呢?它行使的这些权力对转型发挥了哪些作用呢?

在回答以上这些问题之前,我们先看看这一时期密歇根大学董事会自身特点发生了什么变化。

第一节 从等长任期制到交错任期制

作为高校内部的最高权力机构,董事会在美国有着悠久的历史,然而作为大学董事会制度构成要素之一的董事任期制,其出现的时间却迟至19世纪。殖民地时期,九大学院并没有建立董事任期制度,建国之初成立的各州立大学在继承殖民地学院董事会管理模式的基础上,也沿袭了殖民地学院无董事任期制度的做法。进入19世纪后,一些州(或领地)政府开始尝试在州立大学建立并实施董事任期制,而密歇根则是其中的典型代表。1817年密歇根领地政府建立大学之初并没有建立董事任期制度,直到1837年建州后才开始尝试建立这一制度,并于1864年建立了一套相对完善的董事任期制度。那么,这套相对完善的董事任期制的制度架构是什么样的呢?从尝试建立到初步完成任期制制度设计,董事任期制经历了哪些阶段的变迁呢?促进董事任期制发生变迁的原因是什么呢?下文将详细回答这些问题。

一、任期制实施前的密歇根大学董事任期:1817—1852年

任期制是与终身制相对的一种制度,所谓大学董事任期制是指大学董事在职工作时间有明确限定的制度。在任期制下,大学董事的任期有一定的规定,当任期届满以后,其职权、职责就自然取消。因而任期制的重要构成因素就是职位的任期长度以及任期的起始和终止时间。

(一)无任期制时期:1817—1837年

从1817年密歇根大学建立到1837年搬到安阿伯,密歇根领地政府先后通过了1817年和1821年两部建校法,这两部建校法都没有明确规定大学董事的任期。1817年建校法只是规定"教授由领地总督任命"①,除此之外根本就没有谈到任何有关董事任期的问题。1821年建校法较之1817年建校法有所改进,但也只是规定"只要领地议会许可,他们以及未来的董事会成员就将继续留任"②,这种情况一直持续到1837年建校法颁布时为止。因此我们可以说,在这20年中,领地政府并没有建立起密歇根大学董事任期制度。

法律制度上的缺失在实际中造成的后果就是只要现行法律不变,只要董事会成员不死不退,那他就将继续担任大学董事,因而实际上相当于实行董事会成员终身制。

(二)四年制交错任期的建立:1837—1852年

所谓交错任期制是指董事会成员任期开始与结束时间不同的任期制。在交错任期制下,在未来的某个时间,董事会只有部分成员的任期结

① Hubbard L L. University of Michigan, Its Origin, Growth and Principles of Government [M]. Ann Arbor: The University of Michigan, 1923:2.

② Hubbard L L. University of Michigan, Its Origin, Growth and Principles of Government [M]. Ann Arbor: The University of Michigan, 1923:5.

束，因而每次只需改选部分董事会成员。与此相对应的概念是等长任期制，它是指董事会成员任期开始与结束时间都相同的任期制，这样董事会所有成员的任期将在未来某一时间同时结束。因而，交错任期制和等长任期制的差别只在于董事会全部成员各自任期结束时间是否相同，如果不同则是交错任期制，相同则是等长任期制。

1837 年建校法首次对大学董事的任期问题做出了规定："由本法第三款任命的 12 名大学董事会成员，在他们召开的第一次董事会会议上，董事会秘书将他们平均分成四组，分别称之为第一组、第二组、第三组和第四组，同时准备好标有一、二、三、四这四类标签。抽到一号标签的组任期 1 年，抽到二号标签的组任期 2 年，抽到三号标签的组任期 3 年，抽到四号标签的组任期 4 年。"①这种交错任期长度的设计可以有效避免董事会成员集体到期这种情况的出现，从而使董事会每次只改选其中一部分成员。但 1837 年建校法并没有规定在第一届董事会各组董事任期结束后，新任命的董事任期是多久。因而可以说，1837 年建校法所确定的董事任期制只为密歇根大学董事交错任期制做了准备。

由于 1837 年建校法并没有建立起相对完善的董事任期制度，所以由此建立起来的董事会在新老成员之间的任免交接时就显得比较混乱。暂且不说该法没有规定今后当选的董事任期长度，就连明确规定任期长度的大学董事也很少严格按照规定的任期长度履职的，大学董事辞职和超期任职问题非常严重。

1846 年建校法的颁布有效地填补了 1837 年建校法在董事任期制问题上留下的制度空缺，该法规定："在第一次董事会会议上划分的第一组、第二组、第三组和第四组董事的任期分别为 1 年、2 年、3 年和 4 年，其任期从他们正式任命时开始计算。1838 年 1 月 1 日之后，每年将重新任命 3 名新董事以填补部分董事任期结束后所留下的空缺，而这些新任命的董事会成员任期是 4 年。"②

可见，1846 年建校法在弥补 1837 年建校法对大学董事任期制规定

① Acts of the Legislature of the State of Michigan: Passed at the Annual Session of 1837 [M]. Detroit: John S. Bagg, State Printer, 1837: 102 – 103.

② The Revised Statutes of the State of Michigan Passed and Approved 1846 [M]. Detroit: Bagg & Harmon, Printers to the State, 1846: 216.

的漏洞基础上,首次建立起了一套相对完善的大学董事四年交错任期制,从而为密歇根大学董事会在今后改选时只需重新任命其中一部分董事做好了制度上的准备。但实际上,由于之前董事会新老成员任免交接上的混乱从而导致 1846 年董事会没有出现职位空缺,再加上 1850 年密歇根州新宪法更改了董事任期制,因而 1846 年建校法所建立起来的密歇根大学董事四年交错任期制实际上没有得到实施就被废弃了。因而可以说,在 1852 年密歇根大学董事会正式实行董事任期制之前,大学董事会实际上并未实行过任何有效的任期制度。

二、 密歇根大学董事任期制的贯彻实施:1852—1864 年

从 1852 年第一届民选董事会就职开始,密歇根大学就开始踏踏实实地实行董事任期制,但此时所实行的任期制并非 1846 年大学建校法所规定的四年交错任期制,而是 1850 年州宪法和 1851 年选举法共同确定的六年等长任期制。

(一) 六年制等长任期制的实施:1852—1863 年

1850 年密歇根州宪法侧重更改的是大学董事会成员的产生方式,对董事会成员的数量和任期长度并没有做出明确规定。该宪法第十三条第六款规定,“在选举巡回法官时,将在各司法区选举产生 1 名大学董事,他的任期长度与巡回法官相同”①。大学董事会由多少名董事组成以及他们的任期有多长,需要查看该宪法关于本州司法区的数量和巡回法官任期的规定才能弄清。

1851 年密歇根州议会通过的选举法明确了这一问题,该法规定“他们(指巡回法官和大学董事会成员)的任期长度为 6 年”②,但该法没有明确大学董事会成员的人数,1851 年建校法也没有涉及。但从对 1850 年州宪法的推断以及 1851 年建校法的规定可以看出,1852 年密歇根大学董事会由 8 名董事构成,其任期长度均是 6 年。

从该法的执行情况来看,密歇根大学第一届民选董事会 1852 年 1 月

① Report of the Proceedings and Debates in the Convention to Revise the Constitution of the State of Michigan [M]. Lansing: R. W. Ingals State Printer, 1850: xxxiv.

② Acts of the Legislature of the State of Michigan Passed at the Annual and Extra Session of 1851 [M]. Lansing: R. W. Ingals, State Printer, 1851: 20.

1 日正式就职，在执掌大学管理权 6 年后，第二届民选董事会 8 名成员于 1858 年 1 月 1 日正式就职，任职期满后这届民选董事会也于 1863 年 12 月 31 日正式离职。可见，1850 年州宪法和 1851 年选举法共同规定的密歇根大学董事六年等长任期得到了执行，因而可以说六年等长任期制是密歇根大学董事会第一次明确执行的任期制。

（二）交错任期制的再次实施

早在 1861 年，密歇根州议会就通过了 1850 年州宪法修正案，该修正案对密歇根大学第三届民选董事会成员的任期制度进行了修改。修正案规定："1863 年在选举 1 名州最高法院法官时，选举 8 名大学董事会成员，其中 2 名任期 2 年、2 名任期 4 年、2 名任期 6 年、2 名任期 8 年，他们将在当选后的下一年 1 月 1 日正式就职。在今后每次选举州最高法院法官时，将选举 2 名大学董事会成员，他们的任期全部为 8 年。"①该宪法修正案于 1862 年 11 月得到州选民的正式批准。

1862 年通过的宪法修正案只是在原则上提出了 1863 年民选董事会的交错任期制以及之后当选的董事任期长度问题，但何时选举、如何选举、何时就职以及由谁决定新当选董事的任期长度等问题，还需要州议会制定具体的法律予以解决，这一点正是 1863 年大学董事选举和分类法（以下简称"1863 年选举法"）所要解决的问题。

在选举时间上，1863 年选举法规定："在 1863 年以及今后每两年 4 月的第一个周一，在全州各镇举行大学董事选举活动，当选成员将在选举结束后下一年的 1 月 1 日正式就职。"②

在选举通知上，为了保障每位选民都能了解与参加选举活动，1863 年选举法建立起了由州务卿、县长、镇书记员和市区选举检察员构成的三级通知制度。选举法规定："本法通过后，州务卿即刻以书面或邮件形式通知各县县长，通知中将简要说明该法的主要内容，并在各司法区内发行的、州务卿认为合适的报纸上刊登该法，每周刊登 1 次，直到第一次选举正式举行为止。各县县长在收到州务卿通知后，将即刻以书面或邮件形

① Acts of the Legislature of the State of Michigan Passed at the Regular and Extra Session of 1861 [M]. Lansing: John A. Kerr & Co., Printers to the State, 1861:590.

② Acts of the Legislature of the State of Michigan Passed at the Regular Session of 1863 [M]. Lansing: John A. Kerr & Co., Printers to the State, 1863:274.

式通知各镇书记员和市区选举检察员,再由镇书记员和市区选举检察员通知选民选举举行的时间和地点。”①

在投票方式上,由于1862年宪法修正案规定大学董事会成员与州最高法院法官同时选举产生,因而规定“选民将在同一张选票上填上自己支持的大学董事会成员和州最高法院法官候选人姓名”②。

在唱票方式上,为了保障每位候选人的权利,1863年选举法建立起了一套由市区选举检察员、县书记员和州唱票委员会构成的三级唱票制度。选举结束后,在镇、区一级,由选举检察员进行唱票,公布唱票结果,并将唱票结果提交给县书记员。在县一级,在选举结束后的第二个周二,各县将按现有法律规定的州政府官员选举唱票的方式各自进行唱票,之后各县书记员集体签名,将唱票结果提交给州财政部长。在州一级,由州务卿、州财政部长和州公共土地局长组成州选举唱票委员会,负责根据各候选人所得票数确定大学董事会人选,并负责通知当选的候选人。

在决定新一届大学董事会成员各自任期的长度上,1863年选举法将这一权力授予州唱票委员会,州唱票委员会通过抽签的方式确定新一届大学董事会成员各自任期的长度。该法规定:“州唱票委员会在唱完票并确定此次选举结果后,他们将准备8张大小相同的白纸条,每张纸条上分别写上当选的大学董事姓名,然后将纸条放入票箱中,由唱票委员会的1位成员晃动票箱,然后由唱票委员会其他成员轮流抽出纸条。首先被抽出的2个人构成第一组,第三个和第四个被抽出来的人构成第二组,第五个和第六个被抽出来的人构成第三组,而最后被抽出的2个人构成第四组。”③从1864年1月1日起,第一组大学董事任期将在2年后结束,第二组任期将在4年后结束,第三组任期将在6年后结束,第四组任期将在8年后结束。今后每2年将选举2名新董事以填补各组大学董事由于任期结束而出现的职位空缺,新当选董事的任期长度将是8年。

通知方式上,州唱票委员会在决定了第三届民选董事会成员名单及

---

① Acts of the Legislature of the State of Michigan Passed at the Regular Session of 1863 [M]. Lansing: John A. Kerr & Co., Printers to the State, 1863:275.

② 同①。

③ Acts of the Legislature of the State of Michigan Passed at the Regular Session of 1863 [M]. Lansing: John A. Kerr & Co., Printers to the State, 1863:276.

分组结果后，将集体签署分组抽签的时间、地点、方法以及各组董事会成员的名单和分组结果并交付州务卿。州务卿在收到州唱票委员会的结果并备案后，即刻书面通知当选的各位大学董事。

1862 年宪法修正案和 1863 年选举法成功弥补了 1850 年宪法与 1851 年选举法所留下的不足，并明确建立起了董事会的交错任期制。而这实际上相当于 1837 年和 1846 年两部建校法所建立的大学董事四年制交错任期制的“古木新发”之作，只不过各自的命运不同罢了。1837 年和 1846 年两部建校法建立起来的大学董事四年制交错任期制制定完成后便被束之高阁继而被废除，而 1862 年宪法修正案和 1863 年选举法所确定的大学董事交错任期制不仅将董事任期长度延长了 1 倍，而且也得到具体的实施。在该法规定下，1864 年密歇根州成功选举产生了第三届大学董事会。

三、 交错任期制为何能够取代等长任期制

密歇根大学董事会从 1852 年才开始正式实行任期制度，至于实行什么样的任期制，在密歇根州议会面前有两种选择：一种是等长任期制，另一种是交错任期制。当时董事会选择实行的是等长任期制。在等长任期制实行了短短 10 年后，密歇根州政府就改弦更张，转而实行交错任期制。那么到底是什么原因导致州政府在如此短的时间内放弃大学董事的等长任期制而选择交错任期制呢？

（一） 等长任期制存在的缺陷

与交错任期制相比，1850 年州宪法和 1851 年选举法确立的等长任期制存在一种可能，那就是董事会在换届时没有一名原有董事能够继任的可能。这种可能对大学发展来说是一把双刃剑，如果新当选的董事会能够在批判继承原有董事会政策基础上与大学校长共同推进大学发展的话，那么等长任期制对大学来说就是有利的；反之，如果新当选的董事会抛弃原董事会的做法或者处处与校长争夺大学管理权的话，那么等长任期制对大学发展就是不利的。在 1857 年密歇根大学董事会换届选举时这种可能变成了现实，不幸的是，这把双刃剑最终还刺向了大学本身。

从我们对两届民选董事会在任期行使的各种权力的内容分析可以看出，虽然第二届民选董事会在大学预算批准权、组织建设权、教师任命权、

课程设置权、图书馆和博物馆建设权上批判地继承了第一届董事会的做法,但它却处处与塔潘争夺大学管理权。这种权力的争夺从第二届民选董事会上任伊始就开始了,它表现在方方面面,但主要表现在新任董事会修订大学规程从而限制甚至架空校长对大学的管理权上面。

（二）深思熟虑的解决方式

校长与董事会之间争夺大学管理权的问题,有两种解决方式。

第一种是直接限制董事会的权力,从而避免董事会与校长争夺大学管理权。在塔潘与董事会就修改大学规程问题上争论得愈加激烈时,“塔潘的一些朋友就曾努力在州议会通过法律以限制董事会的权力”①。这一点可从1861年州议会日志中见到:“詹姆斯·格伦(James L. Glenn)和佩恩(R. C. Paine)等人向州议会提出申请,请求州议会立法规范密歇根大学董事会、校长和教授各自的权力”②,“安阿伯市的惠特莫尔(E. W. Whitmore)等人向州议会提出申请,请求州议会立法规范密歇根大学董事会、校长和教授各自的权力”③,“埃尔德里奇(J. B. Eldridge)等人向州议会提出申请,请求制定密歇根大学组织和管理法以便重新界定大学董事、大学校长与教授各自的权力”④,类似的请求如雪片般飞到州议会。

通过限制董事会权力来解决董事会和校长之间的权力纷争只是一种治标的方式,对大学的长远发展来说并不是一件好事。因为从1837年颁布的密歇根大学建校法以及州议会后来制定的各部建校法都确定了董事会的法人地位,同时也赋予了董事会相应的法人权力,而制定大学规程就是董事会拥有的一项法人权力。因而,通过限制董事会制定大学管理规程的方式解决董事会与校长之间的权力纷争不仅违反建校法对董事会法人权力的相关规定,而且也是一种治标不治本的短视行为。大学评议会也逐渐认识到用这种方式并不恰当,“1861年2月9日会议上,大学评议

① Shaw W B. The University of Michigan: An Encyclopedic Survey [M]. Vol. 1. Ann Arbor: University of Michigan Press, 1942:49.

② Journal of the House of Representatives of the State of Michigan 1861 [M]. Lansing: Hosmer & Kerr, Printers to the State, 1861:553.

③ Journal of the House of Representatives of the State of Michigan 1861 [M]. Lansing: Hosmer & Kerr, Printers to the State, 1861: 695.

④ Journal of the House of Representatives of the State of Michigan 1861 [M]. Lansing: Hosmer & Kerr, Printers to the State, 1861: 1029.

会一致反对通过任何限制大学董事会权力立法的政策”①。

第二种是通过更改大学董事会成员任期的方式避免董事会与校长之间的权力纷争,因为塔潘与董事会之间权力纷争的一个直接原因就是原先支持塔潘的董事会成员没有一名继任的,而导致这种情况出现的直接原因就是等长任期制,因此只要更改下届董事会成员的任期制就可以有效避免这一问题的再次出现。

与第一种方式相比,第二种解决方式是一种治本的方式,之所以这么说,是因为它是在不触及董事会法人权力的基础上提出的,从而为大学今后类似问题的解决提供了一个良好的先例。此外,这种解决方式还是由大学董事会自身提出的,并且所提出的解决方式还是建立在已有建校法对校长和董事会权力规定的基础上的,从而可见董事会在解决其与校长之间权力纷争上的积极态度。1860 年 6 月,约翰逊董事提议:“成立一个由 3 人组成的特别委员会,负责起草一份申请书,申请州议会修改州宪法中关于董事的任期制规定,以便每 2 年只改选三分之一的大学董事。”②董事会批准了约翰逊的请求,并责成他负责起草这份申请。同年 9 月,约翰逊起草了申请书,其中指出:“鉴于 1850 年州宪法所制定的在同一时间改选所有大学董事并且他们的任期都相同这种方式在一届全新的董事会就职后产生的诸多不便,因此请求州议会采取必要的措施修改 1850 年州宪法对大学董事任期制所作的规定,每两年只改选三分之一的大学董事。”③出于实际可操作性的考虑,1861 年州议会通过的宪法修正案决定将 8 名董事会成员平均分成 4 组,每两年改选其中 2 名成员。

可见,等长任期制先天固有的可能缺陷是州议会对其进行修改的根本原因,而 1857 年当选的新一届董事会使这种可能的缺陷变成现实,这是等长任期制在实施不久后就被放弃的原因所在。而作为解决董事会与校长之间权力纷争方式之一的交错任期制,实际上是董事会和州政府在

① Shaw W B. The University of Michigan: An Encyclopedic Survey [M]. Vol. 1. Ann Arbor: University of Michigan Press, 1942:50.

② University of Michigan. Regents' Proceedings with Appendixes and Index: 1837 – 1864[M]. Ann Arbor: University of Michigan Press, 1915:905.

③ University of Michigan. Regents' Proceedings with Appendixes and Index: 1837 – 1864 [M]. Ann Arbor: University of Michigan Press, 1915:917.

两种解决方式的利弊权衡下做出的理性选择。因而可以说,等长任期制固有的可能缺陷、1857 年新一届董事会的当选以及州政府和董事会的理性选择,三者共同推动密歇根大学董事任期制在如此短暂的时期内实现了从等长制向交错制的变迁。

综上所述,密歇根大学从 1817 年建立到正式实施董事任期制历时 35 年。在这期间,1837 年和 1846 年建校法曾建立了四年制交错任期制,但这种任期制度制定完成后便被束之高阁最终被废除。1850 年州宪法和 1851 年选举法重新建立了六年制的等长任期制,1852 年密歇根大学董事会开始正式实施这种任期制,这是大学成立以来正式实施的第一种董事任期制。但由于等长任期制本身所固有的缺陷,加之 1857 年第二届董事会的当选使这种可能变为现实,在州政府和大学董事会的理性选择下,最终于 1863 年建立起了八年制的交错任期制,从而使大学只实施了 12 年的六年制等长任期制正式退出了密歇根大学的历史舞台。

第二节 转型缓慢发展时期的密歇根大学董事会行使的权力

1864 年 1 月 1 日,第一届交错任期制董事会正式就职,根据 1863 年大学董事选举法所作的规定,由州唱票委员会通过抽签的方式将新当选的 8 名大学董事分成 4 组,第一组任期 2 年,第二组任期 4 年,第三组任期 6 年,第四组任期 8 年。唱票委员会最终的抽签结果是:"爱德华·沃克(Edward C. Walker)和乔治·威拉德(George Willard)为第一组;托马斯·吉尔伯特(Thomas Gilbert)和托马斯·乔斯林(Thomas Joslin)为第二组;亨利·奈特(Henry Knight)和詹姆斯·约翰逊为第三组;阿尔瓦·斯威策(Alvah Sweetser)和詹姆斯·斯威齐(James Sweezey)为第四组。"①从这届董事会成员的构成来看,只有约翰逊是上一届董事会连任的董事,可见 1863 年大学董事选举法的高度预见性。那么在密歇根大学从传统学院向现代大学转型缓慢发展的这一时期,大学董事会都行使了哪些方面

① University of Michigan. Regents' Proceedings with Appendixes and Index: 1864 – 1870[M]. Ann Arbor: University of Michigan Press, 1915:5.

的权力呢？与转型起步时期的密歇根大学董事会行使的权力相比，这一时期董事会行使的权力在侧重点上有哪些变化呢？董事会行使的这些权力对密歇根大学转型过程的这一阶段发挥了哪些作用呢？

一、转型缓慢发展时期的密歇根大学董事会行使的权力内容

（一）大学预算制定权

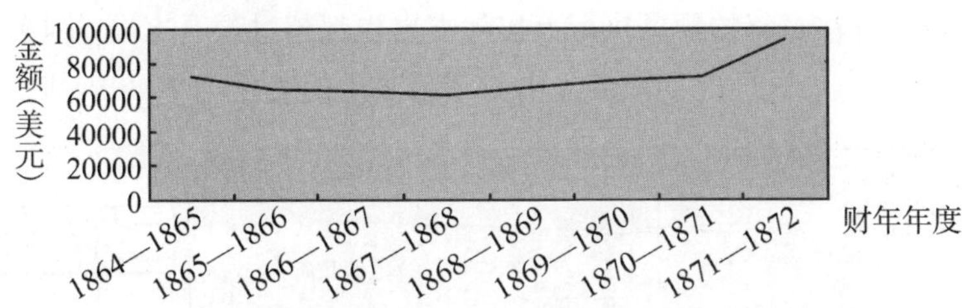

图 3－1　1864—1872 财年密歇根大学财政预算支出变化图

资料来源：University of Michigan. Regents' Proceedings with Appendixes and Index：1864－1870［M］. Ann Arbor：University of Michigan Press，1915：54，121，159，250，304，374；University of Michigan. Regents' Proceedings with Appendixes and Index：1870－1876［M］. Ann Arbor：University of Michigan Press，1915：57，154.

1864 年，董事会批准“财政委员会主席吉尔伯特提交的 1864—1865 财年年度财政预算报告”①；1865 年，董事会批准“财政委员会主席吉尔伯特提交的 1865—1866 财年年度财政预算报告”②；1866 年，董事会批准“财政委员会主席吉尔伯特提交的 1866—1867 财年年度财政预算报告”③；1867 年，董事会批准“财政委员会主席吉尔伯特提交的 1867—1868 财年年度财政预算报告”④；1868 年，董事会批准“财政委员会主席

① University of Michigan. Regents' Proceedings with Appendixes and Index：1864－1870［M］. Ann Arbor：University of Michigan Press，1915：51.

② University of Michigan. Regents' Proceedings with Appendixes and Index：1864－1870［M］. Ann Arbor：University of Michigan Press，1915：120.

③ University of Michigan. Regents' Proceedings with Appendixes and Index：1864－1870［M］. Ann Arbor：University of Michigan Press，1915：157.

④ University of Michigan. Regents' Proceedings with Appendixes and Index：1864－1870［M］. Ann Arbor：University of Michigan Press，1915：248.

吉尔伯特提交的1868—1869财年年度财政预算报告"①;1869年,董事会批准"财政委员会主席吉尔伯特提交的1869—1870财年年度财政预算报告"②;1870年,董事会批准"财政委员会主席吉尔伯特提交的1870—1871财年年度财政预算报告"③;1871年,董事会批准"财政委员会主席吉尔伯特提交的1871—1872财年年度财政预算报告"④。

此外,在这一时期,董事会不仅批准了财政委员会每年提交的财政预算报告,而且在每年的预算执行上实际支出也都超过预算支出,下图直观地表明了董事会这段时期预算支出与实际支出的关系:

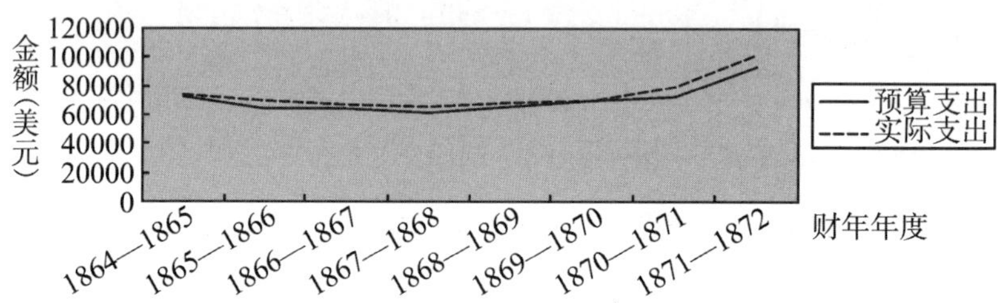

图3-2 1864—1872财年密歇根大学实际和预算财政支出变化图

资料来源:University of Michigan. Regents' Proceedings with Appendixes and Index: 1864-1870 [M]. Ann Arbor: University of Michigan Press, 1915:54, 121, 158, 159, 249, 250, 304, 371, 374; University of Michigan. Regents' Proceedings with Appendixes and Index: 1870-1876 [M]. Ann Arbor: University of Michigan Press, 1915:57, 152, 154, 246.

(二)大学校长任命权

1863年6月,董事会在解除了塔潘的校长职务后,当天就选举黑文为新校长,密歇根大学在校生、大学校友以及底特律和安阿伯市民对董事会这一行为都非常不满。黑文对外界说他在接受董事会任命时并不知道塔潘和董事会之间的矛盾,他认为"大学各方是经过深思熟虑后一致同意

① University of Michigan. Regents' Proceedings with Appendixes and Index: 1864-1870 [M]. Ann Arbor: University of Michigan Press, 1915:302.

② University of Michigan. Regents' Proceedings with Appendixes and Index: 1864-1870 [M]. Ann Arbor: University of Michigan Press, 1915:370.

③ University of Michigan. Regents' Proceedings with Appendixes and Index: 1864-1870 [M]. Ann Arbor: University of Michigan Press, 1915:58.

④ University of Michigan. Regents' Proceedings with Appendixes and Index: 1864-1870 [M]. Ann Arbor: University of Michigan Press, 1915:152.

将校长职位交给他的"①，但黑文这么说与他自己曾说过的话有一些矛盾。他曾说过："在我不在大学工作的6年间，我一直与大学的朋友保持通信往来，因而我对大学的各种事情都非常了解。"②因而只能说，黑文只是没有预料到学生、校友和两市市民对董事会解除塔潘校长职务的愤怒程度。据他自己说，在他来到安阿伯后，虽然大学的校长公寓一直是空着的，但他在几周之后才住进去，并且许多市民在遇到他时都显得非常愤怒。

黑文的当选却得到了大学教师的支持，他回忆道："大量来信告诉我密歇根大学绝大多数教师非常高兴我能当校长，同时他们也正式通知我如果我拒绝接受校长职务，他们会选其他人出任校长。"③如何在下届董事会正式就职前赢得安阿伯和底特律市民以及密歇根大学生的支持成为黑文能否继续坐稳校长椅子的关键。

在赢得安阿伯市民的支持上，黑文曾经对关心城市繁荣的市民暗示，"如果你们希望安阿伯市能够持续繁荣，那么最好使大学处于和平与稳定状态"，并指出如果他得不到新一届董事会的重新选举，他就不再担任大学校长，"大学现在的混乱状态如果得不到有效控制的话，大学将陷于彻底无序状态"④。可见，黑文是利用安阿伯市民对本市发展和大学繁荣稳定的关心这一点争取安阿伯市民对他的支持的。黑文的策略收到了良好的效果，这一点可以从市民的反应中看出来：当一群学生在市政大厅通过一些反叛决议后到街上游行并焚烧国旗时，市民的反应是"这些学生是值得同情的，但如果他们冒犯了黑文校长就不值得同情了"⑤。

黑文也不失时机地争取大学生对他的支持。在开学后的第一次礼拜日布道会上，黑文说："我反复向学生表明我的本意是要恢复大学已有的

---

① Stratton C C. Autobiography of Erastus O. Haven, D. D., L. L. D [M]. New York: Philips & Hunt, 1883: 142.

② Stratton C C. Autobiography of Erastus O. Haven, D. D., L. L. D [M]. New York: Philips & Hunt, 1883: 141.

③ 同①。

④ Stratton C C. Autobiography of Erastus O. Haven, D. D., L. L. D [M]. New York: Philips & Hunt, 1883: 143.

⑤ Stratton C C. Autobiography of Erastus O. Haven, D. D., L. L. D [M]. New York: Philips & Hunt, 1883: 146.

秩序，如果可能的话，6 个月时间足矣，到时我将职位归还给董事会。我肯定与赞扬塔潘校长对大学曾经做出的杰出贡献，并期望大家能与我共同挽救处于危机中的密歇根大学。”①同时在每个礼拜日，黑文还给全体学生布道，向他们宣传节欲的观念，并劝导众多学生发誓戒酒。在他的不断劝导下，学生们组建起了大学基督教青年会。在不断努力下，他争取到了大量学生的支持，这可以从 1841 年几乎有一半学生支持黑文继续留任中看出来，因为董事会当初解除塔潘校长职位时学生是反对最强烈的群体之一。

此外，由于董事会中支持塔潘的势力自身的失误从而使黑文成功规避了底特律人对他的反对，这对黑文而言是一种幸运。在 1864 年新当选的 8 名董事中，奈特明确支持重新选举塔潘担任大学校长，而吉尔伯特则明确支持黑文继续担任大学校长，其他董事在这一问题上的立场并不十分坚定，处于左右摇摆的境地。为了能够帮助塔潘返回密歇根大学，大学原董事达菲尔德在底特律召集一次会议，并起草请愿书请求董事会重新任命塔潘为大学校长，最后会议决定达菲尔德和国教派牧师麦克罗斯基（Mcloskey）亲自到安阿伯参加董事会会议。但由于奈特建议“董事会参加安阿伯市德高望重的市民乔治 · 丹福思（George Danforth）的葬礼”②，而失去了达菲尔德和麦克罗斯基对董事会施加影响的机会，从而也在另一方面帮助了黑文。

在黑文不断扩大自己权力基础的同时，塔潘却在错误的时间做了一件错误的事情，那就是《塔潘评论》的出版，该评论不仅对大学董事而且对某些大学教师都做了刻薄的评论，如果塔潘真的回归，那么大学教师很可能遭遇一场大清洗，这也在很大程度上将董事会中的中间力量推向了黑文支持派那里。

这样，黑文的重新当选就只是时间问题了。1864 年 2 月，威拉德代

---

① Stratton C C. Autobiography of Erastus O. Haven, D. D., L. L. D [M]. New York: Philips & Hunt, 1883: 144.

② University of Michigan. Regents' Proceedings with Appendixes and Index: 1864 – 1870 [M]. Ann Arbor: University of Michigan Press, 1915:14.

表特别委员会向董事会提交报告,“建议不再重新选举塔潘为校长”①,董事会通过了特别委员会的报告。此后,新一届董事会选举黑文为大学第二任校长。

在担任密歇根大学校长 6 年后,黑文辞去该职务,接受新成立的西北大学董事会邀请,出任该校校长。黑文的突然辞职使董事会措手不及,董事会随后成立了一个 4 人特别委员会,负责提名 1 名新校长。委员们迅速到东部寻觅新校长人选,他们询问阿姆赫斯特学院院长西利(Seelye)是否愿意出任密歇根大学校长,西利经过深思熟虑后谢绝了特别委员会的邀请。在寻觅新校长未果后,董事会不得不任命 1 位临时的大学执行校长,为此董事会在 8 月召开特别会议,在会上董事会一致选举弗里兹教授为大学执行校长。

虽然选举产生了执行校长,但这仅是临时之举,特别委员会最终还得选举 1 位正式校长。弗里兹向特别委员会建议,可以考虑请求佛蒙特大学校长安吉尔出任密歇根大学校长。在董事会邀请下,安吉尔来到安阿伯作了短期考察,董事会一致选举他为校长,但安吉尔在返回伯灵顿后还是谢绝了董事会的邀请,至于谢绝的原因,安吉尔说:“在我从安阿伯返回伯灵顿后,我发现如果我这时就离开佛蒙特大学,那些曾经共同为佛蒙特大学发展尽心竭力的人一定会非常失望的。”②

1870 年,董事会请求黑文再次出任大学校长,但黑文最终还是谢绝了董事会的邀请,这一点黑文在他的自传中有所提及:“在我辞掉密歇根大学校长不到 1 年后,董事和一些教师就强烈建议我再次出任密歇根大学校长,吉尔伯特董事还就此事亲自来我家拜访我。尽管我怀疑当初我辞职的决定是否明智,但我最终还是谢绝了董事会的邀请。”③在请求黑文未果后,董事会希望弗里兹能出任大学正式校长,因为在这两年中,弗里兹展现了杰出的管理大学的能力。1870 年校长选举特别委员会向董

---

① University of Michigan. Regents' Proceedings with Appendixes and Index: 1864 – 1870 [M]. Ann Arbor: University of Michigan Press, 1915:23 – 24.

② Angell J B. The Reminiscences of James B. Angell [M]. New York: Longman, Green, and Co., 1911: 225.

③ Stratton C C. Autobiography of Erastus O. Haven, D. D., L. L. D [M]. New York: Philips & Hunt, 1883: 154.

事会提交的报告中指出:“在一次非正式会议上,董事会委托特别委员会主席与弗里兹执行校长进行过沟通,探其口风,如果董事会在下次会议上选举他出任大学正式校长,他是否接受这一职位,弗里兹给出了否定的答案。”①同时弗里兹向董事会指出,安吉尔一定会接受密歇根大学校长职位,只是时机还未成熟。

1871 年 2 月,董事会再次选举安吉尔为大学校长,这次安吉尔接受了董事会的邀请。安吉尔在其自传中指出了接受的原因,他说:“我感觉到我已经履行完了我对佛蒙特那些朋友所承担的义务,此外我认为佛蒙特大学现在即使没有我也能迅速发展了。但我对能否有能力领导密歇根大学的发展还有些犹豫,一天我将这件事情说给我的一个朋友听,他说如果你有一根足够长的杠杆,你就能撬动更重的物体。在经过深思熟虑后,我决定接受密歇根大学的邀请。”②至于那个给安吉尔勇气的朋友是谁,安吉尔却没有说明。1871 年 6 月 28 日,安吉尔发表了就职演说,正式出任密歇根大学校长。

(三) 大学教师任命权

1. 大学文理系教师的任命

1864 年新一届董事会就职时,密歇根大学文理系共有 17 名教师。

1864 年,历史学教授安德鲁 · 怀特当选为纽约州议会参议员,因此他无法继续为大学开课,到 1867 年时大学历史学课一直由查尔斯 · 亚当斯代怀特开设。1867 年,怀特正式辞掉历史学教授职位,在威拉德董事提议下,董事会晋升亚当斯为历史学教授,填补怀特辞职所留下的职位空缺。

1865 年 3 月,在文理系教师建议下,董事会任命斯宾塞(A. K. Spence)为希腊语和法语助理教授。1867 年 6 月,在沃克的提议下,董事会晋升斯宾塞为法语和法国文学教授。

1865 年 6 月,柯蒂斯(Allan J. Curtis)被任命为修辞学和英国文学助教,1867 年 9 月,柯蒂斯向董事会申请到欧洲游历 1 年,董事会批准了柯

① University of Michigan. Regents' Proceedings with Appendixes and Index: 1870 – 1876 [M]. Ann Arbor: University of Michigan Press, 1915:90.

② Angell J B. The Reminiscences of James B. Angell [M]. New York: Longman, Green, and Co., 1911: 225 – 226.

蒂斯的申请。为了弥补柯蒂斯访欧给大学教学工作带来的不便，黑文提名泰勒（Moses C. Tyler）为大学修辞学和英国文学教授，董事会批准了校长的提名。

1864年2月，土木工程学教授伍德请求董事会为他任命1位助理，在约翰逊的建议下，董事会授权校长和伍德任命1位土木工程学讲师，协助伍德完成该学年剩余时间土木工程学课程的教学工作，这样韦尔斯（E. H. Wells）被任命为土木工程学讲师。在韦尔斯任期结束后，1865年3月，董事会任命维斯纳（G. Y. Winser）为伍德的助教。

1868年3月，校长向董事会报告："希腊语教授博伊斯已经接受芝加哥1所大学的邀请，于1868年1月离开了密歇根大学……由于博伊斯只完成了本学年工作的四分之三，因此雇佣了大四学生沃尔特（Edward L. Walter）为助教，完成博伊斯剩下的四分之一学年教学工作。"①董事会批准了校长对沃尔特的任命。虽然博伊斯的辞职给大学带来了一定的教师紧缺问题，但威拉德（George Willard）董事代表古代语委员会还是向董事会提议，"暂时不任命教授填补博伊斯离开留下的职位空缺……希腊语教学任务继续由马丁·奥格（Martin M. Ooge）助教承担"②，而奥格是1867年由董事会任命的古代语助教，董事会批准了古代语委员会的建议。9月，古代语委员会建议"任命奥格为希腊语和希腊文学执行教授（Acting-Professor），任命沃尔特为古代语助教"③。1869年6月，董事会任命帕藤吉尔（Albert H. Pattengill）为希腊语和法语助教，这也进一步降低了博伊斯辞职给大学带来的影响。

1868年6月，思辨哲学和道德哲学教授蔡平辞掉了大学教职，他留下的工作暂时由黑文承担。1869年6月，黑文辞去校长职务，因而思辨哲学和道德哲学教授职务也出现了空缺。同年9月，在约翰逊董事提议下，董事会任命科克尔（Benjamin F. Cocker）为思辨哲学和道德哲学教

① University of Michigan. Regents' Proceedings with Appendixes and Index: 1864 – 1870 [M]. Ann Arbor: University of Michigan Press, 1915:257.

② University of Michigan. Regents' Proceedings with Appendixes and Index: 1864 – 1870 [M]. Ann Arbor: University of Michigan Press, 1915:276.

③ University of Michigan. Regents' Proceedings with Appendixes and Index: 1864 – 1870 [M]. Ann Arbor: University of Michigan Press, 1915:308.

授,填补这一职位空缺。

1870 年 6 月,大学评议会向董事会建议,“任命道格拉斯为化学和矿物学教授、化学实验室主任,晋升普雷斯克特(A. B. Prescott)为有机和应用化学与药物学教授”①,而普雷斯克特是 1865 年 9 月被董事会任命为化学助教的,董事会批准了大学评议会的建议。

1870 年 9 月,埃文斯辞去现代语和现代文学教授职务,而斯宾塞也辞掉了法语和法国文学教授职务,他们两人的辞职使大学现代语和现代文学的正常教学工作受到了很大的冲击。校长代表执委会向董事会建议,任命莫里斯(Geo. H. Morris)为大学现代语教授,任命德卢姆(Jules Deloulme)为法语讲师。大学现代语讲师的人事变动在之后的一年中比较频繁,在法语讲师方面,德卢姆在任职几个月后的 1871 年 1 月,就向董事会提交了辞呈,弗里兹执行校长建议比亚尔(Jules F. Billard)继任法语讲师职位;1871 年 6 月,比亚尔辞职,由德蓬(P. R. B. De Pont)继任。在德语教师方面,1870 年 9 月,董事会任命马尔茨堡(Geo. Marsburg)为大学德语讲师,1871 年 6 月他辞职,在弗里兹的建议下,董事会任命罗森塔尔(R. S. Rosenthal)为大学德语讲师,但其拒绝了董事会的任命,董事会继而任命哈比森(Robert Harbison)为现代语和现代文学讲师。同时在沃克的建议下,董事会“将帕藤吉尔的职称从‘希腊语和法语助教’更改为‘希腊语助教’”②。

1870 年 7 月特别会议上,董事会为了解决大学教师紧缺的问题,临时任命哈林顿(Mark W. Harrington)为大学法语和数学讲师③,当时哈林顿仍然在博物馆作为温切尔的助理管理博物馆标本,董事会分配给他的数学和法语的教学工作给他原本繁重的工作又带来了额外的负担。1870 年 9 月在任命了莫里斯和德卢姆后,董事会决定减轻哈林顿的教学任务,决定哈林顿不再承担法语的教学工作。1871 年 6 月,弗里兹建议任命比

① University of Michigan. Regents' Proceedings with Appendixes and Index: 1870 – 1876 [M]. Ann Arbor: University of Michigan Press, 1915:43.

② University of Michigan. Regents' Proceedings with Appendixes and Index: 1870 – 1876 [M]. Ann Arbor: University of Michigan Press, 1915:78.

③ University of Michigan. Regents' Proceedings with Appendixes and Index: 1870 – 1876 [M]. Ann Arbor: University of Michigan Press, 1915:53.

曼(Wooster W. Beaman)为大学数学讲师,从而使哈林顿能够把全部精力都投入协助温切尔管理大学博物馆上。

2. 大学医学系教师的任命

1864 年新一届民选董事会就职时,大学医学系共有 9 名教师。

1867 年,大学解剖学教授摩西·冈恩辞职,他和道格拉斯都是大学医学系成立后就任职其中的教授。此外,莱威特(W. Lewitt)也辞去了大学解剖学演示员职务。1868 年,阿莫尔教授接受缅因医学院的邀请,辞去了大学医学与药物学教职。在董事斯托克维尔(Cyrus M. Stockwell)建议下,董事会任命凯季奇(Robert C. Kedzie)为治疗学和药物学讲师,以填补阿莫尔辞职留下的空缺,但凯季奇谢绝了董事会的任命。医学系教师转而建议任命奇弗(Henry S. Cheeve)暂时承担下一学年的药物学讲师工作,1870 年 3 月,在医学系教师的建议下,董事会将奇弗晋升为药物学和治疗学教授。

为了满足医学系日益增大的教师需求,1867 年 3 月,董事会任命格林(William W. Greene)为大学外科学教授,但 1868 年 6 月他就辞职了。在斯托克维尔的建议下,董事会任命利斯特(Henry F. Lyster)为外科学讲师,填补格林辞职留下的空缺。1869 年 6 月,沃克提议,由于大学医院的开设,大学需要雇佣 1 位能够住在安阿伯的外科教授,由于利斯特不能住在安阿伯,因而他提议重新任命格林为外科学教授。格林接受了董事会的任命,但旋即又辞去了该职位。沃克建议任命克罗斯比(A. B. Crosby)为外科学讲师,填补格林辞职留下的空缺。1870 年 3 月,在医学系教师的建议下,董事会将克罗斯比晋升为外科学教授。

1867 年 6 月,董事会任命弗罗辛厄姆(George E. Frothingham)为外科学解剖员和解剖学演示员助理。1870 年 3 月,由于外科学涉及的问题范围十分广泛,医学系教师建议设立 1 个独立的眼科学教授职位,在医学系教师的建议下,董事会暂时任命弗罗辛厄姆为眼科学讲师。

1869 年 3 月,为了在大学医学系开设耳外科学课程,在斯托克维尔董事建议下,董事会任命帕尔默(A. B. Palmer)为医学系耳外科学讲师。

3. 大学法学系教师的任命

1859 年大学法学系成立后建立了 3 个法学讲座教授职位,并由库利担任杰伊法学讲座教授,坎贝尔为马歇尔法学讲座教授,沃克为肯特法学讲座教授。

1864 年 6 月,董事会为感谢波士顿人理查德 · 弗莱彻向大学捐赠 800 册法学书籍,决定“在法学系设立第四个法学讲座教授职位……并将该职位命名为弗莱彻法学讲座教授”①,同时任命庞德(Ashley Pond)为弗莱彻法学讲座教授。1868 年 3 月,庞德由于法官事务繁忙而无法履行教授职责,因而辞去了弗莱彻法学教授职务。在董事伯特的建议下,董事会任命查尔斯 · 肯特(Charles A. Kent)为弗莱彻法学讲座教授,填补庞德的职位空缺。

(四)提高入学标准、完善专业设置与授予新型学位权

1. 提高入学标准

为了使密歇根大学能够成为一所真正意义上的现代大学,一个重要的步骤就是提升大学入学标准,从而使大学奠定在坚实的中等教育基础之上。

1864 年 1 月,数学教授奥尔尼向董事会建议提高大学新生的入学标准,“要求学习古典专业课程的新生入学考试中增加二次方程内容,而学习科学课程的新生入学考试中增加戴维斯所著的第四本勒让德几何”②,董事会批准了奥尔尼的建议。1867 年,董事会进一步提高了大学新生的入学标准,开始要求选择古典专业的新生入学考试中增加勒让德几何的第一本、第三本和第四本,而 1868 年则将 4 本勒让德几何都列入古典专业的新生入学考试中。1870 年和 1871 年董事会进一步提高大学文理系入学考试的数学标准。1870 年,科学专业入学考试中几何内容从之前的 4 本勒让德几何增加到 5 本,1871 年更是增加到 8 本。而古典专业入学考试中勒让德几何内容也在 1871 年增加到 5 本,并且代数的考试内容也从仅仅增加二次方程到全部的代数知识。

此外,校长在 1870 年向董事会提交的年度报告中还提到,“作为加强、巩固与提高密歇根州教育水平的一种方式,大学和本州各地学校的一些教师向大学建议,由大学每年派遣一定数量教师组成考试委员会对本

① University of Michigan. Regents' Proceedings with Appendixes and Index: 1864 - 1870 [M]. Ann Arbor: University of Michigan Press, 1915:154.

② University of Michigan. Regents' Proceedings with Appendixes and Index: 1864 - 1870 [M]. Ann Arbor: University of Michigan Press, 1915:9.

州中学进行考察，对通过考试的学校颁发相应证书，这些学校的毕业生将无需进一步的考试就可以进入大学"①，这是大学对中学认证制度的发端。

在提高文理系正规学生入学标准的同时，董事会也开始提高文理系非学历学生的入学标准。1851 年通过的大学建校法规定大学开始招收非学历学生，并明确规定了入学标准，"董事会将为那些不期望学习大学文理系常规课程的学生提供学习内容，上述学生在入学时无需参加入学考试，并且他们在课程或学期结束后学校会根据其各自的学业成绩发给相应证书"②。1863 年，在黑文的建议下，董事会提高了这部分学生的入学标准，规定"没有通过古典专业或科学专业入学考试的学生，同样也不能学习非学历课程"③。

2. 调整文理系的专业设置

大学文理系 1852 年开设了科学专业，1858 年开设了工程学专业，1865 年开设了矿物工程学专业。

为了能够给大学生提供更多的选择机会，同时为了使大学更适合社会发展的需要，1867 年校长在向董事会提交的年度报告中提到，大学文理系已经开设了 6 个专业："通过实验发现大学应该为学生提供更加多样化的专业设置，因此制定了一项新的专业设置计划并在今后开始实施。该计划提供了 6 类专业课程，即古典专业课程、第一科学专业课程、第二科学专业课程、拉丁语和科学专业课程、土木工程学专业课程以及矿物工程学专业课程。"④1870 年，大学重新调整了文理系各专业，新规定的 6 个专业包括古典专业、科学专业、拉丁语科学专业、希腊语科学专业、土木工

① University of Michigan. Regents' Proceedings with Appendixes and Index: 1870 – 1876 [M]. Ann Arbor: University of Michigan Press, 1915:63.

② Acts of the Legislature of the State of Michigan Passed at the Annual and Extra Session of 1851 [M]. Lansing: R. W. Ingals, State Printer, 1851: 206.

③ Farrand E M. History of the University of Michigan [M]. Ann Arbor: Register Publishing House, 1885: 177.

④ University of Michigan. Regents' Proceedings with Appendixes and Index: 1864 – 1870 [M]. Ann Arbor: University of Michigan Press, 1915:223 – 224.

程学专业以及矿物工程学专业。①

3. 授予新型学位权

1864 年董事会就职时,密歇根大学已经开始授予文、理学学士和硕士学位、土木工程学学位、法学学士学位以及医学博士学位。

1865 年,文理系教师向董事会申请开设矿物工程学专业,并授予完成规定课程的学生矿物工程学学位,董事会批准了文理系教师的申请。1865 年大学开始开设矿物工程学专业,并于 1867 年开始授予矿物工程学学位②,首次授予 2 人矿物工程学学位。

1868 年大学开始开设药物学专业,并于 1869 年 6 月授予 21 人药物化学学位,这是大学董事会首次授予药物化学学位。

1867 年董事会在文理系设置了 6 类专业课程,其中完成拉丁语和科学专业课程的学生将获得哲学学士学位。1870 年董事会授予 7 人哲学学士学位,这是大学首次授予哲学学士学位。

1856 年,文理系教师曾建议董事会授予其他学校毕业生文学硕士学位,这是董事会收到的关于荣誉学位授予的最初申请,但帕尔默董事认为当时大学并不适宜授予其他学校毕业生硕士学位,董事会最终采纳了帕尔默的建议。时隔 10 年之后,1866 年奈特再次提议,“密歇根大学董事会没有任何理由继续拒绝授予荣誉学位,从而成为我国大学的一个例外”③,最终董事会接受了奈特的建议。在通过了荣誉学位授予规定后,董事会立即授予巴克斯特(Witter J. Baxter)荣誉文学硕士学位,授予坎贝尔荣誉法学博士学位。

(五)拨款扩充图书馆馆藏量与改革图书馆管理制度权

1. 为图书馆拨款购书

在黑文就任大学校长时,经过塔潘多年的经营,大学图书馆已经拥有图书 10000 册之多。同时,在黑文就任校长当天,法学楼也正式落成,并

---

① University of Michigan. Regents' Proceedings with Appendixes and Index: 1870 – 1876 [M]. Ann Arbor: University of Michigan Press, 1915:64.

② University of Michigan. Regents' Proceedings with Appendixes and Index: 1864 – 1870 [M]. Ann Arbor: University of Michigan Press, 1915:208.

③ University of Michigan. Regents' Proceedings with Appendixes and Index: 1864 – 1870 [M]. Ann Arbor: University of Michigan Press, 1915:144.

将图书馆总馆搬迁到了新建成的法学楼中,这为大学图书馆馆藏量的增加提供了空间上的准备。在此时期,董事会每年都向图书馆拨款,为图书馆购买图书和期刊。

通过研究财政委员会每年向董事会提交的财政报告,可以看出董事会每年向图书馆拨款用于购书和期刊的情况。1864 年,董事会向中心馆拨款 1000 美元,向法学图书馆拨款 1000 美元,向医学图书馆拨款 200 美元①,占大学年度支出的 4. 27% ;1865 年,董事会向中心馆拨款 1000 美元,向医学图书馆拨款 85 美元,为购买期刊拨款 200 美元②,占大学年度支出的 1. 74% ;1866 年,董事会向中心馆拨款 1000 美元,向法学图书馆拨款 500 美元,向医学图书馆拨款 400 美元,为购买期刊拨款 300 美元③,占大学年度支出的 3. 17% ;1867 年,董事会向中心馆拨款 1500 美元,向法学图书馆拨款 500 美元,向医学图书馆拨款 300 美元④,占大学年度支出的 3. 91% ;1868 年,董事会向中心馆拨款 1500 美元,向法学图书馆拨款 300 美元,向医学图书馆拨款 200 美元⑤,占大学财政支出的 3. 09% ;1869 年,董事会向中心馆拨款 1100 美元,向法学图书馆拨款 500 美元,向医学图书馆拨款 200 美元⑥,占大学财政支出的 2. 62% ;1870 年,董事会向中心馆拨款 1168. 8 美元,向法学图书馆拨款 400 美元,向医学图书馆拨款 200 美元⑦,占大学财政支出的 2. 52% ;1871 年,董事会向中心馆拨

---

① University of Michigan. Regents' Proceedings with Appendixes and Index: 1864 – 1870 [M]. Ann Arbor: University of Michigan Press, 1915:52.

② University of Michigan. Regents' Proceedings with Appendixes and Index: 1864 – 1870 [M]. Ann Arbor: University of Michigan Press, 1915:120.

③ University of Michigan. Regents' Proceedings with Appendixes and Index: 1864 – 1870 [M]. Ann Arbor: University of Michigan Press, 1915:158.

④ University of Michigan. Regents' Proceedings with Appendixes and Index: 1864 – 1870 [M]. Ann Arbor: University of Michigan Press, 1915:249.

⑤ University of Michigan. Regents' Proceedings with Appendixes and Index: 1864 – 1870 [M]. Ann Arbor: University of Michigan Press, 1915:303.

⑥ University of Michigan. Regents' Proceedings with Appendixes and Index: 1864 – 1870 [M]. Ann Arbor: University of Michigan Press, 1915:371.

⑦ University of Michigan. Regents' Proceedings with Appendixes and Index: 1870 – 1876 [M]. Ann Arbor: University of Michigan Press, 1915:56.

款1843.2美元，向法学图书馆拨款400美元，向医学图书馆拨款500美元①，占大学财政支出的3.45%。

从以上统计结果可以看出，该时期董事会每年向大学图书馆拨款购买图书和期刊的金额约占大学财政支出的1.74%到4%之间，这为大学图书馆馆藏量的增加奠定了坚实的财力基础。经过董事会的不懈努力，到这时期结束时，大学图书馆已经拥有22000本②图书。

2. 完善图书馆管理制度

1845年，董事会每年指派1名教授负责管理大学图书，该教授在教学工作之余负责管理大学图书，图书馆每周只开放1小时，这是密歇根大学图书管理制度的滥觞。1856年，大学董事会取消了住宿制，将大学北楼全部腾空用于存放图书和各种标本。由于空间的扩展，图书馆也建立了阅览室，大学图书也首次上架存放，可以说这是大学最早的图书馆楼。校长之子约翰·塔潘(John Tappan)成为大学第一位专职的图书管理员。1863年随着塔潘校长职务被解除，图书馆馆员小塔潘也离开了这一职位。总的来说，这一时期图书馆管理制度仍然没有建立起来。

1863年随着法学楼的落成，图书馆迁到新建成的法学楼，并任命了新的图书管理员布鲁克，董事会开始全面建立图书馆管理制度。

(1) 常任图书馆馆员与馆员助理的设立。1864年董事会通过的大学管理规程继承了1861年规程对图书馆馆员职责的规定，"图书馆馆员将负责管理大学图书馆……在每年6月向董事会提交年度报告，报告需要指出前一年图书馆购进了哪些图书、从哪里购买的、每本书的价钱以及大学丢失的图书。同时图书馆馆员负责登记所购图书的书名、购买时间以及价格"③。

1864年图书馆借阅制度建立，1865年布鲁克向董事会建议给图书编目，建立主题索引。虽然图书借阅制度的建立以及建议中的编目与索引

① University of Michigan. Regents' Proceedings with Appendixes and Index: 1870 – 1876 [M]. Ann Arbor: University of Michigan Press, 1915:152.

② Journal of the House of Representatives of the State of Michigan 1873 [M]. Lansing: W. S. George & Co., 1873:33.

③ Constitutional Provisions, Laws and By-Laws of the University of Michigan [M]. Ann Arbor: University of Michigan, 1864:11 – 12.

制度完善了图书馆管理制度，提高了师生对图书馆的利用率，但无形中增加了图书馆馆员的工作量。为了能够有效地运行，1865 年 6 月，布鲁克建议董事会任命 3 名本科生作为他的助理，在威拉德的提议下，“董事会拨款 235 美元给布鲁克用于他任命馆员助理”①。1866 年 6 月，在图书馆馆员的建议下，董事会决定为图书馆设立 1 名常任的馆员助理，而不再任命临时的图书馆馆员助理。同年 9 月，在布鲁克建议下，董事会任命凯利（Edwin M. Kelly）为常任的图书馆馆员助理，工资每年 400 美元，这是大学首次任命常任馆员助理。凯利之后，1868 年 9 月，董事会任命戴维斯（Raymond C. Davis）为馆员助理，工资也是每年 400 美元，1869 年 8 月工资涨到每年 800 美元。

（2）借阅制度的建立。在开馆时间上，1864 年大学管理规程规定，“图书馆除周日外每天开馆 6 到 10 小时，具体开馆多长时间由图书馆委员会决定”②。1866 年 6 月，图书馆委员会明确规定了图书馆的开馆时间，“图书馆除周末外每天至少开馆 8.5 小时，如果临时有变动以图书馆委员会的规定为准”③。

在借书主体上，1864 年大学管理规程规定，只有大学教师才能从图书馆借阅图书和期刊。1866 年 6 月，图书馆委员会制定的新规程扩大了借书主体的范围，该规程规定，“全体教师、由董事会直接任命的在大学授课的所有人、董事会成员、图书馆馆员以及博物馆长都可以从图书馆借书”④。

在图书借阅种类上，1864 年管理规程规定，“除非得到图书馆委员会的同意，教师也不得从图书馆借阅工具书，如年鉴、年刊、地图、著作目录、字典、百科全书、报纸、手册、最新期刊”⑤。

在借书数量上，1864 年管理规程没有规定每名教师最多可以借阅的

---

① University of Michigan. Regents' Proceedings with Appendixes and Index: 1864 – 1870 [M]. Ann Arbor: University of Michigan Press, 1915:96.

② Constitutional Provisions, Laws and By-Laws of the University of Michigan [M]. Ann Arbor: University of Michigan, 1864:18.

③ University of Michigan. Regents' Proceedings with Appendixes and Index: 1864 – 1870 [M]. Ann Arbor: University of Michigan Press, 1915:147.

④ 同③。

⑤ 同②。

数量。1865 年 3 月,在约翰逊的建议下,董事会规定,“除了化学教授和天文学教授外,每名教师最多可从图书馆借 10 本书”①。1866 年 6 月新修订的管理规程规定,“除非得到图书馆委员会的批准,任何人最多可从图书馆借书 20 本,董事只可以借 5 本”②。

在图书借阅时间上,1864 年管理规程规定,“除了教材或授课时经常用的书外,任何书的借阅时间不得超过 3 个月;同时在所借图书到期后,如果有其他教师预约的话就不可以续借”③。1866 年 6 月新修订的规程中缩短了借阅时间的长度,“所有借阅者(董事除外)必须在每年 12 月假期的第一天或文理系学年结束前 1 周的周三归还所借图书;同时在图书馆馆员的要求下,所有借书已达 2 个月的读者必须归还所借图书”④。

(3) 图书编目和主题索引的建立。为了帮助借阅者快速确定图书馆是否有他们希望借阅的图书,布鲁克在 1865 年 9 月向董事会建议给图书编目,他指出:“图书馆应该拥有精心制作的图书目录卡,我了解的一个拥有 900000 册图书的图书馆就建立了图书目录卡,这样只需两三分钟就能确定图书馆中是否有某本书。如果对我们图书馆中的所有图书编目,我们也能达到这样的效果。”⑤

为了帮助学生和教授迅速查找相关的图书,布鲁克在 1865 年向董事会建议给图书建立主题索引,他指出:“学生和教授每天都来图书馆想要查找与他们正在教学或学习内容相关的著作,但绝大部分人都失望而归。每天图书管理员都多次收到帮助查找相关主题图书的请求,如果图书馆为所有图书建立完整的主题索引,图书管理员每天就不用完全被这样的请求所累,图书馆馆员就可以把空出的时间用于教授学生如何使用图

---

① University of Michigan. Regents' Proceedings with Appendixes and Index: 1864 – 1870 [M]. Ann Arbor: University of Michigan Press, 1915:77.

② University of Michigan. Regents' Proceedings with Appendixes and Index: 1864 – 1870 [M]. Ann Arbor: University of Michigan Press, 1915:147.

③ Constitutional Provisions, Laws and By-Laws of the University of Michigan [M]. Ann Arbor: University of Michigan, 1864:18.

④ 同②。

⑤ University of Michigan. Regents' Proceedings with Appendixes and Index: 1864 – 1870 [M]. Ann Arbor: University of Michigan Press, 1915:90 – 91.

书馆。”①

1866 年 6 月，在威拉德的提议下，董事会决定在图书馆委员会指导下，图书馆馆员分别按图书作者、书名以及主题的字母表顺序对图书馆所有图书进行编目。

（六）为博物馆拨款购买标本权

1864 年新一届民选董事会就职之前，大学博物馆已经拥有植物标本 1530 类 9035 件，动物标本 4885 类 12598 件，地质标本 7268 类 26044 件，共计标本 13683 类 47677 件。② 1863 年 9 月图书馆搬迁到新建成的法学楼中，使北楼成为博物馆自己的天下，这为博物馆进一步发展提供了空间。此外，在该时期，董事会不断拨款为博物馆购买标本，从而使此时期大学博物馆的馆藏量得到了巨大的提升。

1867 年 6 月，福特向董事会提议向大学出售他收集的医学标本，董事会将福特的提议转交给医学委员会处理，1868 年 3 月，医学委员会建议董事会购买福特的标本。

1864 年，罗明杰（Carl Rominger）将收集的欧洲化石标本存放于大学博物馆内，他的化石标本藏量有 6000 多件，具有很高的地质学价值，可供大学博物馆使用，当时温彻尔就建议董事会以合理的价格将其收购。1868 年 9 月，温彻尔再次建议董事会尽快购买罗明杰的化石标本。同年 12 月，在沃克建议下，董事会表示，“他们非常重视罗明杰化石标本的价值，只要大学财政状况允许，大学将立刻购买罗明杰的化石标本”③。1869 年 9 月，伯特（Hiram A. Burt）董事建议“分 3 年每年付给罗明杰 500 美元，利息为未支付本金的 7%，购买资金从州资助资金中支取”④。伯特的提议遭到吉尔伯特的反对，吉尔伯特提议以现金一次性直接支付购买

① University of Michigan. Regents' Proceedings with Appendixes and Index：1864 – 1870 [M]. Ann Arbor：University of Michigan Press，1915：91.

② Winchell A. Historical and Statistical Report on the Collection in Geology，Zoology，and Botany in the Museum of the University of Michigan [M]. Ann Arbor：University of Michigan，1864：18.

③ University of Michigan. Regents' Proceedings with Appendixes and Index：1864 – 1870 [M]. Ann Arbor：University of Michigan Press，1915：314.

④ University of Michigan. Regents' Proceedings with Appendixes and Index：1864 – 1870 [M]. Ann Arbor：University of Michigan Press，1915：355.

罗明杰标本,资金也从州资助资金中出,董事会通过了吉尔伯特的建议。

1869 年 3 月,在斯托克维尔的建议下,董事会以 1000 美元的价格购买塞杰的植物标本,这部分资金也从州资助资金中支取,塞杰的植物标本共有 5000 多件。

经过董事会不断的努力,到这一时期结束时,密歇根大学博物馆已经拥有各类标本共计 29043 类 101174 件①。

（七）招收女生入学权

1868 年,黑文转变了 1867 年时所持有的有关女生入学的观点,他认为,"我越是考虑这一问题,就越是仔细研究在同一所学校中共同教育男女学生的结果,从而我也就越来越相信,对密歇根州来说,为女生提供高等教育的最好方法,就是根据相同条件招收女生进入密歇根大学"②。同时,黑文也指出了他的观点发生转变的原因,"如果 1867 年州议会通过的决议案是经过深思熟虑的话,我们就可以认为它代表了密歇根州广大民众的观点,如果是这样的话,那么密歇根大学就应该尊重广大民众的观点"③,同时校长向董事会建议大学招收女生。可见,对密歇根州广大人民观点的重新考虑是黑文转变观点的主要原因。

1869 年州议会通过决议案,要求大学董事会按照黑文的建议尽快着手招收女生入学。1869 年 3 月董事会会议上,威拉德提出,"董事会认为,大学管理规程中没有一条规定禁止密歇根大学招收女生"④,但董事会决定推迟考虑威拉德的建议。1870 年 1 月董事会会议上,威拉德再次提出,"董事会认为密歇根州的每个人都有权享受密歇根大学提供的利益,大学管理规程中没有任何一条规定拒绝招收任何一名具有必要的文化和道德素养的人进入密歇根大学",董事会随后通过了威拉德的提议。威拉德所提建议的通过,为大学招收女生扫清了制度上的障碍。

---

① 作者注:该数据是通过对博物馆馆长温彻尔教授从 1864 年到 1872 年每年向董事会提交的博物馆年度报告中提供的统计数据计算所得。

② University of Michigan. Regents' Proceedings with Appendixes and Index: 1864 – 1870 [M]. Ann Arbor: University of Michigan Press, 1915:289.

③ University of Michigan. Regents' Proceedings with Appendixes and Index: 1864 – 1870 [M]. Ann Arbor: University of Michigan Press, 1915:288.

④ University of Michigan. Regents' Proceedings with Appendixes and Index: 1864 – 1870 [M]. Ann Arbor: University of Michigan Press, 1915:326.

在女子教育制度安排上,医学系主任向董事会建议医学系学生实行男女分班教育,医学系教师在已有教育基础上承担额外的教学任务,为此董事会为每一位承担额外教学任务的医学系教师每年提供500美元的补贴。董事会批准了医学系主任的建议,而文理系和法学系则实行男女共同教育。

1870年大学正式开始招收女生,第一年只有1名女生申请入学,她申请进入文理系学习。1871年申请人数量迅速增加到34人,“其中2人学习法学,18人学习医学,14人进文理系学习。而申请进入文理系的14人中,有3人学习古典课程,5人学习拉丁语和科学课程,1人学习科学课程,2人学习非学历课程,3人学习药物学课程”①。

二、 转型缓慢发展时期的密歇根大学董事会权力行使的侧重点

从以上对密歇根大学转型的缓慢发展时期董事会权力行使内容的分析可以看出,与起步时期相比,此时期董事会在权力行使的侧重点上出现了明显的转向,这种转向体现在以下几方面。

(一) 转变大学组织层次的提升方式

此时期密歇根大学董事会采取的第一种大学组织层次提升的方式是提高大学的入学标准,这是从起点上提升大学的层次,使大学建立在一个比较高的知识基础上。由于没有建立相应的附属中等教育机构,而本州的中等教育机构由于发展水平所限并没有为中学毕业生提供完备的中等教育,因而密歇根大学在建立后的相当长时间内仍然承担一部分中等教育工作的职责,这是对中等教育的不足所进行的补偿,但并不是其应尽的义务。由于大学将过多的时间从事这部分工作,而荒废了大学本应承担的职责。

此时期董事会采取的第二种大学组织层次提升的方式是提高大学入学年龄的最低标准,1870年董事会将大学入学年龄从之前的14岁提高到16岁。提高大学入学年龄标准与提高大学入学标准有一定的相关性,因为大学入学年龄最低标准提高,实际上是重新安排大学和中学在学制

① University of Michigan. Regents' Proceedings with Appendixes and Index: 1870 – 1876 [M]. Ann Arbor: University of Michigan Press, 1915:114.

序列上的相对位置关系，从而为中学的发展提供更长的时间准备，也将大学的发展建立在更完备的中等教育基础之上。

由此可见，转型起步时期的密歇根大学董事会是通过调整大学内部结构的方式提升大学层次的，而转型缓慢发展时期的董事会则是通过改变大学与中学之间的关系从而提升大学层次的。

（二）将大学招生对象扩大到女生

与起步时期董事会行使的权力相比，转型缓慢发展时期的董事会做出的一个重要决定就是在密歇根大学进行男女同校教育，从而解决了这个争论十几年的问题。

1837 年建校法就规定了女子教育问题，该法指出："在建立大学附属学校的同时建立女子教育机构，从而为女子提供各领域的高深知识，这些机构将与大学附属学校同样置于密歇根大学董事会的指导和管理之下。"①但这种规定只是为女子提供了接受中等教育的机会，并且由于大学财政状况紧张于 1846 年就停止了对附属学校的资助和管理，同时也停止了对女子中学的资助和管理。1849 年，董事皮彻建议在安阿伯由大学出资为女生建立中等学校，为她们提供中等层次的教育，但皮彻的建议始终没有得到董事会的采纳。

早在 1850 年就有女生向董事会申请进入密歇根大学学习，但董事会并没有接受申请。1853 年，当时还是密歇根大学教授的黑文就支持大学招收女生，他在《自传》中写道："我认为早在 1853 年安阿伯召开的州教育大会上，我就提出大学应该招收女生。据我所知，在此之前没有任何一个人提出过支持大学招收女生这一主张。当时人们认为我的提议极为荒谬愚蠢，密歇根大学教师没有一个人支持我的观点。"②

1858 年 3 月，伯格（Sarah E. Burger）向董事会报告，"今年 6 月将会有 12 名女生申请进入密歇根大学学习"③。1858 年 9 月，由麦金太尔、巴

① Hubbard L L. University of Michigan, Its Origin, Growth and Principles of Government [M]. Ann Arbor: The University of Michigan, 1923:12.

② Stratton C C. Autobiography of Erastus O. Haven, D. D., L. L. D [M]. New York: Philips & Hunt, 1883: 110.

③ University of Michigan. Regents' Proceedings with Appendixes and Index: 1837 – 1864 [M]. Ann Arbor: University of Michigan Press, 1915:732.

克斯特和帕森斯组成的特别委员会在咨询了当时美国众多著名教育家后,向董事会提交了一份有关密歇根大学招收女生的报告,报告建议,“我们认为最好通过其他恰当的方式为女子提供高等教育,从而也能使我们摆脱别人对我们长期以来忽视女子高等教育所提出的责难,同时以另一种方式为男生提供充分的高等教育”①。该报告实际上提出的是一种折中的建议,就是在密歇根大学之外单独为女生提供高等教育。在该报告的建议下,董事会最终决定,“要使密歇根大学能够同时教育男生和女生,就需要对大学现有的管理方式和行为方式进行革命性的变革,然而从大学自身利益和女生的利益来看,我们认为大学现在不适宜于进行这样巨大的变革,我们认为现在接收女生的入学申请也不是明智的”②。1859 年 6 月,密歇根州 1476 名公民联名向董事会申请招收女生,同时伯格和其他一些女生也向董事会申请入学,但董事会都拒绝了他们的申请。

1867 年,州议会敦促大学招收女生,州议会通过的决议指出:“经过深思熟虑,州议会认为密歇根大学只有同时招收女生,否则组建它的宏伟目标就永无实现之日。”③但此时已身为校长的黑文却反对大学招收女生,他在 1867 年校长年度报告中说:“我确信如果不对大学进行激进的变革,这种变化(指大学招收女生)是不可能实现的,这种变化一定要大学付出更多的财政资源。虽然它会赋予大学一种全新的性格,但它一定是以大学暂时的停滞不前为代价。”④因此黑文建议为女生提供单独的高等教育,可见 1858 年报告的影响力。

1870 年大学文理系招收了第一名女生,虽然第一年只有 1 名女生入学,但第二年就迅速增加到 34 名,并且分布在大学文理系、法学系和医学系当中,女生的入学开了密歇根大学男女同校教育的先河。

---

① University of Michigan. Regents' Proceedings with Appendixes and Index: 1837 – 1864 [M]. Ann Arbor: University of Michigan Press, 1915:796.

② University of Michigan. Regents' Proceedings with Appendixes and Index: 1837 – 1864[M]. Ann Arbor: University of Michigan Press, 1915:759.

③ University of Michigan. Regents' Proceedings with Appendixes and Index: 1864 – 1870 [M]. Ann Arbor: University of Michigan Press, 1915:201.

④ University of Michigan. Regents' Proceedings with Appendixes and Index: 1864 – 1870 [M]. Ann Arbor: University of Michigan Press, 1915:232.

三、 转型缓慢发展时期的密歇根大学董事会权力行使所发挥的作用

此时期密歇根大学董事会通过解决大学校长任命问题，为密歇根大学的转型营造了良好的氛围。由于塔潘强势的性格以及饮酒的习惯，使他开罪于第二届民选董事会部分董事和大学部分教师，但塔潘还是赢得了学生、校友以及安阿伯和底特律两市市民的支持，因此在第二届民选董事会解除塔潘校长职务后，塔潘的支持者们反应异常激烈，并扬言在半年后的下届董事会重新选举塔潘为密歇根大学校长。这样，学生与教师，大学与校友、社会就在塔潘解职问题上对峙起来，从而使大学处于十分危险的境地，这是第二届民选董事会为下届董事会留下的难题。1864 年密歇根大学新一届董事会首先需要解决的就是这一问题，而其解决这一问题的原则就是使密歇根大学能够平稳发展。鉴于黑文逐渐赢得了安阿伯市民和密歇根大学学生的支持以及《塔潘评论》不合时宜的出版，最终董事会在塔潘与黑文之间选择了后者。虽然黑文在大学改革方略上没有太多建树，但在维持大学稳定发展上却游刃有余，更何况此时期密歇根大学教师大多是塔潘的旧部，熟悉并支持塔潘的大学理念。因而，董事会选择了黑文则意味着为密歇根大学选择了和谐与稳定，这为密歇根大学转型营造了良好的氛围。

此外，此时期董事会采取两种措施提高大学入学标准。第一种是不断增加大学文理系入学考试内容，在这方面董事会得到了数学教授奥尔尼的重要帮助，董事会在奥尔尼的建议下不断增加文理系各专业入学考试中的数学内容。第二种是认证中学制度的建立，这是在弗里兹建议下实行的。由此可见，在提升大学入学标准方面，董事会所行使的权力主要是批准权，因而所发挥的作用主要是作为大学内部最高权力机构而赋予这些改革措施以合法性基础。

在密歇根大学转型的这一时期，董事会不仅行使各种权力积极促进大学新质的形成，而且也极大地促进了大学量的发展。与促进新质的形成相比，董事会在这一时期促进量的增加方面效果更明显：在教师人数上，1863 年，大学有 27 名教师，到 1871 年时大学已经有教师 33 人；在学生人数上，1863 年，大学只有 652 名学生，而到 1871 年时大学已经有 1110 名学生，从而使该时期密歇根大学学生人数的增长数量相当于过去

23 年的发展所取得的成果；在大学图书馆馆藏量上，与 1863 年时大学仅有 10000 多册图书相比，到 1872 年时大学已经拥有 22000 册图书了①，同时也完善了图书馆管理制度；1863 年时，大学博物馆有各类标本共计 13683 类 47677 件，1871 年时共有各类标本共计 29043 类 101174 件，馆藏量也增长了 1 倍多；在女生入学问题上，虽然该问题早在 1850 年时就开始讨论，但直到此时期快结束时大学才开始招收女生，并且女生入学规模的发展速度十分迅速，从第一年仅有 1 名女生入学到第二年就增加到 34 名，并且从只进入文理系到进入各系学习。

第三节　转型缓慢发展时期的密歇根大学董事会权力行使的基础

转型缓慢发展时期的密歇根大学董事会行使了多方面权力，那么它在行使这些权力时运用了哪些资源作为它的权力基础呢？所使用的这些权力资源在性质上是集体资源还是个人资源呢？下文将详细讨论这些问题。

一、转型缓慢发展时期的密歇根大学董事会权力行使的基础

（一）校长的个人能力

校长的个人能力是密歇根大学转型缓慢发展时期的董事会在行使权力时运用的一种重要资源，这里的校长既包括已被解职的塔潘，也包括黑文和弗里兹。

1. 塔潘的大学观

虽然 1863 年 6 月塔潘被解除校长职务，但其大学理念对密歇根大学的影响却没有随着他的离去而即刻消失，缓慢发展时期的密歇根大学董事会仍然按照他为大学规划的宏伟发展蓝图继续推动大学发展。

之所以说转型缓慢发展时期的密歇根大学董事会仍然是按照塔潘规划的大学发展蓝图推动大学发展，是基于如下几种理由。第一，1863 年

---

① Journal of the House of Representatives of the State of Michigan 1873 [M]. Lansing: W. S. George & Co., 1873: 33.

董事会之所以解除塔潘校长职务，更多的是因为董事会不喜欢塔潘这个人，由于董事会与塔潘之间就董事会权限问题的看法不同，而不是因为在治校理念上的冲突，因而虽然塔潘离开了，但他为密歇根大学指明的发展方向以及已经取得的改革成果都保留了下来。第二，继任的黑文并没有塔潘那样明确的大学理念，同时在性格上也不像塔潘那样强势，因而他在任期间将精力主要用于处理眼前的各种事务而不是规划大学未来的发展蓝图，他就任时期完全继承了塔潘为大学规划的发展蓝图，同时与弗里兹共同推进塔潘未竟的大学改革事业。第三，此时期密歇根大学的各方面发展也是沿着塔潘指明的方向前进的，如：大学教师的数量持续增长，从1863 年的 27 名增加到 1871 年的 33 人；大学图书馆和博物馆馆藏量也翻了 1 倍，并且图书馆建立起了相对完善的管理制度，从而增加了大学师生对图书馆资源的利用率；在完善文理系教育的基础上，大学董事会继续大力发展法学和医学等专业教育，法学系和医学系学生占到了全校学生数的 56%；此时期大学董事会连续提高大学入学考试中的数学标准，继而委派大学教师到本州各中学进行认证，这些措施的目的是将大学建立在较高的知识基础之上，从而使大学不必再将过多的时间用于对学生进行基础知识的教学上。这些措施都符合塔潘的大学观。最后，黑文和安吉尔的评价也在一定程度上说明了塔潘大学观对此时期密歇根大学的影响。黑文在辞职时，认为他在密歇根大学校长职业生涯中永远也没有得到他非常渴望的一样东西——校长工作所产生的幸福感。黑文没有从校长工作中得到幸福感可能有众多原因，而生活在塔潘大学观的阴影下可能是其中一个重要原因。安吉尔在就任密歇根大学校长伊始也指出："我发现密歇根大学受到约翰·皮尔斯、亨利·克拉里和大学首任校长塔潘的影响极大，大学在很大程度上受到德国大学理念的影响，并且建立在比东部诸学院更加开放、更加宽广的大学生活观之上。"①

2. 黑文的性格和能力

与塔潘为转型起步时期的密歇根大学董事会权力行使提供的指点江山式的大学发展蓝图相比，黑文为董事会行使权力时提供的资源则是谦

① Angell J B. The Reminiscences of James B. Angell [M]. New York: Longman, Green, and Co., 1911: 226.

和的性格和具体办事的能力。

黑文谦逊和蔼的性格为董事会行使各种权力建立了良好的人际关系基础,并营造了一种和谐的氛围。与塔潘强势的性格不同,“从 1852 到 1856 年担任密歇根大学教授期间,黑文就赢得了大学和安阿伯市许多人的支持,他友好谦和的作风对那些一直以来都反对塔潘专横作风的人来说无疑是一种极大的安慰,黑文的这种性格也赢得了那些曾经坚决反对董事会解除塔潘校长职务的人们的欢迎”①。黑文在担任校长期间,为大学营造了一种和谐的氛围,在他的《自传》中黑文也肯定了这一点,“在管理密歇根大学各项事务的 6 年中没有出现任何真正的麻烦,这是一段充满和谐与进步的时期”②,这为本时期董事会顺利推进各项改革措施奠定了坚实的基础。

因此,黑文赢得了密歇根大学师生和董事会的尊重与认可。当 1869 年黑文辞职时,董事会对此表示极大的遗憾,并通过决议:“我们非常遗憾地收到黑文的辞呈。在过去的 6 年中,密歇根大学的持续繁荣发展以及大学声誉的与日俱增,在很大程度上都要归功于黑文校长的知识、技能、勤勉和优良的德行。”③1870 年在黑文辞去密歇根大学校长职务一年后,董事会曾再次请求黑文重返密歇根大学。由此可见,黑文的性格在密歇根大学师生、董事会心中留下的美好印象。

黑文的办事能力为此时期董事会行使各种具体权力提供了另一种资源,这主要体现在以下三方面:

第一,他为董事会提高大学非学历学生入学标准提供了建议。1851 年建校法规定开始招收非学历学生,并且规定这部分学生无需参加大学入学考试,这种规定实际上没有对非学历学生的入学制定任何标准。1863 年,黑文向董事会建议,“没有通过古典语课程或科学课程入学考试

---

① Shaw W B. The University of Michigan: An Encyclopedic Survey [M]. Vol. 1. Ann Arbor: University of Michigan Press, 1942:54.

② Stratton C C. Autobiography of Erastus O. Haven, D. D., L. L. D [M]. New York: Philips & Hunt, 1883: 154.

③ University of Michigan. Regents' Proceedings with Appendixes and Index: 1864 – 1870 [M]. Ann Arbor: University of Michigan Press, 1915:340.

的学生，同样也不能进行非学历课程的学习"①，这种规定将非学历学生的教育奠定在与学历教育相同的基础之上。

第二，他为董事会决定大学招收女生提供了建议。1867 年，当州议会敦促大学招收女生时，黑文还认为大学此时不宜招收女生，如果州政府要为女生提供高等教育的话，应该单独建立女子高等教育机构，而这种观点也正好符合 1858 年董事会通过的关于女子高等教育调查报告的观点。而 1868 年，黑文在反复考虑州议会的决议案及其所反映的密歇根州人民在女子高等教育问题上的需要后，改变了 1867 年时所持的观点，建议董事会招收女生。1869 年州议会通过决议案，要求董事会按照黑文的建议尽快着手招收女生，但大学招收女生时黑文已经辞掉了校长职务。

第三，在董事会行使大学教师任命权时，黑文为董事会提供了大量建议，如修辞学和英国文学教授泰勒的任命、土木工程学讲师韦尔斯和温斯纳的任命、希腊语助教沃尔特的任命，从而成为董事会行使这方面权力的一种重要资源。

3. 弗里兹的能力

密歇根大学转型的缓慢发展时期，董事会在行使各种权力时，弗里兹主要在董事会选举新校长的过程中以及建立认证中学制度上为董事会提供了资源。

1869 年，在黑文突然辞去校长职务之后，董事会显得非常被动。在被动之余，董事会仓促任命 1 个特别委员会负责选举 1 位新校长，特别委员会在选举新校长过程中逐渐发现，"虽然委员们在选择合适的大学校长过程中并未心慌气乱，但逐渐发现几乎没有合适的赋闲之人适合这一职位，大多数合适的人已经有了合适的岗位，而密歇根大学董事会又无法提供足够的吸引力将他们吸引过来"②，由此可见，特别委员会在新校长选举过程中已无计可施。在这种情况下，弗里兹向其提出了新校长的候选人——詹姆斯·安吉尔。尽管由于当时的时机还不成熟以致安吉尔没有接受董事会的邀请，但这毕竟为董事会行使新校长选举权提供了一种重

① Farrand E M. History of the University of Michigan [M]. Ann Arbor: Register Publishing House, 1885: 177.

② University of Michigan. Regents' Proceedings with Appendixes and Index: 1870 - 1876 [M]. Ann Arbor: University of Michigan Press, 1915:90.

要资源。当1871年弗里兹私下拒绝董事会的邀请后,他再次向董事会建议安吉尔,这次董事会得到了安吉尔的肯定答复。可以说,此时期董事会在选举安吉尔出任大学校长过程中,弗里兹为其提供了重要资源。

同时,在黑文辞职后,弗里兹临时救急担任执行校长,在其担任执行校长时期建议董事会实施认证中学制度,这也是弗里兹为此时期董事会提供的一种资源。

此外,在董事会行使大学教师任命权时,弗里兹也提供了重要的资源,如任命莫里斯为大学现代语教授、德卢姆为法语讲师、比亚尔继德卢姆为法语讲师、比曼为大学数学讲师等。

(二) 教授的个人能力

缓慢发展时期的密歇根大学董事会在行使各方面权力时也利用了大学某些教授的个人能力,这些个人能力包括个人管理能力和学科专业能力。

1. 布鲁克为图书馆建立图书编目和索引制度

布鲁克曾是大学思辨哲学和道德哲学教授,1851年由于大学生秘密协会事件而辞职,1863年,布鲁克接替约翰·塔潘出任大学图书馆馆员职务。此时的密歇根大学图书馆与布鲁克辞职时已不可同日而语,图书馆馆藏量不仅极大地增加,而且搬到了新落成的法学楼当中,这为图书馆的进一步发展提供了充分的空间。

由于图书馆馆藏量的极大增加,如何提高大学师生利用图书馆资源的效率就成了董事会必须解决的问题。在这一问题的解决上,布鲁克向董事会建议为大学所有图书建立图书目录卡和图书主题索引,这样借阅者就能迅速查到图书馆中是否有他们希望查找的图书以及哪些图书与他们正在教学或研究的内容相关。1866年6月,董事会决定在图书馆委员会指导下,由布鲁克分别按作者、书名以及主题的字母表顺序对图书馆所有图书进行编目。

由此可见,在董事会行使建立图书馆管理制度权力的过程中,布鲁克不仅为董事会提出了有价值的建议,而且也为董事会提供了重要的服务,从而为董事会行使这方面权力提供了重要的资源。

2. 奥尔尼提议提高大学入学考试中的数学标准

在转型的缓慢发展时期,董事会在塔潘绘制的蓝图上继续推进学校的转型,这种转型过程涉及多方面,而能够招收到接受完备中等教育的中学生是其中一个重要方面。在这时,数学教授奥尔尼向董事会提议提高新生入学考试中数学部分的内容,从而使大学不必再花费过多的时间传授中学数学知识,可让大学将更多的精力放到大学层次课程的教学上来,从而促进密歇根大学实现层次上的提升。在奥尔尼的建议下,此时期董事会不断提升大学入学考试中数学部分的内容。

因而,在董事会探索将密歇根大学从传统学院向现代大学转型的过程中,奥尔尼教授提议从提高新生入学考试标准的角度来实现这种转型,为董事会提供了重要的资源。

(三) 董事的个人能力

在缓慢发展时期,董事会在行使荣誉学位授予权时奈特董事的建议提供了重要资源。

荣誉学位授予是当时美国大学一种比较普遍的做法,可密歇根大学自 1845 年开始授予学位到 1866 年就没有授予过任何人荣誉学位。1856 年文理系教师曾提出过类似的建议,但最终没有得到董事会的采纳。奈特于 1866 年 6 月 26 日再次提出该建议,董事会并没有对这一建议做出反应。但奈特并没有放弃,6 月 27 日,他又向董事会提出荣誉学位授予建议,最终董事会通过了他提出的建议,并开始授予荣誉学位。

由此可见,在董事会行使荣誉学位授予权过程中,奈特的提议在其中发挥了重要作用。如果没有他的反复提议,密歇根大学授予荣誉学位的时间至少还要推迟若干年。

(四) 多元的资金来源

此时期密歇根大学董事会从各种来源得到大量资金,从而为董事会行使各种权力奠定了一定的经济基础。其中经常性资金来源包括上一财年的财政盈余、大学利息基金的收入、学生的学费和证书费,此外还包括一些零星的财政来源如出售底特律大学地块、市民的捐款、州资助资金以及其他收入。

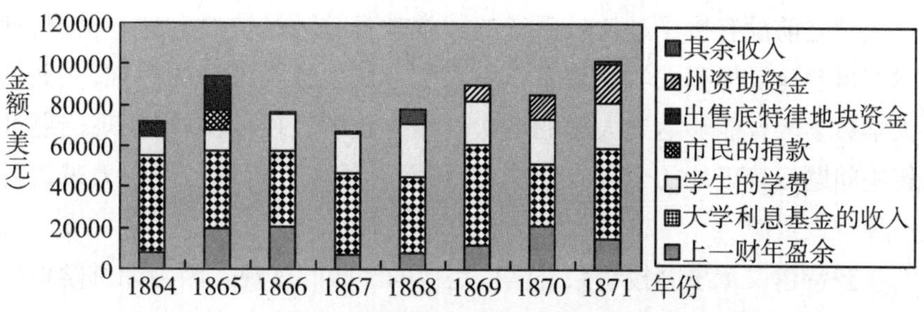

图 3-3 1864—1871 年密歇根大学财政收入条形图

资料来源:University of Michigan. Regents' Proceedings with Appendixes and Index: 1864-1870 [M]. Ann Arbor: University of Michigan Press, 1915:52, 120, 157, 248, 303, 371; University of Michigan. Regents' Proceedings with Appendixes and Index: 1870-1876 [M]. Ann Arbor: University of Michigan Press, 1915:55, 152.

二、 转型缓慢发展时期的密歇根大学董事会权力行使基础的性质

从以上对转型缓慢发展时期的密歇根大学董事会行使权力所依赖的各种资源的分析可以看出,它们在性质上是不同的,大致可以分为两类。

(一) 个人资源

塔潘的大学观是他针对大学的功能、本质以及发展阶段等基本范畴形成的一种系统思想,是塔潘的一种个人的知识,因而塔潘的大学观是一种个人资源。

黑文谦逊和蔼的性格和具体办事能力并不是由校长职位所赋予的,是他个人所拥有的知识、经验、技能和态度,因而是一种个人资源。

弗里兹向董事会推荐安吉尔出任密歇根大学校长是他个人倾向与判断的结果,而在正式校长尚未就任之前出色地履行执行校长的责任则是他的知识、经验和技能的体现,而这些都是弗里兹个人所具有的一种素质,因而是一种个人资源。

布鲁克在担任图书馆馆员后迅速发现图书馆资源利用率不高的问题,及时向董事会汇报并提出相应的解决方案。布鲁克发现问题及协助董事会解决问题的能力是他的个人能力,因而对董事会行使各种权力来说是一种个人资源。

作为数学教授,1863 年奥尔尼来到密歇根大学伊始就发现文理系数学教学存在的问题——教学内容过于简单,造成这个问题的原因在于学

生入学之前没有接受过比较系统的数学教育。为尽快改善这一情况，他向董事会建议提高大学文理系学生入学考试中数学部分的标准，从而使大学数学教育能够达到大学的层次。作为数学教授，奥尔尼发现问题及解决问题依赖于他的个人专业能力，因而对董事会行使各种权力来说是一种个人资源。

奈特建议董事会授予荣誉学位是他的经验的体现。因为荣誉学位的授予是当时美国大学的一种通常做法，奈特意识到了这一点。由于密歇根大学经过二十多年的发展，已经在国内取得了一定的声誉，因而此时开始授予荣誉学位对大学来说比较合适。奈特的经验是他的一种个人能力，因而对董事会行使各种权力来说也是一种个人资源。

（二）集体资源

相对于校长的个人能力、教授的个人能力以及董事的个人能力而言，学校的资金来源于社会团体、州政府以及学校内部，而不是来自于某个个人，同时这些资源也是董事会作为法人团体时才有权使用，因而对董事会行使各种权力来说是一种集体资源。

由此可见，与转型起步时期董事会行使各种权力所依赖的资源类型相比，转型缓慢发展时期密歇根大学董事会在行使各种权力时对董事、校长、教授个人能力所构成的个人资源的依赖程度更高了。

董事会除了利用以上各种个人资源之外，在行使权力时，多元的资金来源也为其提供了重要的资源，而相对于董事、校长、教授这种个人资源而言，这种资源则是集体资源。与转型起步时期的董事会行使权力所依赖的资源类型相比，转型缓慢发展时期的董事会在行使各种权力时对个人资源的依赖程度明显更高了。

第四章 转型快速发展时期的密歇根大学董事会

自 1871 年安吉尔出任校长以后,密歇根大学在各方面都获得迅速的发展,在转型过程中,与前两个时期相比,此时期的进程是最快的,并且转型所涉及的方面也是最多的。安吉尔也指出:"19 世纪 70 到 80 年代是密歇根大学各系发展最迅速的时期。"①在这一时期,董事会都行使了哪些方面的权力呢? 在行使这些权力时董事会利用了哪些资源呢? 它所行使的权力对密歇根大学的转型发挥了什么作用呢? 下文将详细回答这些问题。

第一节　转型快速发展时期的密歇根大学董事会行使的权力

经过 1863 年到 1871 年这 8 年的过渡,董事会本身从之前实施等长任期制的刚性阶段顺利过渡到交错任期制的柔性阶段,从而极大地增强了董事会自身的连贯性。调整之后的董事会其成员任期开始时间不同,但任期长度相同,因而成员任期结束的时间也不同。在完成了对自身组织的调整后,在前两个时期的基础上,全新的董事会行使各项权力,推动大学在各方面获得发展,从而全面推动大学实现从传统学院向现代大学的转型。那么,在这段时期,董事会都行使了哪些方面的权力呢? 和转型缓慢发展时期相比,这一时期的董事会权力行使的侧重点是什么呢?

① Angell J B. The Reminiscences of James B. Angell [M]. New York: Longman, Green, and Co., 1911: 246.

一、 转型快速发展时期的密歇根大学董事会行使的权力内容

(一) 大学预算制定权

此时期是密歇根大学转型的快速发展时期,大学在各方面推动各项改革措施,从而使大学的财政预算支出逐年上升。下图直观表明了此时期大学财政委员会每年制定的财政预算变化情况:

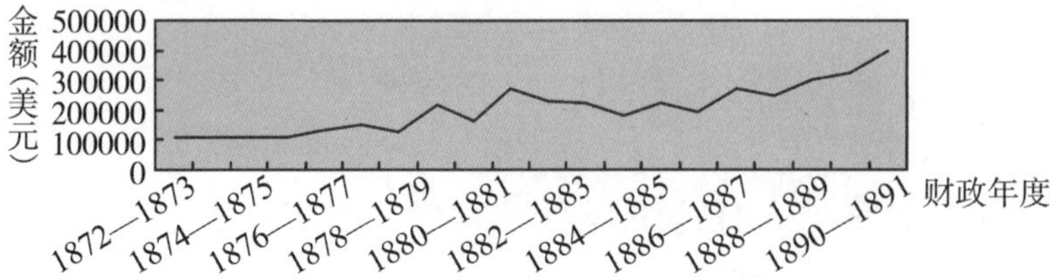

图 4-1 1872—1891 财年密歇根大学每年财政预算支出变化图

资料来源:University of Michigan. Regents' Proceedings with Appendixes and Index: 1870-1876 [M]. Ann Arbor: University of Michigan Press, 1915:248, 316, 404, 473; Proceedings of the Board of Regents of the University of Michigan from Jan., 1876 to Jan., 1881 [M]. Ann Arbor: Printing and Publishing Company, 1881:75, 172, 295, 432, 598; Proceedings of the Board of Regents of the University of Michigan from Jan., 1881 to Jan., 1886 [M]. Ann Arbor: The Courier Book and Job Printing Establishment, 1886:134, 292, 407, 513, 611; Proceedings of the Board of Regents of the University of Michigan from Jan., 1886 to Jan., 1891 [M]. Ann Arbor: Printing and Publishing Company, 1891:78, 180, 242, 369, 458, 593.

1872 年,董事会批准"财政委员会主席吉尔伯特提交的 1872—1873 财年年度财政预算报告"①;1873 年,董事会批准"财政委员会主席吉尔伯特提交的 1873—1874 财年年度财政预算报告"②;1874 年,董事会批准"财政委员会主席吉尔伯特提交的 1874—1875 财年年度财政预算报告"③;1875 年,董事会批准"财政委员会主席吉尔伯特提交的 1875—

① University of Michigan. Regents' Proceedings with Appendixes and Index: 1870-1876 [M]. Ann Arbor: University of Michigan Press, 1915:246.

② University of Michigan. Regents' Proceedings with Appendixes and Index: 1870-1876 [M]. Ann Arbor: University of Michigan Press, 1915:313.

③ University of Michigan. Regents' Proceedings with Appendixes and Index: 1870-1876 [M]. Ann Arbor: University of Michigan Press, 1915:405.

1876 财年年度财政预算报告"①;1876 年,董事会批准"财政委员会主席沃克提交的 1876—1877 财年年度财政预算报告"②;1877 年,董事会批准"财政委员会提交的 1877—1878 财年年度财政预算报告"③;1878 年,董事会批准"财政委员会提交的 1878—1879 财年年度财政预算报告"④;1879 年,董事会批准"财政委员会提交的 1879—1880 财年年度财政预算报告"⑤;1880 年,董事会批准"财政委员会提交的 1880—1881 财年年度财政预算报告"⑥;1881 年,董事会批准"财政委员会提交的经过修改后的 1881—1882 财年年度财政预算报告"⑦;1882 年,董事会批准"财政委员会提交的 1882—1883 财年年度财政预算报告"⑧;1883 年,董事会批准"财政委员会提交的 1883—1884 财年年度财政预算报告"⑨;1884 年,董事会批准"财政委员会提交的 1884—1885 财年年度财政预算报告"⑩;1885 年,董事会批准"财政委员会提交的 1885—1886 财年年度财政预算报告"⑪;1886 年,董事会批准"财政委员会提交的 1886—1887 财年年度

① University of Michigan. Regents' Proceedings with Appendixes and Index: 1870 - 1876 [M]. Ann Arbor: University of Michigan Press, 1915:473.

② Proceedings of the Board of Regents of the University of Michigan from Jan., 1876 to Jan., 1881 [M]. Ann Arbor: Printing and Publishing Company, 1881:76.

③ Proceedings of the Board of Regents of the University of Michigan from Jan., 1876 to Jan., 1881 [M]. Ann Arbor: Printing and Publishing Company, 1881:173.

④ Proceedings of the Board of Regents of the University of Michigan from Jan., 1876 to Jan., 1881 [M]. Ann Arbor: Printing and Publishing Company, 1881:296.

⑤ Proceedings of the Board of Regents of the University of Michigan from Jan., 1876 to Jan., 1881 [M]. Ann Arbor: Printing and Publishing Company, 1881:426.

⑥ Proceedings of the Board of Regents of the University of Michigan from Jan., 1876 to Jan., 1881 [M]. Ann Arbor: Printing and Publishing Company, 1881:598.

⑦ Proceedings of the Board of Regents of the University of Michigan from Jan., 1881 to Jan., 1886 [M]. Ann Arbor: The Courier Book and Job Printing Establishment, 1886:127.

⑧ Proceedings of the Board of Regents of the University of Michigan from Jan., 1881 to Jan., 1886 [M]. Ann Arbor: The Courier Book and Job Printing Establishment, 1886:292.

⑨ Proceedings of the Board of Regents of the University of Michigan from Jan., 1881 to Jan., 1886 [M]. Ann Arbor: The Courier Book and Job Printing Establishment, 1886: 415.

⑩ Proceedings of the Board of Regents of the University of Michigan from Jan., 1881 to Jan., 1886 [M]. Ann Arbor: The Courier Book and Job Printing Establishment, 1886:518.

⑪ Proceedings of the Board of Regents of the University of Michigan from Jan., 1881 to Jan., 1886 [M]. Ann Arbor: The Courier Book and Job Printing Establishment, 1886:611.

财政预算报告"①;1887 年,董事会批准"财政委员会提交的 1887—1888 财年年度财政预算报告"②;1888 年,董事会批准"财政委员会提交的 1888—1889 财年年度财政预算报告"③;1889 年,董事会批准"财政委员会提交的 1889—1890 财年年度财政预算报告"④;1890 年,董事会批准"财政委员会提交的 1890—1891 财年年度财政预算报告"⑤;1891 年,董事会批准"财政委员会提交的 1891—1892 财年年度财政预算报告"⑥。

转型快速发展时期的密歇根大学董事会不但批准了财政委员会每年提交的数额日增的财政预算报告,而且在预算的实际执行时,每年的实际支出往往还超过预算支出额。下图直观地显示出此时期董事会每年预算支出与实际支出之间的关系:

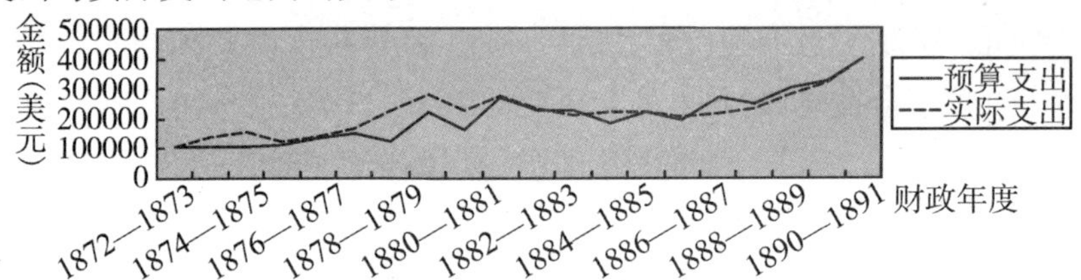

图 4-2 1872—1891 财年密歇根大学董事会每年预算支出与实际支出之间的关系变化图

资料来源:University of Michigan. Regents' Proceedings with Appendixes and Index: 1870-1876 [M]. Ann Arbor: University of Michigan Press, 1915:248, 314, 316, 401, 404, 472, 473; Proceedings of the Board of Regents of the University of Michigan from Jan., 1876 to Jan., 1881 [M]. Ann Arbor: Printing and Publishing Company, 1881:74, 75, 170, 172, 292, 295, 428, 432, 593, 598; Proceedings of the Board of Regents of the

① Proceedings of the Board of Regents of the University of Michigan from Jan., 1886 to Jan, 1891 [M]. Ann Arbor: Printing and Publishing Company, 1891: 83.

② Proceedings of the Board of Regents of the University of Michigan from Jan., 1886 to Jan, 1891 [M]. Ann Arbor: Printing and Publishing Company, 1891: 186.

③ Proceedings of the Board of Regents of the University of Michigan from Jan., 1886 to Jan, 1891 [M]. Ann Arbor: Printing and Publishing Company, 1891: 240.

④ Proceedings of the Board of Regents of the University of Michigan from Jan., 1886 to Jan, 1891 [M]. Ann Arbor: Printing and Publishing Company, 1891: 366.

⑤ Proceedings of the Board of Regents of the University of Michigan from Jan., 1886 to Jan, 1891 [M]. Ann Arbor: Printing and Publishing Company, 1891: 465.

⑥ Proceedings of the Board of Regents of the University of Michigan from Jan., 1886 to Jan, 1891 [M]. Ann Arbor: Printing and Publishing Company, 1891: 589.

University of Michigan from Jan. , 1881 to Jan. , 1886 [M]. Ann Arbor: The Courier Book and Job Printing Establishment, 1886:128, 134, 286, 292, 407, 409, 513, 515, 611, 612; Proceedings of the Board of Regents of the University of Michigan from Jan. , 1886 to Jan. , 1891 [M]. Ann Arbor: Printing and Publishing Company, 1891:78, 79, 180, 181, 242, 369, 458, 593; Proceedings of the Board of Regents of the University of Michigan from Jan. , 1891 to Jan. , 1896 [M]. Ann Arbor: Printing and Publishing Company, 1896:97.

(二) 学费政策制定权

与之前相比,此时期董事会基本的学费政策是将学费看成是大学一种重要的财政来源。为了保证其持续稳定地增长,董事会从三个方面对学费政策进行调整:第一,增加学费额度;第二,在学费额度收取上区别对待本州和外地学生;第三,在学费额度收取上区别对待不同院系的学生。

1873 年之前,董事会规定所有院系不论本州和外地学生,每年入学时缴纳 10 美元学费和 5 美元杂费即可,这一点从 1861 年和 1864 年董事会制定的大学管理规程就可看出。①

1873 年 3 月,格兰特(Claudius B. Grant)董事提议:“学生学费每年从 10 美元增加到 15 美元,文理系学生在学年开始前先交 10 美元,在学年第二学期开始前再交余下的 5 美元;法学系和医学系学生在学期开始前交 10 美元,在学期中再交余下的 5 美元。”②可见,格兰特的建议已经具备了这一时期董事会学费政策的一个因素,即学费额度的增长。

格兰特的建议提交后,麦高恩(Jonas H. McGowan)董事对其做了全面的修正,他建议:“每名密歇根州学生每年入学时交 10 美元学费,而每名外州学生每年入学时交 25 美元学费;每名密歇根州学生每年入学时交 15 美元杂费,而每名外州学生每年入学时交 20 美元杂费。”③董事会最终

① Laws, Ordinances, By-laws and Regulations for the Government of the University of Michigan [M]. Detroit: John Slater's Book and Job Printing Establishment, 1861: 17; Constitutional Provisions, Laws and By-laws of the University of Michigan [M]. Ann Arbor: University of Michigan, 1864:16.

② University of Michigan. Regents' Proceedings with Appendixes and Index: 1870 – 1876 [M]. Ann Arbor: University of Michigan Press, 1915:326.

③ University of Michigan. Regents' Proceedings with Appendixes and Index: 1870 – 1876 [M]. Ann Arbor: University of Michigan Press, 1915:335.

通过了麦高恩的修正案。麦高恩的建议实际上已经形成了此时期董事会学费政策中的两个重要因素，即增长学费额度、区别对待本州和外州学生。

1881年6月，董事会任命特别委员会负责制订一项计划，使大学能够从学费中获得稳定增长的资金。特别委员会主席卡钦（B. M. Cutcheon）向董事会提交了考察报告。特别委员会在考察了东西部各大学文理系、法学系和医学系每年所收的学杂费后，向董事会建议："本地学生法学系每年学费30美元，医学系、顺势疗法学院、牙医学院和药物学院每年学费25美元，文理系每年学费20美元；外地学生法学系每年学费50美元，医学系、顺势疗法学院、牙医学院和药物学院每年学费35美元，文理系每年学费30美元，这一学费制度从1882—1883学年正式实施。"① 董事会批准了卡钦的建议。卡钦报告的提出，标志着此时期大学学费政策修订的完成。在该政策指导下，董事会继续提高学费额度，1891年4月，董事会决定从1892年7月起，外地各院系学生学费再增加10美元。

此时期随着大学在校生数量的持续增加以及董事会学费政策的修订完成，学费收入额实现了重大突破。这一方面体现在学费总额的不断增加，从下图中我们可以直观地看到此时期密歇根大学学费收入总额的变化情况：

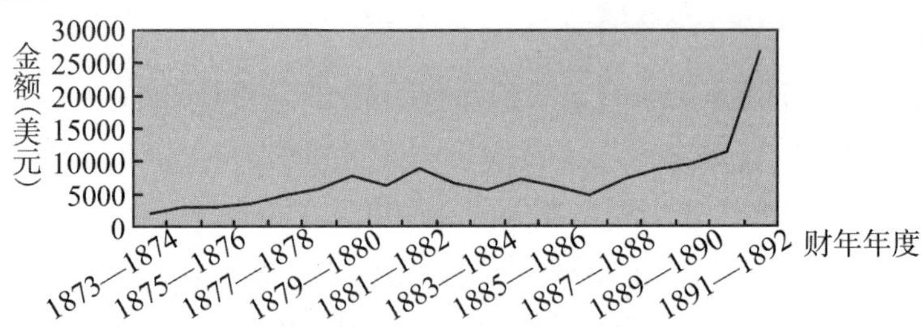

图4-3 1873—1892财年密歇根大学学费收入变化图

资料来源：University of Michigan. Regents' Proceedings with Appendixes and Index: 1870-1876 [M]. Ann Arbor: University of Michigan Press, 1915:401, 472; Proceedings of the Board of Regents of the University of Michigan from Jan., 1876 to Jan., 1881 [M]. Ann Arbor: Printing and Publishing Company, 1881: 73, 170, 291, 426, 592;

① Proceedings of the Board of Regents of the University of Michigan from Jan., 1881 to Jan., 1886 [M]. Ann Arbor: The Courier Book and Job Printing Establishment, 1886:59.

Proceedings of the Board of Regents of the University of Michigan from Jan. , 1881 to Jan. , 1886 [M]. Ann Arbor: The Courier Book and Job Printing Establishment, 1886:128, 286, 408, 514, 611; Proceedings of the Board of Regents of the University of Michigan from Jan. , 1886 to Jan. , 1891 [M]. Ann Arbor: Printing and Publishing Company, 1891:78, 181, 243, 370, 459, 594; Proceedings of the Board of Regents of the University of Michigan from Jan. , 1891 to Jan. , 1896 [M]. Ann Arbor: Printing and Publishing Company, 1896:97.

另一方面也体现在学费收入占大学总收入比例的不断提升上,下图直观地表明了这一时期学费收入在大学总收入中所占比例的变化情况:

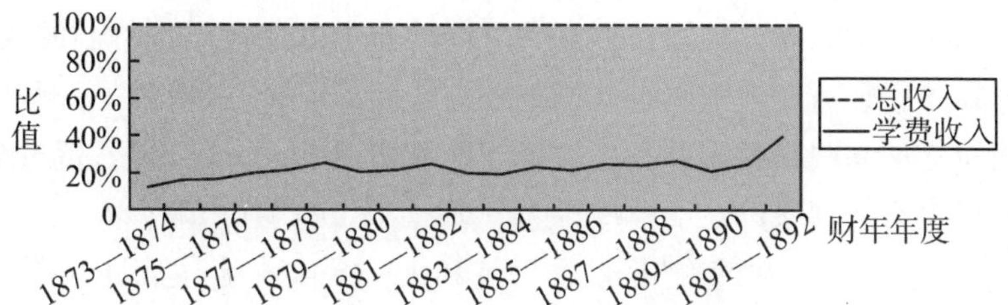

图 4-4　1873—1892 财年学费收入占密歇根大学收入百分比变化图

资料来源:University of Michigan. Regents' Proceedings with Appendixes and Index: 1870-1876 [M]. Ann Arbor: University of Michigan Press, 1915:401, 472; Proceedings of the Board of Regents of the University of Michigan from Jan. , 1876 to Jan. , 1881 [M]. Ann Arbor: Printing and Publishing Company, 1881: 73, 170, 291, 426, 592; Proceedings of the Board of Regents of the University of Michigan from Jan. , 1881 to Jan. , 1886 [M]. Ann Arbor: The Courier Book and Job Printing Establishment, 1886:128, 286, 408, 514, 611; Proceedings of the Board of Regents of the University of Michigan from Jan. , 1886 to Jan. , 1891 [M]. Ann Arbor: Printing and Publishing Company, 1891: 78, 181, 243, 370, 459, 594; Proceedings of the Board of Regents of the University of Michigan from Jan. , 1891 to Jan. , 1896 [M]. Ann Arbor: Printing and Publishing Company, 1896:97.

(三) 大学教师任命权

此时期密歇根大学不仅学生数量和院系数量极大地增加,而且原有院系和新建院系的规模都在不同程度上得到扩张。为了满足此时期大学发展的要求,董事会为大学任命了大量新教师,以保证大学发展对教师的需求。

1. 任命文理系教师的权力

(1) 文理系教授的任命。在该时期开始时,文理系有数学教授奥尔尼,物理学教授威廉姆斯,天文学教授和天文台主任沃森,化学、矿物学教授和化学实验室主任道格拉斯,有机化学和应用化学教授普雷斯克特,地质学、动物学和植物学教授温彻尔,土木工程学教授伍德,政治经济学教授安吉尔,希腊语和希腊文学教授奥格,拉丁语和拉丁文学教授弗里兹,修辞学和英国文学教授泰勒,现代语和现代文学教授莫里斯,历史学教授亚当斯,思辨和道德哲学教授科克尔等 14 名教授。此时期文理系教师规模的发展速度是最快的,主要是由于大量新教授职位的设立。

由于大学原有学科知识自身的增长与分化以及大学选修制的实施,此时期董事会对文理系原有教职重新进行拆分组合,在取消了一些旧教职后设立了一些新教职;同时,由于各种新知识进入大学讲坛,董事会在此时期也为文理系设立了一些与这些新知识相关的新教职。

1875 年 6 月,在博物馆、矿物学院和天文台委员会主席建议下,"董事会任命佩蒂(W. H. Pettee)为矿物工程学教授"①,这是董事会在土木工程学教职之外,在工程学领域设立的第二个教职。但由于 1877 年矿物学院没有争取到州议会财政拨款导致矿物学院的发展前途晦暗不明,因此佩蒂辞掉了矿物工程学教职,董事会随后也取消了这一刚刚设立的新教职。

1875 年 10 月,董事会设立了普通化学和物理学教授职位,该教职的设立是对大学物理学和化学教学工作调整的结果。之所以这么说,是因为当时物理学教授威廉姆斯退休以及物理学副教授梅里曼(G. B. Merriman)辞职导致大学物理学面临无师可任的尴尬境地,因此董事会"任命兰利(J. W. Langley)为普通化学和物理学执行教授"②,并于 1876 年 6 月正式晋升兰利为普通化学和物理学教授。但 1877 年董事会任命韦德(C. K. Wead)为物理学执行教授后,就"将兰利的教职名称更改为

---

① University of Michigan. Regents' Proceedings with Appendixes and Index: 1870 - 1876 [M]. Ann Arbor: University of Michigan Press, 1915:450.

② University of Michigan. Regents' Proceedings with Appendixes and Index: 1870 - 1876 [M]. Ann Arbor: University of Michigan Press, 1915:484.

普通化学教授,主要负责冶金学方面的教学研究工作"①。1889 年 4 月,兰利接受了匹兹堡的另一项工作而辞职。兰利辞职后,董事会任命弗里尔(P. C. Freer)为普通化学教授。总之,这是董事会在此时期为文理系成功设立的第一个教授职位。

在温彻尔和希尔加德(Eugene W. Hilgard)时期,董事会在地质学、动物学、植物学、古生物学、考古学等知识领域只设了 1 个教职,即地质学、动物学和植物学教授职位。但随着各门知识的不断丰富和分化,由 1 名教授研究和传授所有这些知识领域的知识已经不可能。1877 年 6 月,董事会设立了 1 个新教职——地质学教授职位,并"任命佩蒂为地质学教授"②。1879 年 6 月,董事会设立了第二个新教职——动物学教授职位,并"任命斯特尔(J. B. Steere)为动物学教授"③。同时,董事会将 1878 年设立的地质学教职更名为"地质学与古生物学教授"职位,并任命"温彻尔为地质学和古生物学教授"④。1890 年 12 月温彻尔教授去世后,董事会又将该教职重新更名为"地质学教授"并任命罗素(I. C. Russell)为地质学教授。董事会设立的第三个新教职是冶金学和经济地质学教授职位,并改任"斯特尔为该教职的教授"⑤。此后,董事会又设立了第四个新教职——植物学教授职位,但当时董事会只任命斯波尔丁(Volney M. Spaulding)为植物学助教,最终于 1886 年 12 月晋升斯波尔丁为植物学教授。这样,董事会将原先只由 1 名教授承担的教学任务一分为四,并新设立了 4 个教授职位。

1878 年校长年度报告指出,由于大学毕业生有很多人都去从事教育工作,为了那些毕业后希望从事教育工作的学生能够获得一些教育知识方面的训练,建议大学开设教育学课程,并设立教育学教授职位。1879

---

① Proceedings of the Board of Regents of the University of Michigan from Jan., 1876 to Jan., 1881 [M]. Ann Arbor: Printing and Publishing Company, 1881:141.

② Proceedings of the Board of Regents of the University of Michigan from Jan., 1876 to Jan., 1881 [M]. Ann Arbor: Printing and Publishing Company, 1881: 138.

③ University of Michigan. Regents' Proceedings with Appendixes and Index: 1870 – 1876 [M]. Ann Arbor: University of Michigan Press, 1915: 318.

④ Proceedings of the Board of Regents of the University of Michigan from Jan., 1876 to Jan., 1881 [M]. Ann Arbor: Printing and Publishing Company, 1881: 388.

⑤ 同④。

年6月，在文理系教师建议下，董事会"设立理论与实践教育学教授职位，并任命佩恩（W. H. Payne）为该职位教授，其任期从1879年10月1日开始"①。1887年10月，佩恩接受了纳什维尔州立学院邀请出任该院院长而辞职。1888年2月，董事会"任命辛斯代尔为大学理论与实践教育学教授"②，接替佩恩。

1881年6月，在文理系教师建议下，董事会将思辨和道德哲学教授科克尔的教学领域一分为二，"任命原大学现代语和现代文学教授莫里斯为修辞学、哲学史和逻辑学教授，并改任科克尔为心理学、思辨哲学和宗教哲学教授"③。1887年6月，董事会将莫里斯的教职名称从修辞学、哲学史和逻辑学教授更改为哲学教授，从而使莫里斯的教学和研究工作范围更加集中。1889年3月23日，莫里斯去世，董事会任命杜威（John Dewey）为哲学教授接替莫里斯，任期从1889年10月1日开始。

1881年9月，董事会在文理系设立机械工程学教授职位，在董事会授权下，执委会于1885年6月"任命美国海军助理工程师库利（M. E. Cooley）为机械工程学教授"④。这是大学在土木工程学和矿物工程学教授之外，在工程学领域为大学设立的第三个教授席位。

1885年6月，董事会又设立了画法几何、切体学和制图学教授职位，"并将丹尼森（C. S. Denison）的职称从助教晋升为画法几何、切体学和制图学教授"⑤，这是董事会在机械工程学领域内设立的1个新的教授席位。

1886年10月，董事会将托马斯·库利的教职名称更改为美国史和美国宪法教授，让其负责教授美国史和美国宪法。这是董事会在政治科学研究领域为文理系设立的1个新教职。1888年6月，董事会晋升哈德

① Proceedings of the Board of Regents of the University of Michigan from Jan., 1876 to Jan., 1881 [M]. Ann Arbor: Printing and Publishing Company, 1881:388－389.

② Proceedings of the Board of Regents of the University of Michigan from Jan., 1886 to Jan., 1891 [M]. Ann Arbor: Printing and Publishing Company, 1891:201.

③ Proceedings of the Board of Regents of the University of Michigan from Jan., 1881 to Jan., 1886 [M]. Ann Arbor: The Courier Book and Job Printing Establishment, 1886:74.

④ Proceedings of the Board of Regents of the University of Michigan from Jan., 1881 to Jan., 1886 [M]. Ann Arbor: The Courier Book and Job Printing Establishment, 1886:567.

⑤ 同④。

森(R. Hudson)为历史学教授,这是董事会在将库利的职称从历史学教授更改为美国史和美国宪法教授之后单独设立的历史学教授职位。1891年10月,董事会"将助教麦克劳克林晋升为美国史教授,同时承担法律系研究生美国宪法领域的教学任务"①。这是董事会在库利教授之外,在美国史研究领域任命的第二位教授。

1887年6月,董事会设立政治经济学和财政学教授席位,并任命亨利·亚当斯(H. C. Adams)为该教职教授,这是董事会在政治科学研究领域为文理系设立的另一个新教职。

1887年7月,在现代语教授沃尔特建议下,董事会"决定将现代语领域的教学工作一分为二,不再单独设立现代语教授职位,而是任命沃尔特为罗马语和罗马文学教授,任命托马斯(Calvin Thomas)为德语和德国文学教授"②。这次,董事会将改革地质学、动物学和植物学教职设置的方式移植到现代语教职设置中来。

1887年10月,董事会将琼斯(C. N. Jones)晋升为应用数学教授,这是董事会在数学领域设立的另一个新的教授职位。1888年6月,琼斯接受西北人寿保险公司的邀请而辞掉了应用数学教授职务。

1888年10月,执委会向董事会报告,"9月17日执委会会议上,执委会任命斯坦利(A. A. Stanley)为音乐学教授,接替辞职的卡迪(C. B. Cady)执行教授"③,这是董事会自设立音乐学教职以来首次为大学任命音乐学教授。其实早在1880年6月,董事会就决定设立音乐学教职,并任命卡迪为音乐学讲师,1885年6月,董事会晋升卡迪为音乐学执行教授,但他却于1888年辞职了。

1889年6月,董事会"任命凯尔西(F. D. Kelsey)为拉丁语教授,任期从1889年10月1日开始"④,这是董事会在这一职位上任命的第二位

---

① Proceedings of the Board of Regents of the University of Michigan from Jan., 1886 to Jan., 1891 [M]. Ann Arbor: Printing and Publishing Company, 1891:601.

② Proceedings of the Board of Regents of the University of Michigan from Jan., 1886 to Jan., 1891 [M]. Ann Arbor: Printing and Publishing Company, 1891:136.

③ Proceedings of the Board of Regents of the University of Michigan from Jan., 1886 to Jan., 1891 [M]. Ann Arbor: Printing and Publishing Company, 1891:279.

④ Proceedings of the Board of Regents of the University of Michigan from Jan., 1886 to Jan., 1891 [M]. Ann Arbor: Printing and Publishing Company, 1891:324.

教授。1889 年 12 月弗里兹去世，1890 年 6 月，董事会将凯尔西教职更改为拉丁语和拉丁文学教授。

1889 年 7 月，董事会任命约翰逊（O. C. Johnson）为应用化学教授，这是董事会将普雷斯克特的教学和研究领域拆分后的结果，为其中的应用化学部分单独设立教授职位。在单独设立了应用化学教授职位后，1890 年 6 月，董事会将普雷斯克特的教职名称更改为有机化学教授。

由于电力在生产生活中的作用日益凸现，1889 年 9 月，在文理系教师建议下，董事会在文理系设立电子工程学教职，这是董事会继设立土木工程学和机械工程学教职之后，在大学设置的第三个工程学教职。但董事会并没有找到合适的教授人选，只好“任命帕特森（G. W. Patterson）为电子工程学讲师”①，并在大学首次开设电子工程学课程。

1891 年 11 月，董事会“任命戴维斯（J. B. Davis）为测地学和测量学教授”②，这是董事会将地质学教学领域独立出来后对地质学教学领域进一步分化的结果，是董事会在地质学教学和研究领域中设立的另一个新的教职。

1892 年 10 月，董事会“将赖格哈德（J. E. Reighard）的职称从助教晋升为动物形态学教授”，这是董事会将动物学教学领域独立出来后对动物学教学领域进一步分化的结果，是董事会在动物学教学和研究领域中设立的另一个新的教职。

1892 年 12 月，董事会将特鲁布拉德（B. T. Trueblood）的职称晋升为雄辩术和演讲术教授，这是董事会首次设立这种教授职位。

通过这一时期董事会对大学原有教授教学和研究领域的重新划分以及新教授职位的设立，到此时期结束时，大学文理系已经拥有数学、物理学、普通化学、有机化学、应用化学、天文学、地质学、动物学、动物形态学、植物学、冶金学和经济地质学、测地学和测量学、土木工程学、电气工程学、机械工程学、画法几何—切体学与制图学、希腊语与希腊文学、拉丁语与拉丁文学、罗马语与罗马文学、德语与德国文学、英语和修辞学、历史

---

① Proceedings of the Board of Regents of the University of Michigan from Jan., 1886 to Jan., 1891 [M]. Ann Arbor: Printing and Publishing Company, 1891:339.

② Proceedings of the Board of Regents of the University of Michigan from Jan., 1891 to Jan., 1896 [M]. Ann Arbor: Printing and Publishing Company, 1896:5.

学、美国史与美国宪法、政治经济学与财政学、哲学、心理学—思辨与宗教哲学、雄辩术与演讲术、理论与实践教育学、音乐学等 29 个教授席位。

（2）文理系中低级职称教师的任命。董事会在此时期为文理系设立了众多新的教授职位，但并不是所有教授职位设立时都任命了相应的教授。有些教职设立时，在没有找到合适的教授人选的情况下，董事会也任命了一些讲师暂时承担这些领域的教学工作。

1879 年董事会在拆分了原先的地质学、动物学与植物学教职并设立了植物学教职后，并没有像其他 3 个新教职那样任命合适的教授，而是任命斯波尔丁为植物学讲师，负责植物学的教学工作。直到 1886 年晋升斯波尔丁为植物学教授后，董事会才正式为植物学教职任命一位教授。

1880 年 6 月，在文理系教师建议下，董事会“决定设立音乐学教职，并任命卡迪为音乐学讲师”①。直到 1888 年斯坦利的任命，董事会才在该职位设立 8 年后任命了 1 位音乐学教授。

1886 年 12 月，为了提高法学系学生的培养质量，在法学系教师建议下，董事会“任命特鲁布拉德为法学系雄辩术和修辞学教师”②，当时董事会只是任命特鲁布拉德为法学系兼职教师，在 1886—1887 学年为法学系开设 10 周的雄辩术课程。由于该措施取得了不错的效果，1887 年 6 月，在布莱尔（Austin Blair）董事提议下，董事会“任命特鲁布拉德在 1887—1888 学年第一学期为大学雄辩术教师，其中一半时间在法学系授课，而一半时间在文理系授课”③。这是董事会为文理系首次开设雄辩术课程，但此时并没有设立固定的雄辩术教职，也没有任命固定的雄辩术教师，只是聘请了一位兼职教师开设雄辩术短期讲座而已。1888 年，在巴特菲尔德（Roger W. Butterfield）董事提议下，董事会“正式任命特鲁布拉德为雄辩术讲师，在 1888—1889 学年为大学文理系和法学系开设雄辩术讲

① Proceedings of the Board of Regents of the University of Michigan from Jan., 1876 to Jan., 1881 [M]. Ann Arbor: Printing and Publishing Company, 1881: 544.

② Proceedings of the Board of Regents of the University of Michigan from Jan., 1886 to Jan., 1891 [M]. Ann Arbor: Printing and Publishing Company, 1891:85.

③ Proceedings of the Board of Regents of the University of Michigan from Jan., 1886 to Jan., 1891 [M]. Ann Arbor: Printing and Publishing Company, 1891:125.

座"[①]。至此,董事会为大学正式任命了1位雄辩术讲师,此时特鲁布拉德将自己的时间平均分配在法学系和文理系之间。1889年,在克拉克(Arthur M. Clark)建议下,董事会"晋升特鲁布拉德为文理系雄辩术助教,同时继续为法学系学生开设雄辩术讲座"[②],此时特鲁布拉德的工作重心已经逐渐转向文理系。1892年12月,在柯克尔(William J. Cocker)董事提议下,董事会"晋升特鲁布拉德为雄辩术和演讲术教授"[③],至此董事会才在这一教学领域为大学任命了1位教授。

此外,1889年董事会设立电子工程学教职时,由于没有合适的教授人选,董事会任命帕特森为电子工程学讲师,承担大学电子工程学的教学工作。

董事会在该时期为文理系新设了众多教授职位,这满足了大学采用选修制后对越来越多新知识教学的需求。但此时期文理系学生的数量飞速增长,1871—1872学年文理系只有509名[④]在校生,而到了1891—1892学年已经有在校生1330人[⑤],同时其他院系学生也来文理系学习,如矿物学院的学生主要在化学实验室上课。为了满足学生人数日益增长而增加的教学需要,董事会在此时期为各学科教授任命了大量的助理、助教和讲师以协助他们开展教学工作。由于这些中低级职称教师的任期通常只有1年,还有一些人在任期中途就辞职了,因而董事会在此时期将很大一部分时间用于任命这些中低级职称的教师上。下图直观地表明从1872—1873学年到1892—1893学年董事会每年为文理系任命的讲师和教授助理人次:

---

① Proceedings of the Board of Regents of the University of Michigan from Jan., 1886 to Jan., 1891 [M]. Ann Arbor: Printing and Publishing Company, 1891:223.

② Proceedings of the Board of Regents of the University of Michigan from Jan., 1886 to Jan., 1891 [M]. Ann Arbor: Printing and Publishing Company, 1891: 333.

③ Proceedings of the Board of Regents of the University of Michigan from Jan., 1891 to Jan., 1896 [M]. Ann Arbor:Printing and Publishing Company,1896:117.

④ Angell J B. The President's Report to the Board of Regents for the Year Ending June 30, 1872 [R]. Ann Arbor: Published by the University, 1872:4.

⑤ Angell J B. The President's Report to the Board of Regents for the Year Ending Sept. 30, 1892 [R]. Ann Arbor: Published by the University, 1892:9.

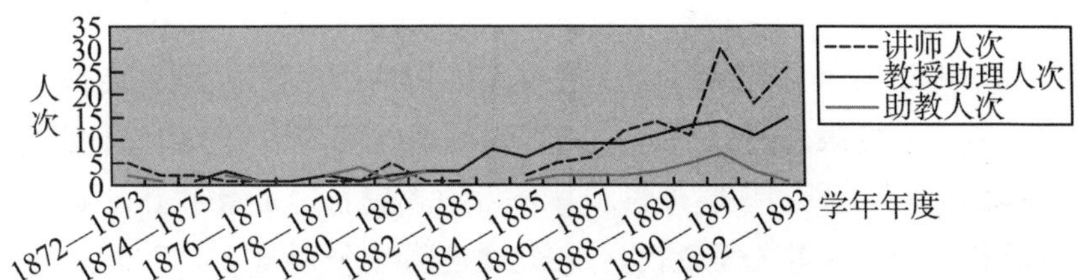

图 4－5　1872—1893 年董事会每年为文理系任命的中低级职称教师人次变化图

资料来源：University of Michigan. Regents' Proceedings with Appendixes and Index: 1870－1876 [M]. Ann Arbor: University of Michigan Press, 1915:240, 291, 302, 318, 348, 378－379, 408, 447, 448, 451, 484－485; Proceedings of the Board of Regents of the University of Michigan from Jan., 1876 to Jan., 1881 [M]. Ann Arbor: Printing and Publishing Company, 1881:27, 77, 175, 271, 308, 318, 327, 389, 390, 497, 527, 550; Proceedings of the Board of Regents of the University of Michigan from Jan., 1881 to Jan., 1886 [M]. Ann Arbor: The Courier Book and Job Printing Establishment, 1886: 41－42, 77, 78, 87, 182, 258, 298, 351, 431, 454, 464, 482, 486－487, 489, 543, 555, 561, 564, 565, 588, 616－617; Proceedings of the Board of Regents of the University of Michigan from Jan., 1886 to Jan., 1891 [M]. Ann Arbor: Printing and Publishing Company, 1891:2－3, 11, 27－28, 30, 31, 34, 38, 56－57, 86, 89－90, 97, 107, 118－119, 124, 126, 128, 137, 173, 193, 198, 205, 214, 222, 223, 229, 233, 237, 238, 282, 289, 296, 319, 320, 324, 327, 332, 333, 334, 338, 339, 344, 380, 389, 396, 403, 413, 415, 424, 426, 430, 466, 482, 495, 496, 507, 508, 512, 528, 530, 541, 542, 543, 549, 587, 589, 601, 604; Proceedings of the Board of Regents of the University of Michigan from Jan., 1891 to Jan., 1896 [M]. Ann Arbor: Printing and Publishing Company, 1896:1, 24, 32, 33, 35, 45, 46, 51, 52, 61, 62, 65, 106, 111, 112.

2. 任命医学系教师的权力

（1）医学系教授的任命。此时期开始之初，医学系有荣誉教授皮彻、妇产学教授塞杰、药物学和治疗学教授奇弗、解剖学教授福特、理论与实践医学--病理学与药物学教授帕尔默等 5 位教授。此时期医学系发生了重要的变化，不仅每年的学期长度从 6 个月延长到 9 个月，而且学制长度也从 2 年延长到 4 年，学期和学制长度的延长导致了医学系学习内容的不断增加与分化，同时在校生数量也急剧增加。为了满足这些变化所产生的新的需求，董事会不断调整原有教授的学科分工，同时也不断设立新的教授职位。

1872 年 3 月和 6 月,在医学系主任塞杰的两次建议下,董事会决定将之前分别设立的眼外科教授职位和耳外科教授职位合并为 1 个教授职位,并由弗洛辛厄姆担任眼外科和耳外科学教授。这是董事会在眼外科和耳外科知识领域首次任命教授,在此之前虽然分别设立了 2 个教授职位,但分别由弗洛辛厄姆担任眼外科学讲师、帕尔默教授担任耳外科学讲师。

1872 年 6 月,外科学讲师麦格劳(T. A. McGraw)辞职,董事会任命麦克莱恩(D. McLean)为外科学讲师,接替麦格劳。1873 年 3 月,董事会晋升麦克莱恩为外科学教授。

1873 年 10 月,由于身体状况下降,塞杰和奇弗向董事会请假休养,休假期 1 年。为此,"董事会任命邓斯特(E. S. Dunster)为妇产学讲师,承担塞杰的教学任务;任命格里斯(F. H. Gerrish)为治疗学、药物学和生理学讲师,承担奇弗教授的教学任务"①。1874 年 3 月,由于健康状况持续恶化,奇弗向董事会再次申请 1 年的休假期,董事会在批准奇弗的申请后,"晋升格里斯为治疗学、药物学和生理学教授"②;而塞杰则辞掉了教授职务,董事会接受了塞杰的辞呈,并聘任塞杰为医学系荣誉教授,同时"晋升邓斯特为妇产学教授"③接替塞杰。1876 年 3 月,由于健康原因,奇弗最终选择了辞职。

由于格里斯已经于 1875 年辞职,而医学系主任帕尔默在制定报告时又无法确认奇弗能否重返医学系执教,因而治疗学、药物学和生理学方面的知识便面临无师可任的局面。1876 年 3 月,帕尔默向医学系提交的报告中建议董事会对医学系教师的教学任务进行重新安排,建议"把治疗学、药物学和生理学的教职拆分,将治疗学和药物学的教学任务与眼外科与耳外科教学任务合并,同时再设立 1 个全新的生理学、病理学、解剖学

---

① University of Michigan. Regents' Proceedings with Appendixes and Index: 1870 – 1876 [M]. Ann Arbor: University of Michigan Press, 1915:319.

② University of Michigan. Regents' Proceedings with Appendixes and Index: 1870 – 1876 [M]. Ann Arbor: University of Michigan Press, 1915:332.

③ University of Michigan. Regents' Proceedings with Appendixes and Index: 1870 – 1876 [M]. Ann Arbor: University of Michigan Press, 1915:333.

和组织学教授职位”①。1876 年 3 月，董事会任命弗洛辛厄姆为眼科学和药物学教授。1882 年 6 月，在医学系教师建议下，“董事会将休厄尔（H. Sewall）的职称从生理学讲师晋升为生理学教授”②，并在 1882 年 10 月任命“赫德曼（W. J. Herdman）为实用解剖学和病理解剖学教授以及解剖学演示员”③。1888 年 10 月，董事会将赫德曼教授的教职名称更改为“实践解剖学与神经系统疾病学教授”。1882 年 6 月，董事会任命沃恩（V. C. Vaughan）为生理学和病理化学教授，任命斯托维尔（C. H. Stowell）为组织学和显微镜学教授。至此，由奇弗和格里斯辞职所带来的治疗学、药物学和生理学知识领域的师资危机按照帕尔默教授提出的解决方式得以化解，其结果是董事会又为医学系设立了 4 个新的教授职位，即生理学教授、实用解剖学和病理解剖学教授、生理学和病理化学教授、组织学和显微镜学教授，合成了 1 个新的教授职位——眼科学和药物学教授。

1887 年 10 月，董事会决定“建立病理学教授职位，并任命伦敦人吉布斯（H. Gibbs）为病理学教授”④。1889 年 7 月，董事会决定将病理学和组织学教授职位合并，并任命吉布斯为病理学和组织学教授。这是董事会在此时期为医学系设立的第六个教授席位。

1887 年 12 月，帕尔默去世。1888 年 2 月，董事会任命莱斯特（H. F. Lyster）为理论与实践医学教授，顶替帕尔默教职。1890 年 6 月，莱斯特辞职，董事会暂时任命克里斯托弗（W. S. Christopher）为理论和实践医学讲师，任期 1 年。1891 年 6 月，在巴特费尔德董事提议下，董事会最终任命多克（G. Dock）为理论与实践医学和临床医学教授。

1888 年 3 月，妇产学教授邓斯特去世，董事会任命马丁（J. N. Martin）代理妇产学教授教职。1891 年 3 月，董事会正式任命马丁为妇产学教授。

---

① Proceedings of the Board of Regents of the University of Michigan from Jan., 1876 to Jan., 1881 [M]. Ann Arbor: Printing and Publishing Company, 1881:3 – 4.

② Proceedings of the Board of Regents of the University of Michigan from Jan., 1881 to Jan., 1886 [M]. Ann Arbor: The Courier Book and Job Printing Establishment, 1886:237.

③ Proceedings of the Board of Regents of the University of Michigan from Jan., 1881 to Jan., 1886 [M]. Ann Arbor: The Courier Book and Job Printing Establishment, 1886:300.

④ Proceedings of the Board of Regents of the University of Michigan from Jan., 1886 to Jan., 1891 [M]. Ann Arbor: Printing and Publishing Company, 1891:195.

1889 年 6 月,由于身体状况不佳,生理学教授休厄尔辞职。休厄尔辞职后,董事会暂时任命豪厄尔(W. H. Howell)为生理学讲师,承担休厄尔原先的教学任务。1892 年豪厄尔辞职,董事会任命隆巴德(W. P. Lombard)为生理学和组织学教授,任期 1 年。

1889 年 7 月,由于弗洛辛厄姆和麦克莱恩之间长期的互相攻击,董事会最终双双解除了他们的教职。为此,董事会任命南克里德(C. B. Nancrede)为外科学和临床外科学教授,承担麦克莱恩原先的教学任务;任命卡罗(F. Carrow)为眼外科、耳外科与临床眼科教授,承担弗洛辛厄姆原先的教学任务。

1890 年 7 月,董事会决定在医学系重新设立药物学与治疗学教授职位。由于当时董事会并没有找到合适的教授人选,因而暂时任命埃布尔(J. J. Abel)为药物学和治疗学讲师,直到 1891 年 6 月,董事会才晋升埃布尔为药物学和治疗学教授。

到此时期结束时,董事会为医学系新设立了 6 个教授职位,即生理学、实用解剖学和病理解剖学、生理学和病理化学、组织学和显微镜学、眼科学和药物学以及病理学和组织学,加上此时期开始时医学系已有的教授职位,即妇产学、药物学和治疗学、解剖学、理论与实践医学,大学医学系已经有 10 个教授职位共 11 名教授。

(2) 医学系中低级职称教师的任命。在该时期,由于医学系某些领域的教授请假、辞职或去世导致医学系相应领域的正常教学工作被打乱,又由于暂时没有合适的教授人选,董事会就任命讲师临时承担这些领域的教学工作。如 1873 年 10 月,塞杰和奇弗由于身体状况恶化,向董事会请假休养 1 年,董事会决定,“在塞杰休养离职期间,临时任命邓斯特为妇产科讲师;在奇弗教授休养离职期间,临时任命格里斯为治疗学、药物学和生理学讲师”①,而在确定奇弗和塞杰无法继续履行教职后,董事会才正式晋升格里斯和邓斯特为教授。1876 年,在格里斯和奇弗都辞掉治疗学、药物学和生理学教授后,董事会决定“任命康奈尔大学教授怀尔德

① University of Michigan. Regents' Proceedings with Appendixes and Index: 1870 - 1876 [M]. Ann Arbor: University of Michigan Press, 1915:319.

(B. C. Wilder)为生理学讲师,任期1年"①,直到1882年董事会才正式任命休厄尔为生理学教授。在这期间董事会一直是任命讲师来承担生理学的教学工作的,其间共有4人先后担任生理学讲师职务。1888年,休厄尔由于健康状况恶化,"董事会任命沃伦(J. W. Warren)为1888—1889学年生理学讲师"②代替休厄尔承担教学工作。1889年休厄尔辞职后,董事会暂时任命豪厄尔为生理学讲师,直到1892年董事会才正式任命隆巴德为生理学教授。1890年7月,董事会在设立治疗学和药物学教授席位后,由于当时并没有找到合适的教授人选,因而暂时任命埃布尔为药物学和治疗学讲师。

此外,由于医学系扩展新的知识领域,而暂时又没有合适的教授人选,董事会也选择任命一些讲师。如1888年6月,董事会任命特鲁布拉德为普通化学讲师,负责为医学系学生开设1学期的普通化学课程。1888年6月,医学系开设药物学课程时,董事会临时任命乔治(D. C. George)为药物学讲师,任期1年。1890年董事会决定在医学系设立药物学和治疗学教授席位,1891年董事会才正式任命埃布尔为药物学和治疗学教授。1890年6月,医学系开始讲授皮肤学课程,在医学系教师建议下,"董事会任命布雷基(W. F. Breakey)为皮肤病学讲师,给医学系开设25次皮肤学专题讲座"③;在1891年和1892年,董事会继续任命布雷基为皮肤学讲师,以继续为医学系开设皮肤学讲座。1890年10月,医学系开始讲授骨科学课程,在医学系教师建议下,"董事会任命坎贝尔(W. A. Campbell)为骨科学讲师与解剖学演示员,任期1年,从1890年10月1日开始"④;在坎贝尔任期结束后,董事会任命尤泽(S. M. Yutzey)为骨科学讲师,继续开设骨科学课程。

由于该时期医学系学生的数量急剧增加,作为教授的助理,协助教授

---

① Proceedings of the Board of Regents of the University of Michigan from Jan., 1876 to Jan., 1881 [M]. Ann Arbor: Printing and Publishing Company, 1881:77.

② Proceedings of the Board of Regents of the University of Michigan from Jan., 1886 to Jan., 1891 [M]. Ann Arbor: Printing and Publishing Company, 1891:238.

③ Proceedings of the Board of Regents of the University of Michigan from Jan., 1886 to Jan., 1891 [M]. Ann Arbor: Printing and Publishing Company, 1891:419.

④ Proceedings of the Board of Regents of the University of Michigan from Jan., 1886 to Jan., 1891 [M]. Ann Arbor: Printing and Publishing Company, 1891:486.

开展相关知识领域教学的工作量也就相应增加了。为此,在医学系教授的建议下,董事会在这段时期经常为医学系任命助理。由于助理的任期通常为1年,因此董事会每年都需重新为医学系教授任命助理,下图中直观地表明从1879—1880学年到1892—1893学年董事会每年为医学系教授任命的助理人次变化情况。

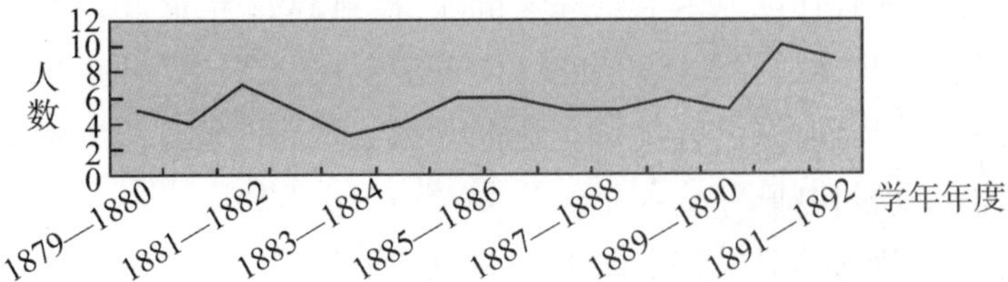

图4-6 1879—1892年董事会每年为医学系任命的助理人数变化图

资料来源:Proceedings of the Board of Regents of the University of Michigan from Jan., 1876 to Jan., 1881 [M]. Ann Arbor: Printing and Publishing Company, 1881: 446, 501-502; Proceedings of the Board of Regents of the University of Michigan from Jan., 1881 to Jan., 1886 [M]. Ann Arbor: The Courier Book and Job Printing Establishment, 1886: 8-9, 20, 65, 125, 166, 168, 300, 306, 308, 361, 483, 572; Proceedings of the Board of Regents of the University of Michigan from Jan., 1886 to Jan., 1891 [M]. Ann Arbor: Printing and Publishing Company, 1891: 7, 31-32, 38, 86, 123, 131-132, 192, 230, 279, 282, 334, 340, 345, 375, 383, 482-483, 527, 587; Proceedings of the Board of Regents of the University of Michigan from Jan., 1891 to Jan., 1896 [M]. Ann Arbor: Printing and Publishing Company, 1896: 3-4, 50-51, 55, 104-105, 107.

3. 任命法学系教师的权力

此时期法学系学生人数迅速增加,从1872年的348人①增加到1892年的658人②,几乎增加了一倍;而且在1883年7月,董事会又决定"将法学系学期长度从每年6个月延长到9个月"③,这也将进一步增加法学

① Angell J B. The President's Report to the Board of Regents for the Year Ending June 30, 1872 [R]. Ann Arbor: Published by the University, 1872: 4.

② Angell J B. The President's Report to the Board of Regents for the Year Ending Sept. 30, 1892 [R]. Ann Arbor: Published by the University, 1892: 8.

③ Proceedings of the Board of Regents of the University of Michigan from Jan., 1881 to Jan., 1886 [M]. Ann Arbor: The Courier Book and Job Printing Establishment, 1886: 369.

系的课程数量,两者共同对法学系原有的师资力量提出了巨大挑战。此时期董事会在有限的资金范围内主要采用三种方式解决法学系教师的紧缺问题:第一种是增加讲座教授席位的数量;第二种是任命法学助教和讲师等中低级职称的教师;第三种是从校外和系外聘任兼职教授给法学系学生开设专题讲座。

在该时期开始前,大学法学系共设立了 4 个讲座教授席位,即杰伊法学讲座教授,由库利担任;马歇尔法学讲座教授,由坎贝尔担任;肯特法学讲座教授,由库克担任;弗莱彻法学讲座教授,由肯特担任。

1879 年 7 月,在卡钦董事建议下,董事会决定“在法学系设立塔潘法学讲座教授席位,并任命费尔斯为该讲座教授”①。至此,董事会已经在法学系设立了 5 个讲座教授席位。

在该时期之前,董事会为法学系聘任的教师都是讲座教授,并没有专门聘任或为这些讲座教授任命助教或讲师。

法学系聘任讲师是从威尔斯(W. P. Wells)开始的。1874 年沃克教授请假,在沃克建议下,董事会任命威尔斯为法学讲师以承担他原先的教学任务。此时董事会并没有任命威尔斯为教授,直到 1876 年沃克辞职后,才任命威尔斯为肯特法学讲座教授。

1881 年 6 月,为了挽留库利教授,在沃克提议下,董事会“授权执委会和库利为法学系任命 1 位讲师,负责库利原先承担的部分教学任务,从而使库利从繁重的教学任务中脱身”②,这是董事会首次提议为法学系任命讲师等中低级职称的教师。

1885 年 10 月,在坎贝尔辞掉马歇尔法学讲座教授后,董事会并没有及时任命 1 位法学讲座教授,而是任命诺尔顿(J. C. Knowlton)为法学助教,任期 1 年。在董事会多次延长诺尔顿的任期后,1889 年 6 月,董事会才晋升诺尔顿为马歇尔法学讲座教授。

1883 年法学系学期延长以及法学研究生教育开展后,法学系课程范围极大地扩大了,再坚持之前奉行的为每一门新课程任命专职教师(或讲

---

① Proceedings of the Board of Regents of the University of Michigan from Jan., 1876 to Jan., 1881 [M]. Ann Arbor: Printing and Publishing Company, 1881:401.

② Proceedings of the Board of Regents of the University of Michigan from Jan., 1881 to Jan., 1886 [M]. Ann Arbor: The Courier Book and Job Printing Establishment, 1886: 79.

座教授、或助教及讲师等低级职称的教师)的做法是法学系无力承担的，这时法学系推出了一项新措施，就是在法学系教师提议下，由董事会从校外和系外聘请兼职教师。

1887年7月，由于杰伊法学讲座教授赫钦斯(H. B. Hutchins)辞职，董事会法学系委员会建议："1887—1888学年聘请以下3人暂时顶替赫钦斯：聘请比奇洛(M. Bigelow)开设40课时的平衡法讲座，工资为1000美元；聘请哈蒙德(G. Hammond)开设15课时的普通法历史讲座，工资为300美元；聘请汤普森(B. M. Thompson)开设40课时的不动产讲座，工资为1000美元。"①董事会批准了法学系委员会的建议。其中，哈蒙德是圣路易斯法学院院长，而比奇洛则是波士顿大学法学院教授。

从校外聘请相关领域法学专家为法学系开设专题讲座不仅弥补了密歇根大学法学系相关法学领域师资力量的不足，而且以较低的代价为法学系提供了高质量的法学课程，从而获得了良好的效果。这种效果也得到了校长的肯定，1888年校长年度报告指出："法学系邀请校外专家给大学开设各种讲座，这为法学系延长的学期提供了新的教学内容，并且也产生了良好的效果。"②在收到良好效果之后，董事会继续坚持这种做法。

为了充分利用大学各系资源提高法学系学生培养质量，法学系教师向董事会建议聘请文理系和医学系教师为法学系开办专题讲座，作为回报，法学系教师也到医学系和文理系开办专题讲座。

1886年12月，为了提高法学系学生的培养质量，在法学系教师建议下，董事会"任命特鲁布拉德为法学系雄辩术教师，在1886—1887学年授课10周，工资为325美元；任命邓斯特为法学系法医学讲师；任命沃恩为法学系毒物学讲师；任命斯托维尔为法学系微观法学讲师；同时任命法学系教授罗杰斯(H. W. Rogers)为医学系教授"③。董事会并不为这些教师的额外任职提供额外的补偿，这只是法学系和医学系之间的互相帮助

---

① Proceedings of the Board of Regents of the University of Michigan from Jan., 1886 to Jan., 1891 [M]. Ann Arbor: Printing and Publishing Company, 1891:141.

② Angell J B. The President's Report to the Board of Regents for the Year Ending Sept. 30, 1888 [R]. Ann Arbor: Published by the University, 1888: 23.

③ Proceedings of the Board of Regents of the University of Michigan from Jan., 1886 to Jan., 1891 [M]. Ann Arbor: Printing and Publishing Company, 1891:85.

而已。

到1892年，法学系教师在数量上只增加了1位教授，但法学系却从校外和系外聘请了12位兼职教师。

4. 任命顺势疗法学院教师的权力

(1) 顺势疗法学院教授的任命。在顺势疗法学院成立之初，董事会只在该学院设立了2个教授席位，并规定了2个席位教授的教学研究领域。1875年6月，在雷德(Charles Rynd)董事提议下，“董事会任命琼斯(S. A. Jones)为顺势疗法学院药物学和治疗学教授，任命摩根(J. C. Morgan)为顺势疗法理论与实践医学教授，其任期均从1875年10月1日开始”①。在这之后，董事会就改变了这2个教授席位的名称及其教学研究领域。1878年6月，董事会将药物学和治疗学教授的教职名称更改为药物学、治疗学和实验病理学教授；1884年，董事会将药物学、治疗学和实验病理学教授的教职名称更改为药物学、药理学和临床医学教授；1888年6月，董事会又将药物学、药理学和临床医学教授的教职名称更改为药物学、药理学和神经系统疾病学外科教授。1880年3月，在顺势疗法教师请求下，董事会将理论和实践医学教授的教职名称更改为理论与实践医学以及眼科和耳科学教授。

1878年6月，在顺势疗法学院成立3年后，董事会增设了外科学教授职位，并“任命富兰克林(E. C. Franklin)为外科学教授，任期从1878年10月1日开始”②。

1880年3月，在顺势疗法学院教师请求下，董事会批准设立第四个教授职位——妇产科和儿科教授，但这一教授职位的正式设立却推迟到了1883年。直到1885年6月，在医学系委员会主席建议下，“董事会才任命伍德(J. C. Wood)为妇产学教授”③。自从1883年该教授职位正式设立以来，董事会一直任命鲍德温(N. Baldwin)为妇产科讲师，没有任命

---

① University of Michigan. Regents' Proceedings with Appendixes and Index: 1870 – 1876 [M]. Ann Arbor: University of Michigan Press, 1915:442.

② Proceedings of the Board of Regents of the University of Michigan from Jan., 1876 to Jan., 1881 [M]. Ann Arbor: Printing and Publishing Company, 1881:261.

③ Proceedings of the Board of Regents of the University of Michigan from Jan., 1881 to Jan., 1886 [M]. Ann Arbor: The Courier Book and Job Printing Establishment, 1886:568.

教授。

1880 年 3 月,董事会原本将理论与实践医学领域和眼科与耳科领域合并在 1 个教职名下,且只设 1 位教授。随着威尔逊(T. P. Wilson)教授的辞职,1885 年董事会将这两个领域重新分开,分别设立理论与实践医学和眼科与耳科学 2 个教职,并于 1886 年“将眼科与耳科学副教授麦圭尔(D. F. McGuire)晋升为眼科和耳科学教授”①。

1889 年 7 月,在德雷珀(Charles S. Draper)董事建议下,董事会决定将眼科、耳科和儿科学 3 个领域合并起来设立 1 个教职,并将理论与实践医学教授麦克拉克伦(D. A. McLachlan)的职称更改为眼科、耳科和儿科学教授。

由此可见,在此时期,董事会为顺势疗法学院共设立了 5 个教授职位,并通过不断更改教职名称而不断改变各个教职的研究领域。

(2) 顺势疗法学院中低级职称教师的任命。此时期,董事会除了为顺势疗法学院设立了 5 个教授职位并为各个教授职位任命教授外,还任命了一些其他知识领域的讲师,为教授任命助理等中低级职称的教师,协助教授开展各领域的教学研究工作。

董事会最初只为顺势疗法学院任命了 2 位教授。学院需要提供比较全面的医学教育而暂时又没有合适的教授人选,董事会就为顺势疗法学院暂时任命一些其他知识领域的讲师,直到有合适的人选董事会才正式任命这些知识领域的教授。此外,在某些知识领域教授辞职而暂时找不到合适人选的情况下,董事会也会暂时任命一些讲师承担辞职教授留下的教学工作。因而可以说,在顺势疗法学院,董事会任命的讲师都是一时之举,在性质上都是临时的、过渡性的。

1876 年 6 月,在雷德董事提议下,“董事会委托执委会与顺势疗法学院琼斯和摩根协商有关为顺势疗法学院任命 2 位讲师的事宜,并授权执委会在 2 位教授联合建议下负责任命 2 位顺势疗法讲师”②。1876 年 10 月,校长年度报告指出,“7 月执委会已经任命罗克维奇(F. A. Lockwith)

① Proceedings of the Board of Regents of the University of Michigan from Jan., 1886 to Jan., 1891 [M]. Ann Arbor: Printing and Publishing Company, 1891:2.

② Proceedings of the Board of Regents of the University of Michigan from Jan., 1876 to Jan., 1881 [M]. Ann Arbor: Printing and Publishing Company, 1881:48.

为产科学讲师,任命吉尔克利斯特(J. C. Gilchrist)为外科学讲师"①。直到1878年董事会才为顺势疗法学院设立外科学教授职位,并任命富兰克林为该职位教授;直到1883年董事会才正式设立妇产科教职,1885年才正式任命伍德为该职位教授。

1877年6月,理论与实践医学教授摩根辞职,在州顺势疗法协会主席的建议下,"董事会暂时任命霍克斯(W. J. Hawkes)为顺势疗法学院理论和实践医学讲师,其任期从1877年10月1日开始"②,但其工资却是教授级的工资,每年2500美元。直到1878年6月,董事会才正式任命盖奇尔(C. Gatchell)为理论和实践医学教授。

1880年6月,琼斯辞掉药物学和治疗学教授职务,董事会暂时任命阿伦(H. C. Allen)为药物学和药理学讲师,直到1884年8月,董事会才任命考珀斯韦特(A. C. Cowperthwaite)为药物学、药理学和临床医学教授。

不同于讲师是临危受命之人,教授助理则是为已任命的教授提供教学支持的人。

1878年6月,在董事会已经为顺势疗法学院任命了理论与实践医学、药物学和治疗学以及外科学等3名教授后,在医学系委员会建议下,"董事会任命泰伯(G. A. Taber)为药物学教授助理,任命莫法特(S. S. Moffatt)为理论与实践医学教授助理,任命沃茨(W. Watts)为外科学教授助理"③。1879年6月,在盖奇尔教授请求下,董事会任命厄尔布(P. Erb)为理论与实践医学教授助理。

1883年董事会正式设立了妇产科教授职位后,虽然没有立刻任命教授而是暂时由鲍德温担任讲师,但还是任命库珀(W. D. Copper)为顺势疗法学院妇产学教授助理。

1886年董事会正式设立眼科和耳科学教授职位并任命麦圭尔为眼

① Angell J B. The President's Report to the Board of Regents for the Year Ending June 30, 1876 [R]. Ann Arbor: Published by the University, 1876: 4.

② Proceedings of the Board of Regents of the University of Michigan from Jan., 1876 to Jan., 1881 [M]. Ann Arbor: Printing and Publishing Company, 1881:137.

③ Proceedings of the Board of Regents of the University of Michigan from Jan., 1876 to Jan., 1881 [M]. Ann Arbor: Printing and Publishing Company, 1881:261.

科和耳科学教授后,任命加龙(G. C. Garon)为眼科和耳科学教授助理。

教授助理的任期时间通常是1年,任期结束后董事会将重新进行任命。下图直观地表明了这一时期董事会为顺势疗法学院任命教授助理人次的变化情况:

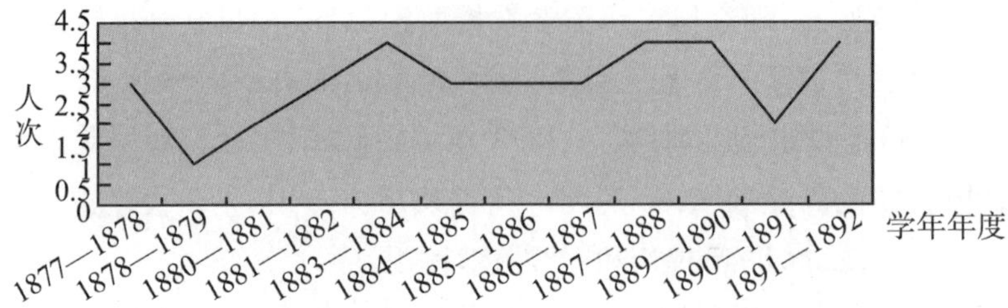

图4-7 1878—1892年任命的顺势疗法学院教授助理人次变化图

资料来源:Proceedings of the Board of Regents of the University of Michigan from Jan., 1876 to Jan., 1881 [M]. Ann Arbor: Printing and Publishing Company, 1881: 261, 386, 564; Proceedings of the Board of Regents of the University of Michigan from Jan., 1881 to Jan., 1886 [M]. Ann Arbor: The Courier Book and Job Printing Establishment, 1886: 81, 136, 415, 487, 533; Proceedings of the Board of Regents of the University of Michigan from Jan., 1886 to Jan., 1891 [M]. Ann Arbor: Printing and Publishing Company, 1891:38, 65, 190, 228-229, 379-380, 458, 600-601.

5. 任命牙医学院教师的权力

(1) 牙医学院教授的任命。1875年5月,州牙医协会通过决议,建议"密歇根大学董事会在州牙医协会建议下任命2位教授,1位牙医学和牙医外科学教授,1位牙医手术学和临床牙医学教授"①。1875年6月,在州牙医协会主席提议下,"董事会任命塔夫脱(J. Taft)为密歇根大学牙医学院理论、实践牙医学与牙医外科学教授"②;1875年10月,校长报告指出,"董事会任命的1个特别委员会已经任命沃特林(J. A. Watling)为临床牙医学与牙科技术学教授"③,这是大学牙医学院成立后董事会最初

① University of Michigan. Regents' Proceedings with Appendixes and Index: 1870-1876 [M]. Ann Arbor: University of Michigan Press, 1915:442.

② University of Michigan. Regents' Proceedings with Appendixes and Index: 1870-1876 [M]. Ann Arbor: University of Michigan Press, 1915:443.

③ Angell J B. The President's Report to the Board of Regents for the Year Ending June 30, 1875 [R]. Ann Arbor: Published by the University, 1875: 4.

任命的2位教授。

1881年6月,在牙医学院院长塔夫脱的建议下,“董事会任命多兰斯(W. H. Dorrance)为牙齿修复学教授”①。这是牙医学院自组建以来,董事会为其设立的第三个教授席位及任命的教授。

1891年6月,为了满足牙医学院学制延长以及入学人数急剧增加的需要,在牙医学院院长塔夫脱的建议下,“董事会任命霍夫(N. S. Hoff)为牙科药物学和牙科技术学教授”,这是董事会为牙医学院设立的第四个教授席位及任命的教授。

同时,董事会重新调整了牙医学院几位教授之间的分工。由于霍夫承担了原先由沃特林承担的牙医技术学领域的工作,因而董事会改任沃特林为临床牙医学和牙科手术学教授,同时,董事会改任塔夫脱为口腔病理学与口腔外科学理论与实践教授。

(2) 牙医学院中低级职称教师的任命。此时期,董事会除了为牙医学院任命了4位教授外,还任命了讲师和助理等中低级职称的教师,协助教授开展牙医学院的教学工作。

1875年牙医学院成立之初,董事会只为牙医学院任命了2位教授负责牙医学院的所有教学任务。为了给牙医学院学生提供更加全面的牙医学教育,同时鉴于当时大学资金有限以及没有合适的人选,董事会开始在以上2位教授讲授的知识领域之外,为牙医学院临时任命其他知识领域的讲师。

1885年6月,董事会任命马丁为口腔病理学和口腔外科学讲师,这是董事会为牙医学院设立的唯一一个知识领域的讲师职位。马丁在这一职位上一直工作到1891年6月,马丁辞职后,董事会改任牙医学院院长塔夫脱为口腔病理学和口腔外科学理论与实践教授。直到这时为止,董事会才为牙医学院口腔病理学和口腔外科学这一知识领域设立教授职位。

为了应对牙医学院学生人数迅速增加而产生的额外的教学需要,董事会为牙医学院在各个知识领域任命教授之后,也任命了一些助理教授

---

① Proceedings of the Board of Regents of the University of Michigan from Jan., 1881 to Jan., 1886 [M]. Ann Arbor: The Courier Book and Job Printing Establishment, 1886:71.

以协助教授开展工作。在该时期,董事会任命的助理教授主要集中在临床牙医学、牙医技术学、牙齿修复学和口腔病理学等4个学科领域。

1879年6月,在牙医学院院长建议下,"董事会任命多兰斯为牙医技术学助理教授,其任期从1879年10月1日开始"①;1880年6月,在沃特林教授建议下,"董事会任命比尔梅耶(U. D. Billmeyer)为临床牙医学助理教授,任期1年,其任期从1880年10月1日开始"②。多兰斯和比尔梅耶是董事会为牙医学院沃特林最先任命的2位助理教授。

1881年6月,在牙医学院院长建议下,董事会在任命多兰斯为牙齿修复学教授后,"任命凯斯(C. S. Case)为多兰斯的助理教授,其任期从1881—1882学年初开始"③。

1891年6月,在董事会改任塔夫脱为口腔病理学与口腔外科学理论与实践教授后,"任命达林为口腔病理学和口腔外科学助理教授"④。

在此时期,董事会为牙医学院先后任命了4位临床牙医学助理教授、3位牙医技术学助理教授、1位牙齿修复学助理教授、1位口腔病理学与口腔外科学助理教授。

(四)大学组织建设权

在此之前,大学已经组建了文理系、医学系、法学系、天文台等4个独立的组织机构。进入该段时期后,董事会又组建了一系列新的院系。

1. 顺势疗法学院的建立

虽然顺势疗法学院正式组建于1875年,但关于在密歇根大学医学系开展顺势疗法医学教学的问题却可以追溯到1851年。

1851年,密歇根州一些选民向州议会申请,要求州议会命令密歇根大学董事会在医学系任命顺势疗法教授,否则就撤掉医学系。当时州议会没有通过该提案,而大学董事会也明确向州议会表明它无法满足这些

---

① Proceedings of the Board of Regents of the University of Michigan from Jan., 1876 to Jan., 1881 [M]. Ann Arbor: Printing and Publishing Company, 1881:392.

② Proceedings of the Board of Regents of the University of Michigan from Jan., 1876 to Jan., 1881 [M]. Ann Arbor: Printing and Publishing Company, 1881:564.

③ Proceedings of the Board of Regents of the University of Michigan from Jan., 1881 to Jan., 1886 [M]. Ann Arbor: The Courier Book and Job Printing Establishment, 1886:71.

④ Proceedings of the Board of Regents of the University of Michigan from Jan., 1886 to Jan., 1891 [M]. Ann Arbor: Printing and Publishing Company, 1891:529.

人的要求。因而可以说,不在大学医学系设立顺势疗法教授是密歇根大学董事会的心理底线,只要不突破这一底线,其他的方式都可以。1855年12月州议会通过立法,规定“在医学系至少任命1位顺势疗法教授”①,再次挑战董事会的心理底线。董事会对此坚决抵制,并最终诉诸司法援助,州最高法院的判词指出,“密歇根大学是宪法法人……除非它明显通过多余的或任意的行为规避法律,否则州议会无权干涉董事会行使宪法赋予它的各项权力”②,从而宣判1855年州议会通过的法律违宪。但董事会由此也意识到顺势疗法医学理论在本州选民心中的重要地位,并意识到一味阻止顺势疗法医学理论的教学也是不明智的。在1867年州议会通过有条件的大学拨款法时,董事会就曾积极探索解决的方式,曾提出在本州其他城市设立密歇根大学顺势疗法学院,但最高法院认为董事会的这种做法并没有满足1867年拨款法的附加条件。1869年州议会最终取消了1867年拨款法的附加条件,从而为大学发展提供了一条新的且极其重要的财源。作为回报,董事会选择妥协——在大学设立1所独立的顺势疗法医院,这是董事会能够承受的心理底线。作为回报,在已经设立的经常性财政拨款基础上,州议会再次为大学提供顺势疗法学院专项拨款。因而可以说,顺势疗法学院的最终成立是董事会在不伤害大学整体利益的基础上与州议会进行“权钱交易”的结果。

1875年4月,州议会通过顺势疗法学院拨款法,该法“授权密歇根大学董事会在安阿伯建立1所顺势疗法学院,该学院将是密歇根大学的1个系;同时规定从1876年起,每年的1月1日州财政部长将给密歇根大学董事会拨款6000美元用于维持顺势疗法学院的正常运行”③。在得到州政府财政拨款后,1875年5月,在雷德董事的提议下,董事会决定:“将在安阿伯建立密歇根大学顺势疗法学院,同时为顺势疗法学院设立药物

---

① Acts of the Legislature of the State of Michigan Passed at the Regular Session of 1855 [M]. Lansing: G. W. Peck, 1855: 232.

② Hubbard L L. University of Michigan, Its Origin, Growth and Principles of Government [M]. Ann Arbor: The University of Michigan, 1923:18.

③ Public Acts and Joint and Concurrent Resolutions of the Legislature of the State of Michigan Passed at the Regular Session of 1875 [M]. Lansing: W. S. George & Co., 1875:156 - 157.

学与治疗学以及理论与实践医学2个教授职位。”①同时，董事会规定，“在入学标准、学制长度以及毕业标准上，顺势疗法学院与医学系完全相同”②；在学习内容上，董事会规定，“所有进入顺势疗法学院学习的学生将在医学系接受顺势疗法学院教师没有开设而医学系教师开设的所有课程，他们将享受医学系学生所能享受的各种利益，同时只要他们选修医学系开设的课程，就必须遵守医学系学生所必须遵守的各项规定”③。同时，顺势疗法学院毕业生将获得特定的毕业证。

顺势疗法学院于1875年正式开学，琼斯和摩根分别担任学院教授。当时顺势疗法学院的学制长度为2年，每学年长度为6个月，从每年的10月开始到次年3月结束，学院第一年共招收51名学生。

2. 牙医学院的建立

早在1865年，董事会就提议任命牙医学教授问题，但校长在年度报告中指出，大学由于资金不足，暂时无力任命2位牙医学教授。1872年，校长在年度报告中建议董事会组建牙医系，但遭到了董事会的反对，原因仍然是大学财政状况不允许。1873年6月，州牙医协会请求董事会在密歇根大学组建牙医学院，董事会表示只要大学条件允许，就组建牙医学院。由此可见，董事会对建立牙医学院的态度与建立顺势疗法学院的态度是完全不同的，阻碍董事会建立牙医学院的唯一因素就是钱。

1875年5月1日，在州选民的请求下，州议会通过拨款法，该法规定，“1875年与1876年州财政部将分别向密歇根大学董事会拨款3000美元，用于建立和维持1所牙医学院”④。州议会拨款法的通过扫除了董事会建立牙医学院的最后障碍，剩下的就是如何建立牙医学院的问题了。

1875年5月，在格兰特董事提议下，董事会请求霍尔姆斯（Dr.

---

① University of Michigan. Regents' Proceedings with Appendixes and Index: 1870 – 1876 [M]. Ann Arbor: University of Michigan Press, 1915:432.

② University of Michigan. Regents' Proceedings with Appendixes and Index: 1870 – 1876 [M]. Ann Arbor: University of Michigan Press, 1915:433.

③ University of Michigan. Regents' Proceedings with Appendixes and Index: 1870 – 1876 [M]. Ann Arbor: University of Michigan Press, 1915:432 – 433.

④ Public Acts and Joint and Concurrent Resolutions of the Legislature of the State of Michigan Passed at the Regular Session of 1875 [M]. Lansing: W. S. George & Co., 1875: 213 – 214.

Holmes)等人向董事会说明有关建立牙医学院的具体事宜。同时,董事会决定,“在大学组建牙医外科学院,该学院除了依托医学系和化学实验室提供的设备外,再设立2个教授席位,并请求州牙医协会提名牙医学院教授候选人”①。1875年6月,州牙医协会主席向董事会提议,“州牙医协会建议密歇根大学董事会为牙医学院设立牙医学与牙医外科教授、手术与临床牙医学教授2个教职”②,并建议任命塔夫脱和沃特林为牙医学院教授。

新成立的牙医学院学制长度为2年,每学年学制长度为6个月,从每年的10月到次年3月。1875年10月牙医学院正式招生,首次招收20名学生,1876年有4名学生毕业,获得牙医外科学博士学位。

3. 药物学院的建立

药物学院是从化学实验室发展而来的。早在1868年,化学实验室就开设了药物学课程;在吉尔伯特董事提议下,1868年9月,董事会任命奇弗为治疗学与药物学讲师。1869年6月,董事会授予23人药物化学学位,但药物学院作为大学的一个独立的组织却组建于1876年。

1876年12月,在道格拉斯等人的提议下,董事会决定“在文理系之外组建1个独立的药物学院”③,其理由是,“药物学课程是一门完全属于技术领域的课程,它与文理系中任何一门课程都不是对应的,因而继续留在文理系也只是名义上的。同时由于药物学课程独特的专业目的以及独特的学生来源和毕业生去向,使其有别于法学院、医学院和顺势疗法学院”④,目标是使药物学院毕业生成为具有实际能力的药剂师、分析师和制药商。

新成立的药物学院学制2年,每年学制长度为6个月,只要通过英语能力测试就可以入学。药物学院组建后的第一年就有64名学生入学,其

---

① University of Michigan. Regents' Proceedings with Appendixes and Index: 1870 – 1876 [M]. Ann Arbor: University of Michigan Press, 1915:435.

② University of Michigan. Regents' Proceedings with Appendixes and Index: 1870 – 1876 [M]. Ann Arbor: University of Michigan Press, 1915:422.

③ Proceedings of the Board of Regents of the University of Michigan from Jan., 1876 to Jan., 1881 [M]. Ann Arbor: Printing and Publishing Company, 1881: 81.

④ Proceedings of the Board of Regents of the University of Michigan from Jan., 1876 to Jan., 1881 [M]. Ann Arbor: Printing and Publishing Company, 1881:80.

中一年级35人,二年级29人。

4. 矿物学院的建立

早在1865年,在文理系教师请求下,董事会就开始在文理系开设矿物工程学课程,并于1867年授予2名毕业生矿物工程学学位,但矿物学院从文理系分离出来独立组建学院却是1875年的事情。

1875年校长年度报告指出:"密歇根州上半岛矿区一些民众请求州议会拨款为大学建立矿物学院。采矿是那个地方的主要工业,因而我们认识到培养年轻人成为采矿工程师非常重要。虽然密歇根大学已经利用现有资源进行了采矿工程师的培养,但我们非常渴望能够在这方面提供更丰富的教育。在州议会参众两院联合委员会为此事考察学校时,我们向特别委员会报告了大学在采矿工程师培养方面做的各项工作,并指出在密歇根大学组建矿物学院要比在其他地方组建矿物学院更划算、更有效。"①

在考察完密歇根大学并听取了董事会和校长的报告后,州议会于1875年5月通过拨款法,该法规定:"授权董事会在密歇根大学建立1所矿物学院。授权董事会至少为矿物学院设立3个教授席位,1个矿物工程学教授席位、1个冶金学教授席位和1个建筑与设计学教授席位,以及为3位教授任命必要的助理。为了维持矿物学院一般开支以及教师工资开支,州财政部将分别在1876年和1877年给大学董事会拨款8000美元……同时,州财政部将分别在1875年和1876年给董事会拨款2500美元用于为矿物学院购买必要的设备。"②

1875年6月,在董事会矿物学院委员会、博物馆和天文台委员会建议下,董事会决定立刻组建矿物学院,并"任命佩蒂为矿物工程学教授……任命道格拉斯为冶金学与化学工程学教授和分析化学实验

---

① Angell J B. The President's Report to the Board of Regents for the Year Ending June 30, 1875 [R]. Ann Arbor: Published by the University, 1875:14.

② Public Acts and Joint and Concurrent Resolutions of the Legislature of the State of Michigan Passed at the Regular Session of 1875 [M]. Lansing: W. S. George & Co., 1875: 234 - 235.

室主任"①。

矿物学院学制长度为 2 年,1875 年矿物学院开学后,并没有学生选上采矿学和冶金学课程,直到 1876 年才有学生选上矿物学课程,1877 年有 4 名毕业生获得采矿工程学学位。

州议会在为大学矿物学院提供 2 年的财政拨款后就停止了拨款,而大学财政又无力维持矿物学院的正常开支,这使矿物学院的发展前景立刻蒙上了一层阴影。1877 年校长年度报告指出:"我们非常遗憾地发现,州议会之所以没有继续为矿物学院拨款,至少是由于来自密歇根州上半岛的议员想要将矿物学院迁到上半岛矿区所在地的某个城市。"②原矿物工程学教授佩蒂向董事会提出了有关矿物学院前途的 3 条建议:"上策是从州议会为矿物学院的发展谋求永久性的财政拨款;中策是利用大学资金维持矿物学院的发展;下策是暂时停止建设矿物学院。"③

1879 年 10 月,董事会认为由于大学现在无力提供现阶段最好的矿物工程学教育,因而决定停止开设矿物工程学课程。最终,董事会还是选择了采纳佩蒂提出的下策,而矿物学院也成为这一时期董事会希望建立但最终却没有建成的学院。

5. 政治科学学院的建立

与前面提到的 4 个学院相比,政治科学学院并不是一个独立的学院组织,它下设在大学文理系当中。董事会决定建立政治科学学院是由于当时政治思潮研究之风的兴起,在此之前,哥伦比亚大学和康奈尔大学已经成立了政治科学学院。

1881 年 6 月,董事会授权文理系委员会考察在文理系建立政治科学学院是否明智可行。文理系委员会给予董事会肯定的答复,并在学院入学标准、学制长度、课程内容、毕业标准以及学位授予等方面向董事会提出了建议。在入学标准上,委员会建议"只有完成密歇根大学文理系某一

① University of Michigan. Regents' Proceedings with Appendixes and Index: 1870 – 1876 [M]. Ann Arbor: University of Michigan Press, 1915:450.

② Angell J B. The President's Report to the Board of Regents for the Year Ending June 30, 1877 [R]. Ann Arbor: Published by the University, 1877:8.

③ Proceedings of the Board of Regents of the University of Michigan from Jan., 1876 to Jan., 1881 [M]. Ann Arbor: Printing and Publishing Company, 1881:313.

专业所有必修课的学生或其他著名大学三年级的学生”①才可以入学;在学制长度上,委员会建议“政治科学学院的学习时间应该是 3 年”②;在课程内容上,委员会提出了一个范围广阔的课程领域,包括“从文艺复兴到法国革命的欧洲政治史、中世纪制度史、政体史、制宪前美国政治史、从制宪到内战期间的美国宪法史、英国政府的政治理论与实践、英国宪法史、独立战争以来美国政治史、政治经济学中的实际问题、公共卫生法、监狱与少管所管理、林业学、政治思想史、国际法导论、现代外交史、财政史与财政学、美国与欧洲公务员法、美国与欧洲宪法学、美国与欧洲比较宪法学、美国与欧洲比较行政法学、税收与公共收入学”③等 21 门课程;在毕业标准和学位授予上,委员会建议“在政治科学学院学完所有规定课程并通过考试的学生将获得哲学博士学位;同时密歇根大学文理系本科毕业生以及其他著名大学本科毕业生,只要用 1 到 2 年时间完成政治科学学院规定的相关课程并通过考试也能获得哲学博士学位”④。董事会批准了文理系委员会提交的政治科学学院的组建建议。

1881 年 6 月政治科学学院组建,并于 1881 年 10 月开始招生。政治科学学院一经设立便取得了巨大的成功,院长亚当斯提交的年度报告表明,1881—1882 学年第一学期共有 481 人次学习所开设的 11 门课程,第二学期共有 408 人次学习所开设的 8 门课程,其中“权利课程和林业学课程不仅是密歇根大学首次开设,就目前而言,还是所有美国大学中最先开设的课程”⑤。

(五) 完善教学手段权

在此时期,密歇根大学教师在教学手段上已经从原先主要依赖教科书作为唯一手段的时期,过渡到主要利用图书(不仅仅是教科书,还包括各种学术专著以及专业期刊)、标本、实验室等多种手段的时期,教学方式

---

① Proceedings of the Board of Regents of the University of Michigan from Jan., 1881 to Jan., 1886 [M]. Ann Arbor: The Courier Book and Job Printing Establishment, 1886:69.

② 同①。

③ Proceedings of the Board of Regents of the University of Michigan from Jan., 1881 to Jan., 1886 [M]. Ann Arbor: The Courier Book and Job Printing Establishment, 1886:68-69.

④ 同①。

⑤ Proceedings of the Board of Regents of the University of Michigan from Jan., 1881 to Jan., 1886 [M]. Ann Arbor: The Courier Book and Job Printing Establishment, 1886:278.

实现了从原先讲授的方式过渡到研究的方式,从而在师生之间教学方式的微观层面促进了密歇根大学从传统学院向现代大学的转变。在这个关键时期,董事会不仅为大学新添置了大量图书和标本,而且也兴建了众多科学实验室并不断为它们添置新的仪器设备。

1. 拨款增加图书馆与博物馆的馆藏量

在1877年获得州议会专项拨款前,董事会一直从大学基金收入中为大学图书馆拨款。即使在1877年获得州议会专项拨款后,董事会也继续从大学基金收入中为图书馆拨款。只不过随着州议会拨款力度的逐渐加大,董事会逐渐降低了向图书馆拨款的力度。下图直观地显示出这段时期董事会为图书馆拨款的情况。

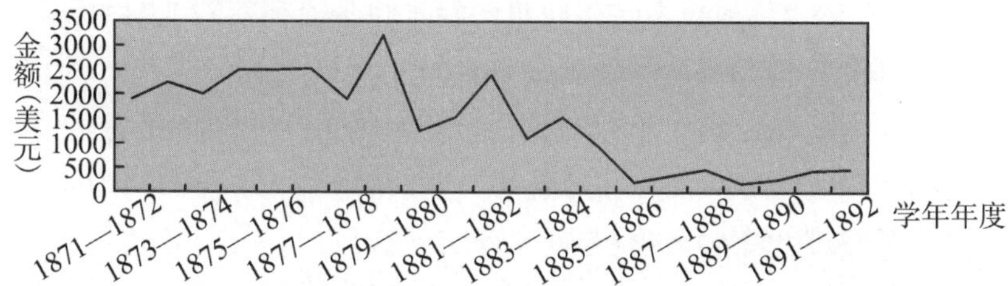

图4-8 1872—1892年董事会从大学基金收入中对图书馆拨款金额变化图

资料来源:University of Michigan. Regents' Proceedings with Appendixes and Index: 1870-1876 [M]. Ann Arbor: University of Michigan Press, 1915:246, 314, 403-404, 472; Proceedings of the Board of Regents of the University of Michigan from Jan., 1876 to Jan., 1881 [M]. Ann Arbor: Printing and Publishing Company, 1881:171, 292, 428, 594; Proceedings of the Board of Regents of the University of Michigan from Jan., 1881 to Jan., 1886 [M]. Ann Arbor: The Courier Book and Job Printing Establishment, 1886: 129, 287, 405, 515, 612-613; Proceedings of the Board of Regents of the University of Michigan from Jan., 1886 to Jan., 1891 [M]. Ann Arbor: Printing and Publishing Company, 1891:80, 183, 244, 370, 459, 594; Proceedings of the Board of Regents of the University of Michigan from Jan., 1891 to Jan., 1896 [M]. Ann Arbor: Printing and Publishing Company, 1896:98.

经过20年的发展,密歇根大学图书馆的馆藏量得到了极大的提升,"截至1892年9月30日,图书馆共藏书82347本,未装订的小册子15930

本,地图 726 张”①,是 1872 年大学图书馆馆藏量的 4 倍多,生均图书量也几乎翻了 1 倍。

1871 年 9 月,大学博物馆有各类标本共计 29043 类 101174 件,在此时期,董事会购买了斯特尔存放于博物馆中的标本,这是董事会此时期购买的最大一批标本。

1870 年 9 月,1868 届密歇根大学毕业生斯特尔决定到南美考察,然后再环游世界,考察的主要目的是到南美地区以及其他所到之处收集博物学标本。斯特尔所收集的全部标本都运到了密歇根大学博物馆,并最终制成 60000 件动物标本、2500 件植物标本以及大量考古学和人种学标本。斯特尔考察南美以及环游世界的费用由安阿伯市富商比尔(R. A. Beal)所出,比尔声称他对斯特尔收集的标本也拥有所有权,因而标本虽然由斯特尔收集,却被认为是由比尔和斯特尔共同拥有的财产。董事会当然希望这些标本最终能为大学博物馆所有,因为比尔本人是安阿伯的富商,这些标本的价值对他来说如九牛一毛,此外这些标本是由于运往密歇根大学而得到免税入境的优惠的。但斯特尔于 1875 年回国之际,董事会和比尔因为“罗斯—道格拉斯辩论”正在互相争执,因而有关这些标本转让给大学的事情就一推再推。1877 年 7 月,法庭判决认为,罗斯应该承担化学实验室资金挪用问题的主要责任,并应向大学董事会支付 4624.4 美元的赔偿金。1878 年 4 月,比尔提议向大学捐赠属于他的那一半斯特尔标本以抵消罗斯应付的赔偿金,董事会接受了比尔的提议。至此,斯特尔标本的一半已经为博物馆所有,剩下的问题就是如何能够将属于斯特尔的另一半标本也转让给博物馆。

1879 年 6 月,在董事会委托下,卡钦和克里米亚(A. Climie)2 位董事与斯特尔协商关于购买属于他的那一部分标本事宜,并向董事会报告:“他们已经与斯特尔完全达成协议,支付斯特尔 4500 美元作为他 5 年间在南美以及世界各地收集到的动物、植物、地质和考古标本的费用,斯特尔也同意以这个价钱将他 5 年间收集的标本出售给大学博物馆。”②至

① Proceedings of the Board of Regents of the University of Michigan from Jan., 1891 to Jan., 1896 [M]. Ann Arbor: Printing and Publishing Company, 1896:90.

② Proceedings of the Board of Regents of the University of Michigan from Jan., 1876 to Jan., 1881 [M]. Ann Arbor: Printing and Publishing Company, 1881:383.

此,董事会将斯特尔所收集的标本全部转为博物馆所有,斯特尔收集的标本量几乎是 1872 年时大学博物馆所有标本量的五分之三,从而也极大地增加了博物馆的馆藏量。

此外,董事会在此时期还经常从大学基金收入中拨款为博物馆购买少量标本,下图直观地表明这段时期董事会为博物馆购买标本的拨款情况:

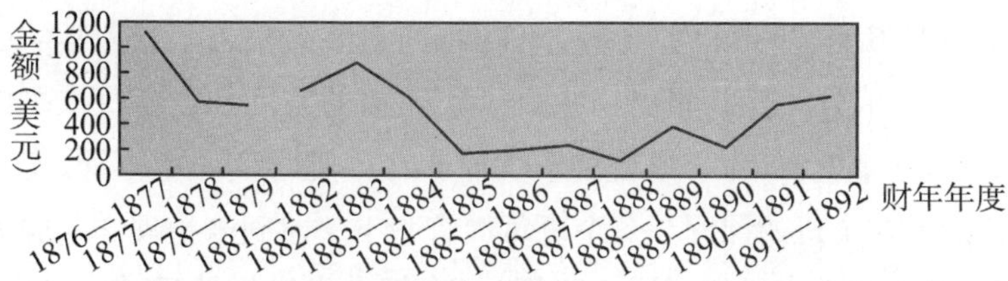

图 4 -9　1872—1879、1881—1892 年董事会为博物馆拨款购买标本金额变化图

资料来源:Proceedings of the Board of Regents of the University of Michigan from Jan., 1876 to Jan., 1881 [M]. Ann Arbor: Printing and Publishing Company, 1881: 171, 292, 428, 594; Proceedings of the Board of Regents of the University of Michigan from Jan., 1881 to Jan., 1886 [M]. Ann Arbor: The Courier Book and Job Printing Establishment, 1886: 287, 410, 515, 613; Proceedings of the Board of Regents of the University of Michigan from Jan., 1886 to Jan., 1891 [M]. Ann Arbor: Printing and Publishing Company, 1891: 80, 182, 243, 370, 459, 594; Proceedings of the Board of Regents of the University of Michigan from Jan., 1891 to Jan., 1896 [M]. Ann Arbor: Printing and Publishing Company, 1896: 98.

2. 建设各种科学实验室

进入此时期后,自然科学教师在教学方法上全面向实验室教学方法转变,为了满足教师的教学科研需要,董事会新建了一批实验室,而在此之前,大学只有 1 个分析化学实验室。

(1) 生理学实验室的建立。1876 年,董事会向公共教育督学提交年度报告,申请州议会拨款为大学提供教授技术类专业知识必要的设备,报告提出:"我们需要州议会的拨款,为大学传授和研究科学与技术知识提供必要的手段。如果想要在这些方面满足密歇根州人民的需要,州议会就必须为大学提供必要的资金,从而为大学传授和研究专业技术类知识提供必要的设备。”①1877 年,董事会向州议会提交建立生理学实验室的建议,建议提出:“医学系需要建立生理学实验室……为此,我们建议向董事会拨款 1000 美元为医学系建立生理学实验室。”②在董事会请求下,1877 年 5 月,州议会通过大学拨款法,规定:“为了给密歇根大学医学系建立生理学实验室,1877 年与 1878 年州议会将分别向大学拨款 2500 美元。”③

1878 年 6 月,生理学实验室主任福特向董事会报告了生理学实验室成立一年来的教学情况,指出:“生理学实验室的空间和设备每次可同时容纳 15 名学生上课,为了使更多学生能够在生理学实验室上课,实验室已经开设了 6 个班的课程。每个班每周有一下午时间来生理学实验室上课,教授的内容随科目的不同而不同,每次都是先讲授然后动手做实验。每门课由 10 节课组成,每周 1 节, 1877—1878 学年生理学实验室开设了 3 门课,有 250 多名学生来生理学实验室上课。”④同时,福特指出,生理学实验室开设 3 门课程,其目的并不是想在如此短的时间内就把学生培养成使用显微镜的专家,仅是教授他们如何运用显微镜、如何制作标本、如何作观察记录以及分辨研究对象的物质构成,从而为他们今后的学习奠定一定的基础。1881 年 9 月,董事会将生理学实验室更名为组织学实验室。

(2) 物理学实验室的建立。1877 年,董事会向州议会请求为大学拨款建立物理学实验室,这一点可以从 1877 年州议会参议院大学委员会向参议院提交的报告中看出,该报告指出:“经过仔细考察大学各系的需要,我们建议 1877 年为大学拨款 1500 美元、1878 年为大学拨款 500 美元用

① Fortieth Annual Report of the Superintendent of Public Instruction of the State of Michigan [M]. Lansing: W. S. George & Co., 1876:93.

② Journal of the Senate of the State of Michigan 1877 [M]. Lansing: W. S. George & Co., 1877:597.

③ Public Acts and Joint and Concurrent Resolutions of the Legislature of the State of Michigan Passed at the Regular Session of 1877 [M]. Lansing: W. S. George & Co., 1877:200.

④ Proceedings of the Board of Regents of the University of Michigan from Jan., 1876 to Jan., 1881 [M]. Ann Arbor: Printing and Publishing Company, 1881:244.

于建设物理学实验室。”①在董事会请求下,1877 年州议会通过拨款法,该法规定:“1877 年从密歇根州财政部拨款 1000 美元、1878 年拨款 500 美元给密歇根大学董事会,用于建设物理学实验室。”②

1878 年物理学实验室正式开始教学活动,1878 年校长年度报告指出:“建立 1 所专门教授物理学的实验室是我们多年来的梦想,这个梦想在今年实现了。州议会共拨款 1500 美元为大学购买物理学实验仪器,并拨款为物理学实验室聘请教授,从而使我们在今年就能够开展物理学实验教学活动。”③1883 年州议会通过的拨款法再次为物理学实验室提供了财政拨款,该法规定:“出于为物理实验室购买实验设备考虑,1883 年和 1884 年州财政部将分别向大学拨款 1500 美元。”④

(3) 机械工程实验室的建立。1881 年,在助教戴维斯的建议下,董事会向州议会请求 2500 美元拨款建立机械工程实验室,并聘请海军助理工程师库利管理实验室。在董事会请求下,1881 年州议会通过拨款法,该法规定,“为了建立和装备 1 所机械工程实验室,1881 年州财政部将给密歇根大学董事会拨款 2500 美元”⑤;同时,聘请库利负责机械工程实验室的建设和管理,库利用 1500 美元建实验室,用 1000 美元购买实验室设备。

1881 年 11 月,机械工程实验室正式开展教学活动。1882 年库利向董事会提交的报告汇报了机械工程实验室建立以来的教学情况,报告说:“机械工程实验室正式开始教学后,招收了 6 名学生到实验室学习,这些学生都是在 1881—1882 学年第一学期学习了车间工作原理的学生,其实还有很多学生希望到实验室学习机械工程技术,但由于实验室的空间有

---

① Journal of the Senate of the State of Michigan 1877 [M]. Lansing: W. S. George & Co., 1873: 600.

② Public Acts and Joint and Concurrent Resolutions of the Legislature of the State of Michigan Passed at the Regular Session of 1877 [M]. Lansing: W. S. George & Co., 1877: 199 - 200.

③ Angell J B. The President's Report to the Board of Regents for the Year Ending June 30, 1878 [R]. Ann Arbor: Published by the University, 1878:6.

④ Public Acts and Joint and Concurrent Resolutions of the Legislature of the State of Michigan Passed at the Regular Session of 1883 [M]. Lansing: W. S. George & Co., 1883:92.

⑤ Public Acts and Joint and Concurrent Resolutions of the Legislature of the State of Michigan Passed at the Regular Session of 1881 [M]. Lansing: W. S. George & Co., 1881:52.

限而拒绝了他们的申请。来实验室学习的学生并没有限于原先规定的课程,他们绝大部分时间都是在车间检修和制造机械。"①在回顾了机械工程实验室自建立以来开展的教学活动后,库利向董事会提出实验室现在遇到的困难,那就是缺少助理和设备。如果董事会能够为机械工程实验室任命必要的助理、提供必要设备的话,实验室就能使更多的学生在更大的程度上受益。

在董事会请求下,州议会在 1883 年通过拨款法再次向机械工程实验室拨款,该法规定:"出于为机械工程实验室任命助理考虑,州财政部将分别在 1883 年和 1884 年向大学拨款 1000 美元;为了给机械工程实验室购买必要的设备,州财政部将在 1883 年向大学拨款 1500 美元。"②

(4) 卫生学实验室的建立。1886 年 10 月,州卫生委员会请求董事会在密歇根大学建立 1 个卫生学实验室,董事会接受了州卫生委员会的请求。

由于大学已经没有地方安置卫生学实验室,因而在董事会请求下,1887 年州议会通过拨款法,规定为卫生学实验室建立实验楼并为实验室购买设备,该法规定:"出于为科学实验室建立 1 座实验室楼以及为该实验室购买实验设备的考虑,1887 年州财政部将向大学拨款 35000 美元。"③1889 年,卫生学实验室正式开始教学,但董事会发现实验室有限的空间和设备根本无法满足学生的需求。为了给卫生学实验室购买足够的实验仪器,在董事会建议下,1889 年州议会再次通过拨款法,该法规定:"为了给卫生学实验室购买实验设备,1889 年与 1890 年州财政部每年将向大学拨款 3000 美元。"④

(六) 提高入学标准和毕业标准的权力

在转型的缓慢发展时期,董事会开始逐步提高文理系入学考试的难

① Proceedings of the Board of Regents of the University of Michigan from Jan. , 1881 to Jan. , 1886 [M]. Ann Arbor: The Courier Book and Job Printing Establishment, 1886:241.

② Public Acts and Joint and Concurrent Resolutions of the Legislature of the State of Michigan Passed at the Regular Session of 1883 [M]. Lansing: W. S. George & Co. , 1883: 92.

③ Public Acts and Joint and Concurrent Resolutions of the Legislature of the State of Michigan Passed at the Regular Session of 1887 [M]. Lansing: Thorp & Godfrey, 1887:305.

④ Public Acts and Joint and Concurrent Resolutions of the Legislature of the State of Michigan Passed at the Regular Session of 1889 [M]. Lansing: Darius D. Thorp, 1889:165.

度以及建立认证中学制度，这为密歇根大学提供了更为优质的生源。在此时期，董事会将更多的注意力转向提高专业学院的入学标准和毕业标准上，从而进一步提高大学专业学院的教育质量。

1. 提高专业学院入学标准

医学系自建立以来就没有组织过招生考试，入学者只要提交道德证明即可，这种情况导致医学系入学新生的教育准备情况十分糟糕。为了改变这种情况，1872 年 6 月，董事埃斯塔布鲁克（Joseph Estabrook）提议，"从 1873 年 9 月起，医学系和法学系将开始组织入学考试，其考试标准将与文理系科学专业入学标准相同"①，董事会将该提议提交给法学系和医学系联合委员会处理。同时，沃克董事提议，请求法学系和医学系教师对两系下学年申请入学学生的教育准备情况进行调查。

经过调查后，1874 年 3 月，医学系教师向董事会建议："从 1874 年开始所有医学系入学新生除了要提交道德证明外，在入学前还要参加入学考试，入学新生必须熟练掌握英语、自然哲学、自然地理和初等数学，此外必须掌握一定的拉丁语知识。"②

1875 年校长年度报告指出，1874—1875 学年医学系正式开始组织入学考试，尽管入学标准还不高，但还是将一些没有达到标准的申请者拒之门外。入学标准的提高不是大学本身能决定的事情，也不能一蹴而就。经过不断调整，据 1892 年校长年度报告，直到"1892—1893 学年，医学系的入学考试难度才达到文理系理科专业学生的入学考试水平"③。即使这样，密歇根大学医学系仍是全美第一个组织入学考试的医学系，1877 年哈佛大学医学系也开始组织入学考试，此后达特茅斯学院医学系与鲍登学院医学系也开始组织入学考试。

1892 年校长年度报告指出，"董事会将牙医学院入学标准提升到了

---

① University of Michigan. Regents' Proceedings with Appendixes and Index：1870 – 1876 [M]. Ann Arbor：University of Michigan Press，1915：237.

② University of Michigan. Regents' Proceedings with Appendixes and Index：1870 – 1876 [M]. Ann Arbor：University of Michigan Press，1915：326.

③ Angell J B. The President's Report to the Board of Regents for the Year Ending Sept. 30，1892 [R]. Ann Arbor：Published by the University，1892：17.

文理系理科专业学生的入学标准水平"①。同时,法学系也在入学考试中加入了布莱克斯通法学评论的部分内容。

2. 提高专业学院的毕业标准

此时期,董事会主要通过延长专业学院的学年和学制长度等方式提高专业学院的毕业标准。

医学系建立时,董事会规定其学年长度为6个月,从每年10月开始到次年3月结束,学制长度为2年。虽然在之前的一段时期,医学系教师也曾向董事会申请延长医学系的学年长度到每年9个月,从而与文理系的学年长度相同,但由于大学财政条件不允许,董事会一直没有批准医学系教师的请求。随着大学财政情况的日益好转以及医学系在国内名声的日益提高,医学系教师又将延长医学系学年和学制长度问题提交董事会,董事会在这个问题上也更加主动。

早在1875年3月,董事会"就责成医学系委员会调查将医学系学年长度从6个月延长到9个月并将所教课程进行分级的可行性,以及引入这一变革所需费用问题"②。1876年9月和1877年3月,医学系教师多次向董事会请求将医学系学年长度延长到9个月。1877年5月,州议会通过拨款法,规定"为了使密歇根大学董事会能够将医学系学年长度延长到9个月,1877和1878年州财政部将分别为董事会拨款4500美元"③;1877年6月,董事会决定"从1877—1878学年开始医学系学年长度延长为每年9个月,但学费不变"④。至此,医学系的学年长度才终于延长到9个月。

在实现了学年长度延长的目标后,医学系教师继续请求董事会延长医学系的学制长度。在医学系教师的请求下,董事会决定从1880—1881学年开始将医学系的学制长度延长到3年。1887年10月,医学系教师向

① Angell J B. The President's Report to the Board of Regents for the Year Ending Sept. 30, 1892 [R]. Ann Arbor: Published by the University, 1892:19.

② University of Michigan. Regents' Proceedings with Appendixes and Index: 1870 – 1876 [M]. Ann Arbor: University of Michigan Press, 1915:428.

③ Public Acts and Joint and Concurrent Resolutions of the Legislature of the State of Michigan Passed at the Regular Session of 1877 [M]. Lansing: W. S. George & Co., 1877:200.

④ Proceedings of the Board of Regents of the University of Michigan from Jan., 1876 to Jan., 1881 [M]. Ann Arbor: Printing and Publishing Company, 1881:122 – 123.

董事会申请,“为了将密歇根大学医学系教学层次提升到欧洲大学医学教育的层次,建议董事会将医学系学制长度延长到 4 年,每年 9 个月,其中最后 1 年用于临床医学实践教学”①,并请求董事会对延长医学系学制长度的可行性和适当性进行调查。从 1891—1892 学年开始,医学系正式开始实施 4 年制学制。

密歇根大学医学系最先在全美大学医学系实行 9 个月学年长度和 4 年制学制,其他大学医学系学制长度通常是 2 年,学年长度有的仅有 4 个月甚至更短。

法学系在组建之初,董事会依照医学系的实践,也规定它的学年长度为 6 个月,学制长度为 2 年。

进入此时期之后,董事会在延长医学系学年和学制长度的同时,也开始延长法学系学年长度。1883 年 3 月,在董事杰伊(James F. Joy)的建议下,董事会决定,“从 1883—1884 学年将法学系的学年长度从 6 个月延长到 9 个月”②,并要求法学系教师在 6 月的董事会会议上提交相应的报告。1883 年 7 月,董事会正式决定延长法学系学年长度到 9 个月。

1889 年,法学系教师和校长在向董事会提交的年度报告中都建议董事会将法学系学制长度从 2 年延长到 3 年,但董事会并没有批准他们的申请。而与医学系的学制和学年长度在全美医学院中的领先地位相比,法学系的学制长度要落后于其他大学法学院的学制长度。

1875 年牙医学院组建之时,与当时其他专业学院一样,董事会规定牙医学院的学年长度为 6 个月,学制长度为 2 年。

在刚刚延长了法学系学年长度后,1883 年 7 月,董事会开始考虑延长牙医学院的学年长度。1884 年 7 月,董事会决定将牙医学院的学年长度延长到 9 个月。在成功延长学年长度的基础上,1888 年 3 月,在牙医学院院长建议下,董事会决定,“从 1889 年 10 月开始,将牙医学院的学制长

① Proceedings of the Board of Regents of the University of Michigan from Jan., 1886 to Jan., 1891 [M]. Ann Arbor: Printing and Publishing Company, 1891:172.

② Proceedings of the Board of Regents of the University of Michigan from Jan., 1881 to Jan., 1886 [M]. Ann Arbor: The Courier Book and Job Printing Establishment, 1886:324.

度延长到 3 年”①。

1875 年顺势疗法学院组建之时，董事会规定顺势疗法学院的学年长度为 6 个月，而学制长度为 2 年，这与当时大学任何一所专业学院都是相同的。

1877 年，董事会将顺势疗法学院的学年长度延长到 9 个月，校长在其年度报告中指出：“延长顺势疗法学院学年长度到 9 个月，这在美国开设的所有顺势疗法学院中还是头一个。”②1879 年 6 月，顺势疗法学院院长曾请求董事会将其学制长度延长到 3 年，但董事会没有批准他的建议。

（七）新型学位的授予权与提高授予标准权

1871 年到 1892 年是密歇根大学转型的关键时期，在该时期开始前，董事会已经开始授予文、理学学士和硕士学位，土木工程学学位，法学学士学位，哲学学士学位，矿物工程学学位和药物化学学位以及医学博士学位。进入该时期后，大学不但设置了新型学位，而且提高了学位授予条件。

1. 各种新型学位的授予

1875 年 6 月，在文理系教师建议下，董事会授予 2 名毕业生哲学硕士学位，这是大学自 1870 年授予哲学学士学位之后首次授予哲学硕士学位。

1875 年 6 月，在雷德董事提议下，董事会“授予斯特尔教授哲学博士学位”③，这是大学董事会授予的第一个哲学博士学位，但这个哲学博士学位是荣誉学位。1876 年 6 月，董事会授予 2 名毕业生哲学博士学位，并且这 2 位哲学博士申请人都通过了博士学位申请考试，这是大学首次授予真正意义上的学术哲学博士学位，是密歇根大学从传统学院向现代大学转型过程中的一个重要里程碑。

1876 年 3 月，在牙医学院院长建议下，董事会授予 5 名牙医学院毕业

① Proceedings of the Board of Regents of the University of Michigan from Jan. , 1886 to Jan. , 1891 [M]. Ann Arbor: Printing and Publishing Company, 1891: 207.

② Proceedings of the Board of Regents of the University of Michigan from Jan. , 1876 to Jan. , 1881 [M]. Ann Arbor: Printing and Publishing Company, 1881:159.

③ University of Michigan. Regents' Proceedings with Appendixes and Index: 1870 – 1876 [M]. Ann Arbor: University of Michigan Press, 1915:451.

生牙医外科学博士学位。这是董事会自授予医学博士学位和法学学士学位后，授予的第三种专业学位。

1877 年 3 月，在顺势疗法学院院长建议下，董事会授予 13 名顺势疗法学院毕业生医学博士学位。这是董事会自授予医学博士学位以来，首次将医学博士学位授予医学系之外的另一个医学系毕业生。

1880 年 6 月，在文理系教师建议下，董事会授予 3 名毕业生文学士学位，这是董事会向文理系毕业生首次授予文学士学位。1882 年，董事会在授予文学士学位之后，首次授予文硕士学位。

1883 年，董事会调整了工程学学位的授予类型，开始授予工程学专业毕业生理学学士学位。1883 年 6 月，董事会开始授予土木工程学和矿物工程学毕业生理学学士学位；1885 年 6 月，董事会授予机械工程专业毕业生理学学士学位；1890 年 6 月，董事会授予 3 名电子工程学专业毕业生理学学士学位，从而将理学学士学位的授予对象范围扩大到工程学领域。1886 年，董事会授予 2 名生物学专业毕业生理学学士学位，授予 3 名化学专业毕业生理学学士学位。

1887 年 6 月，在药物学院院长建议下，董事会授予 1 名药物学院毕业生药物学硕士学位，这是大学在授予药物化学学位以来首次授予药物学硕士学位。

1889 年 6 月，在文理系教师建议下，董事会授予 1 名文理系生物学专业毕业生理学博士学位，这是大学自 1876 年授予学术哲学博士学位以来，首次在理科领域授予博士学位。

1890 年 6 月，在法学系教师建议下，董事会授予 6 名法学系毕业生法学硕士学位，这是大学法学系自建立以来首次授予法学硕士学位。

到该时期结束时，文理系已经开始授予文学学士、文学士、理学学士和哲学学士这 4 种学士学位，开始授予文学硕士、文硕士、理学硕士和哲学硕士这 4 种硕士学位并开始授予哲学博士和理学博士这 2 种博士学位；医学系和顺势疗法学院已经开始授予医学博士学位；牙医学院开始授予牙医外科学博士学位；法学院开始授予法学学士和法学硕士学位；而药物学院开始授予药物化学学位和药物学硕士学位。

2. 提高学位授予标准

在该时期，董事会不仅完善了各院系学位授予类型，提升学位授予层次，同时也提高了学位授予标准，其具体表现就是增加学位申请考试。

在该时期之前，密歇根大学毕业生只要修完大学规定的所有课程，无须考试就可以获得相应学位。从1872年开始，法学系开始要求毕业生参加学位申请考试，只有通过考试的学生才能获得法学系教师的学位授予推荐。1873年医学系也开始要求毕业生参加学位申请考试，而文理系只要求部分文学硕士申请人参加学位申请考试，其他专业和其他学位申请者则无须参加学位申请考试。1874年，在文理系教师提议下，董事会决定，“从1877—1878学年开始，文理系所有硕士学位申请者都必须参加学位申请考试”①。

董事会不但设置了学位申请考试，而且随着时间的推移还不断提高学位申请考试的难度。同时，为了保证各院系学位申请考试对申请人来说是公平的，1892年董事会决定，“今后无论医学系、顺势疗法学院还是牙医学院毕业生要想申请学位，都必须通过所学课程的考试，为了使考试对3个院系所有学生都公平，由不同院系的教授监考其他院系学生的毕业考试”②。

二、 转型快速发展时期的密歇根大学董事会权力行使的侧重点

（一） 新学费政策的制定

正如本书中多次提到的那样，大学基金收入、州政府财政拨款以及大学学费是密歇根大学财政收入的三大支柱。在密歇根大学转型的起步时期，董事会解决了大学基金收入问题；在转型的缓慢发展时期，董事会解决了州政府财政拨款问题，开启了州政府向大学提供经常性和专项财政拨款的新篇章；而在转型的快速发展时期，董事会将权力行使的侧重点转向了大学财政收入的第三根支柱——学费。在该时期，董事会逐渐形成了一种积极的扩张性学费政策，该政策有3个特点：第一是提升学费额度，第二是差异化对待本州与外地学生的学费收取额度，第三是差异化对待文理系与其他专业学院学生的学费收取额度。

---

① University of Michigan. Regents' Proceedings with Appendixes and Index：1870 – 1876 [M]. Ann Arbor：University of Michigan Press，1915：393 – 394.

② Proceedings of the Board of Regents of the University of Michigan from Jan.，1891 to Jan.，1896 [M]. Ann Arbor：Printing and Publishing Company，1896：44.

（二）新院系的建立

该时期是密歇根大学新院系纷纷涌现的时期。在传统学院时期，大学已经组建了文理系和医学系；在转型的起步时期，董事会组建了法学系；转型的缓慢发展时期，董事会在组建新院系方面并没有建树；而到了转型的快速发展时期，董事会首先解决了争论20多年的顺势疗法医学理论的教学问题，建立了顺势疗法学院，之后又相继建立了牙医学院、矿物学院、药物学院和政治科学学院。因而与转型的起步时期和缓慢发展时期相比，转型的快速发展时期董事会将权力更多地运用到大学新院系的组建上。

（三）新实验室的建立与已有实验室的扩建

实验室的出现，意味着大学自然科学教学方法从传统的书本教学到实验研究的转变。转型的起步时期，董事会建立起了分析化学实验室；转型的缓慢发展时期，董事会扩建了已经建立的分析化学实验室；而进入转型的快速发展时期，董事会不但新建了生理学与组织学实验室、物理学实验室、机械工程实验室、卫生学实验室，而且多次扩建分析化学实验室。因而与转型的起步时期和缓慢发展时期相比，快速发展时期董事会将权力更多地运用到新实验室的建立与已有实验室的扩建上。

（四）专业学院入学与毕业标准的提高

从1852年到1892年各个时期，董事会都在不断提高大学教育质量和毕业生质量，使其不仅在结构上实现了从传统学院向现代大学的转型，而且在教育质量上也实现了从中学层次到大学层次的提升。但在教育质量的提升上，各时期董事会权力行使的侧重点有所不同。转型的起步时期，董事会通过文理系研究生课程的设置、演讲制的应用、毕业论文的规定以及奖学金的设置等方式提升大学的教育质量，这是从人才培养的角度提升大学的教育质量；转型的缓慢发展时期，董事会将权力行使的侧重点转到提高文理系的入学标准，这是从严把大学入口关的角度提升大学的层次。而到了转型的快速发展时期，董事会一方面继续提高文理系的入学标准，另一方面也开始提高专业学院的入学标准；董事会一方面延长专业学院的学年和学制长度，另一方面也开始设置学位申请考试，这是从严把大学入口关、提高培养质量以及严把大学出口关这三重角度全方位提高大学教育质量。因而与转型的起步时期和缓慢发展时期相比，转型的快速发展时期董事会运用多方面的权力全方位提升了大学教育质量。

第二节 转型快速发展时期的密歇根大学董事会权力行使的基础

在密歇根大学转型的这个重要时期,董事会行使各种权力推动大学迅速发展时利用了一切可以利用的资源。那么,该段时期董事会在行使各种权力时都动用了哪些资源呢?这些资源的性质是什么呢?下文将详细讨论这些问题。

一、 转型快速发展时期的密歇根大学董事会权力行使的基础

(一) 法律资源

董事会在该时期行使各种权力所利用的第一种资源就是法律资源,也就是说董事会在这一时期所行使的各种权力都是合法权力。1851 年建校法首先明确了董事会与校长各自的管理权限问题,即“大学管理权归董事会所有……而大学各系的管理权归校长所有”①。在明确了董事会的权限后,议会通过的各种与大学相关的法律具体规定了董事会拥有的各项权力。

在学费政策制定权上,1851 年建校法第十三条规定:“大学将免费向本州学生开放,外地学生的学费由董事会确定。”②从这条规定我们可以看出,州议会在 1851 年建校法中就赋予董事会制定大学学费政策的权力,并且学费政策的制定是可以区别对待本州学生和外地学生的,从而为该时期董事会制定新的学费政策奠定了合法性基础。

在大学教师任命权问题上,首先,1851 年建校法授予大学董事会确定大学教师职位数量的权力,即“大学董事会有确定、增加或减少大学教

① Acts of the Legislature of the State of Michigan Passed at the Annual and Extra Session of 1851 [M]. Lansing: R. W. Ingals, State Printer, 1851: 205 - 206.

② Acts of the Legislature of the State of Michigan Passed at the Annual and Extra Session of 1851 [M]. Lansing: R. W. Ingals, State Printer, 1851: 207.

授职位数量的权力”①;其次,1851 年建校法授予大学董事会“任命相应职位大学教师的权力”②。由此可见,在大学教师职位确定权以及相应职位教师任命权问题上,1851 年建校法赋予董事会全权,至于董事会是否有能力运用这种能力以及如何运用这种权力,还要看董事会调动其他资源的能力。

在大学组织建设权上,1851 年建校法赋予董事会在大学组织建设上相当大的自主权,即“只要董事会认为对大学发展有利,并且大学财政状况允许,董事会就可以在文理系、法学系和医学系之外建立其他任何院系”③。这一规定既为大学组织的进一步发展去掉了法律上的障碍,同时也赋予董事会在大学新组织建设方面极大的自主权,从而也为该时期董事会的组织建设权提供了法律基础。

董事会在该时期经常从大学收入中拨款为图书馆、博物馆、实验室购买图书、标本以及实验室设备,董事会行使的这些权力是有法律基础的。1851 年建校法规定:“董事会有权将大学学费收入的部分资金用于为图书馆购买图书资料……有权花费大学基金产生的收入为大学购买哲学、化学、气象学以及大学所需的其他设备,同时维护这些设备。”④由此可见,1851 年建校法明确授予董事会利用大学的两种收入来源为大学购买图书、标本以及各种实验室设备的权力。

不同于学费政策制定、人事任命、组织建设以及教学手段完善等大学管理方面的“宪法性”权力,入学标准和毕业标准的制定属于大学行政管理法规方面的权力,而 1851 年大学建校法将“制定大学管理的规章、条例、制度等方面的权力授予董事会”,因而入学标准和毕业标准的制定就属于 1851 年建校法授予董事会的合法权力。这样,董事会制定大学入学标准和毕业标准的权力就有了法律基础,但董事会在多大程度上行使这种权力以及如何行使这种权力还要看董事会调动大学其他资源的能力。

---

① Acts of the Legislature of the State of Michigan Passed at the Annual and Extra Session of 1851 [M]. Lansing: R. W. Ingals, State Printer, 1851: 206.

② 同①。

③ 同①。

④ Acts of the Legislature of the State of Michigan Passed at the Annual and Extra Session of 1851 [M]. Lansing: R. W. Ingals, State Printer, 1851: 207.

在学位授予权方面,1851 年建校法规定:"大学各系的直接管理权授予校长和各系教师……但董事会有权给大学毕业生颁发毕业证和授予学位。"①由此可见,董事会授予各院系毕业生学位的权力是有法律基础的,至于董事会在多大程度上及以何种形式行使这种权力,就要看董事会调动大学内部其他资源的能力。

(二) 大学声誉

在该时期,密歇根大学在州内外以及国外都赢得了很高的声誉,外地学生在密歇根大学生中所占的比例就是个很好的说明,下图直观地显示出该时期大学生中外地学生的比例:

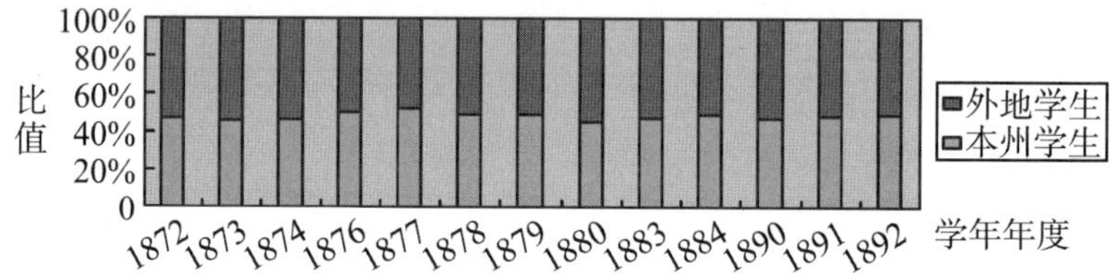

图 4-10 1872—1892 部分学年密歇根大学学生比例分布图

资料来源:University of Michigan. Regents' Proceedings with Appendixes and Index: 1870-1876 [M]. Ann Arbor: University of Michigan Press, 1915: 191, 304, 385; Proceedings of the Board of Regents of the University of Michigan from Jan., 1876 to Jan., 1881 [M]. Ann Arbor: Printing and Publishing Company, 1881: 57-58, 151, 280, 412, 578; Proceedings of the Board of Regents of the University of Michigan from Jan., 1881 to Jan., 1886 [M]. Ann Arbor: The Courier Book and Job Printing Establishment, 1886: 385, 492, 596; Proceedings of the Board of Regents of the University of Michigan from Jan., 1886 to Jan., 1891 [M]. Ann Arbor: Printing and Publishing Company, 1891: 441, 558; Proceedings of the Board of Regents of the University of Michigan from Jan., 1891 to Jan., 1896 [M]. Ann Arbor: Printing and Publishing Company, 1896: 74.

可见,该时期,密歇根大学每年都有半数以上的学生来自外州或其他国家或地区。下图直观地表明该时期来自外州和国外其他地区学生数量的变化情况:

① Acts of the Legislature of the State of Michigan Passed at the Annual and Extra Session of 1851 [M]. Lansing: R. W. Ingals, State Printer, 1851: 206.

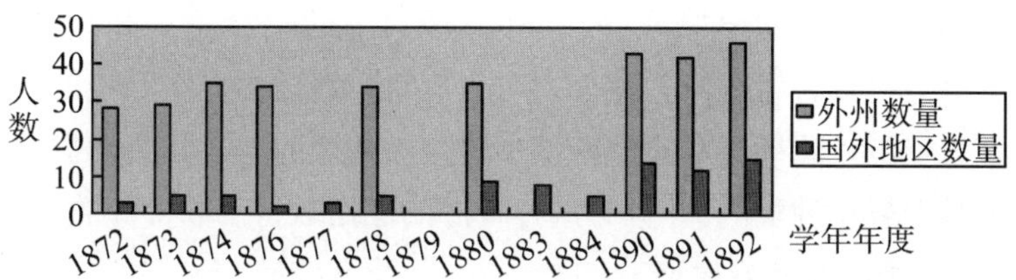

图4-11　1872—1892部分学年密歇根大学生源地区变化图

资料来源：University of Michigan. Regents' Proceedings with Appendixes and Index: 1870－1876［M］. Ann Arbor: University of Michigan Press, 1915:191, 304, 385; Proceedings of the Board of Regents of the University of Michigan from Jan., 1876 to Jan., 1881［M］. Ann Arbor: Printing and Publishing Company, 1881: 57－58, 151, 280, 578; Proceedings of the Board of Regents of the University of Michigan from Jan., 1881 to Jan., 1886［M］. Ann Arbor: The Courier Book and Job Printing Establishment, 1886: 385, 492, 596; Proceedings of the Board of Regents of the University of Michigan from Jan., 1886 to Jan., 1891［M］. Ann Arbor: Printing and Publishing Company, 1891: 441, 558; Proceedings of the Board of Regents of the University of Michigan from Jan., 1891 to Jan., 1896［M］. Ann Arbor: Printing and Publishing Company, 1896:74.

在该时期，西部各州州立大学也纷纷建立起来，各州学生无需到密歇根大学就可以在本州接受高等教育。同时，密歇根大学对外地学生的学费收取标准要明显高于其他各州立大学，1887年校长年度报告就指出这一点："学校对外地学生收费标准是：文理系第一年55美元，随后每年30美元；专业学院第一年60美元，随后每年35美元。让我们再看看西部其他州立大学对外地学生的收费情况：俄亥俄大学和印第安纳大学所有院系学生每年交15美元；依阿华大学文理系每年交25美元，专业学院第一年交38到53美元，第二年交33到48美元；威斯康星大学文理系每年18美元，法学系第一年50美元，第二年25美元；内布拉斯加大学和加州大学所有院系免费；明尼苏达大学每年所有院系学生交5美元；堪萨斯大学所有院系学生每年交10美元；伊利诺伊大学文理系第一年交45美元。"①此外，密歇根大学本身的入学标准和毕业标准都比其他州立大学要高。由此可见，密歇根大学在该时期学生人数的持续增长表明其在国

① Angell J B. The President's Report to the Board of Regents for the Year Ending Sept. 30, 1887［R］. Ann Arbor: Published by the University, 1887:17－18.

内外都赢得了很高的声誉。

董事会在该时期行使各种权力时也有意识地运用大学取得的声誉作为其权力资源。董事会在建设科学实验室向州政府争取必要的拨款时利用了大学声誉这种资源,并且对这种资源的利用取得了非常好的效果。

（三）校内外多方建议

董事会在该时期行使的各种权力中,董事会行使的一些权力仅仅是批准权,如教师任命权、组织建设权、入学标准与毕业标准的设置权以及学位授予权,而校内外各方则更多行使了建议权。

该时期,董事会在行使组织建设权时,有意识地利用了校外集团所提各种建议的资源。例如:董事会组建顺势疗法学院时,顺势疗法学院教授职位的设置以及相关职位教授的任命,就采纳了州顺势疗法协会主席的建议。又例如,董事会组建牙医学院,也是出于州牙医协会的建议,并且牙医学院教授职位的设置以及相应职位教授的人选都采纳了州牙医协会主席的建议。由此可见,董事会在行使顺势疗法学院以及牙医学院建设权的过程中,积极利用了校外集团所提出的各项建议。

该时期董事会在行使权力时除了利用校外集团所提建议这种资源外,也积极利用校内各方所提的建议,董事会主要是在行使大学教师任命权、入学标准与毕业标准制定权以及学位授予权时积极利用这种资源,而这种资源提供的主体主要是校长以及各院系教师。

二、 转型快速发展时期的密歇根大学董事会权力行使基础的性质

从以上对转型快速发展时期的董事会权力行使基础所作的分析可以看出,董事会在行使权力时所依赖的资源在性质上是不同的。根据这些资源对象的不同,可以分为集体资源和个人资源。

（一）集体资源

1851 年建校法是密歇根州议会制定的,是州议会全体议员集体智慧的结晶,同时 1851 年建校法的赋权对象是密歇根大学董事会而不是任何一名董事,这些权力是属于董事会的,而不属于任何一名董事个人。我们说该时期董事会行使的各种权力都是合法的,是指董事会在行使各种权力时都是以董事会的名义行使的。

在该时期,密歇根大学在国内外取得了一定的声誉,这一声誉属于密

歇根大学,而不属于大学中的任何个人。董事会是大学内部的最高权力机构,对外代表密歇根大学,因而大学的声誉就是董事会的声誉,但不是任何一名董事的声誉。因而说,大学声誉是一种集体资源。

（二）个人资源

从以上分析可以看出,转型快速发展时期的董事会在行使权力时所依赖的校内外多方建议是一种个人资源。之所以说它是一种个人资源是因为:首先,州牙医协会主席和顺势疗法协会主席在向董事会提名牙医学院和顺势疗法学院教授人选时是根据他们对所在专业的从业人员的了解、判断与选择的结果,而这些了解、判断与选择建立在他们个人的专业素养基础之上而不是职位赋予他们的能力,专业素养是他们的一种个人能力,因而说董事会在行使权力时所依赖的校外各方提供的建议是一种个人资源;其次,校长和各系教师在向董事会提名新教师、各种类型和层次新学位的授予以及提高入学标准与毕业标准时,他们依据的是个人的专业知识、专业判断以及对大学发展目标与需要的了解与认同,而专业知识、专业判断以及对大学发展目标的了解与认同是校长和教授本身所具有的专业素质,不是由于校长和教授职位所赋予他们的职位能力,因而董事会在行使权力时依赖的校内各方提供的建议是一种个人资源。

综上所述,董事会在该时期行使各种权力时综合运用个人资源与集体资源两种权力基础,但从运用范围的角度而言,该时期董事会更多的是依赖个人资源行使权力。

第三节　转型快速发展时期的密歇根大学董事会权力行使所发挥的作用

该时期是密歇根大学从传统学院向现代大学转型过程中的快速发展时期,是转型过程的三个时期中最重要的时期。在该时期,大学在各方面推出了转型的改革措施。在入学标准和毕业标准上,大学不断提高各院系的入学标准,并且延长了专业学院的学年长度和学制长度,同时设置学位申请考试;在学制上,大学开始实行学分制,而不再固守学年制;在教学方法上;大学引入了德国大学流行的研讨班制和实验的教学方法;在教学手段上,大学建立了馆藏量丰富的图书馆、博物馆、艺术馆以及各种设备齐全的实验室;在学位授予的类型和层次上,大学开始授予各种新型学士学位,更重要的是开始授予现代意义上的哲学博士学位;在研究生教育的组织上,大学成立了研究生院。所有这些改革措施使密歇根大学在该时期实现了从传统学院向现代大学的转型。那么,董事会在该时期行使的各种权力对密歇根大学转型发挥了什么样的作用呢?下文将详细讨论这一问题。

一、 为密歇根大学实现转型提供了必要的经济基础

该时期大学推出的各项改革措施都需要大量的资金作为基础,其表现就是财政委员会每年制定的财政预算额度逐年增加,董事会在该时期几乎从来没有对财政委员会提交的财政预算进行过削减,并且在预算执行过程中实际的财政支出往往还超出原来批准的预算支出。这为大学的转型提供了必要的经济基础。

二、 为密歇根大学教学方式的变革提供了必要的手段

1872 年,历史学教授亚当斯已经开始在大学四年级历史教学中引入研讨班制度,并取得了意想不到的成功。研讨班制度的引入,不仅改变了传统的教学方式,而且将研究精神引入课堂教学中。在历史学引入研讨班制的教学方法后,文理系其他专业如政治经济学、财政学、英国文学以及古典学等学科都相继引入了研讨班这种教学方法。同时,由于选修制和大学制的实施,学生研究领域的广泛性也远远超出了前一时期的水平,这就对大学图书馆馆藏量提出了更高的要求。为了满足学生的学习需求,董事会在该时期每年都从大学基金收入中为图书馆拨款购书。

此外,在该时期图书馆馆藏量的增加,社会各界向图书馆的捐赠也发挥了重要作用。如 1883 年 6 月,历史学教授亚当斯向董事会报告:"1882 年,我收到一位不愿透露姓名的捐赠者捐赠的 1500 美元,并通知我用这笔钱购买历史类书籍,在买书时你无需向任何人咨询,也不要向任何人透露捐赠人的姓名……利用这笔资金,我买了 1400 多本历史类书籍。"①

---

① Proceedings of the Board of Regents of the University of Michigan from Jan. , 1881 to Jan. , 1886 [M]. Ann Arbor: The Courier Book and Job Printing Establishment, 1886:343.

1885 年 3 月,法学系教师报告:底特律人布尔(C. H. Buhl)向法学图书馆捐献了联邦各州政府的报告,共计 5000 份。此外,在该时期,大学图书馆也经常收到少量的图书捐赠。

该时期的密歇根大学,不仅人文社会学科的教学方法发生了重要转变,自然科学领域的教学方法也发生了重要变化,其主要表现就是实验室研究方法在自然科学教学中作用的日益增大。

董事会在实验室建设中的作用主要体现在,向州议会申请实验室建设专项资金,从而满足大学自然科学教学中实验研究这种新方法的要求,而实验室的建设提议以及建设方案主要由相应学科的教师提出并制定。

由此可见,在大学教学方法变革过程中,董事会所发挥的作用体现在,作为大学内部最高权力机构,为教学手段的增加提供必要的经济基础。

三、 为密歇根大学新教师的任命提供了合法性基础

在该时期,密歇根大学不仅新建了牙医学院、顺势疗法学院、矿物学院、药物学院和政治科学学院,而且大学原有的文理系、医学系和法学系内部也分化出了众多新的学科。为了给大学引入的新学科提供必要的师资,董事会在该时期做出了大量的教师任命决定,使大学教师人数从 1872 年的 36 人迅速增加到 1891 年的 130 人。

在该时期董事会行使的大量教师任命权中,董事会发挥的作用主要体现在批准权上,而建议权往往由校外群体、校长和各系教师等行使。如 1875 年牙医学院建立时,不仅在牙医学院教授职位的设置上,而且相应职位的教授也是在州牙医协会主席的建议下任命的。同时,1875 年顺势疗法学院建立时,除了顺势疗法学院教授职位的设置,相应教职的教授也是在州顺势疗法协会主席的建议下任命的。在文理系教师的任命中,校长和文理系教师提出了重要的建议,如 1878 年校长向董事会提交的年度报告中说:“由于大学毕业生有很多人都去从事教育工作,向他们讲授一些教育理论与实践知识以及学校组织与管理知识对他们来说将非常有帮

助,因而建议董事会开设教育学课程,并设立教育学讲座。"①1879 年 6 月,在文理系教师的建议下,董事会决定:"设立理论与实践教育学教授职位,并任命佩恩为该职位教授。"②而在中低级职称教师的任命以及晋升上,相关学科的教授则行使了很大一部分建议权,如 1880 年 6 月,在化学教授与分析化学实验室主任普雷斯科特的建议下,董事会决定:"将约翰逊从化学实验室助理晋升为应用化学助教……将奇弗从化学实验室助理晋升为应用化学讲师……任命内格尔(P. E. Nagle)为量化分析助理……任命盖斯勒(J. F. Geisler)为药物学助理。"③

由此可见,董事会在新教师的任命中是以大学内部最高权力机构的身份赋予大学新教师的任命以合法性基础的。

四、 为密歇根大学入学标准和毕业标准的提高提供了合法性基础

转型的缓慢发展时期,密歇根大学董事会开始提高文理系的入学标准,进入转型快速发展时期,大学董事会开始着手提高专业学院的入学标准,并且不断延长专业学院的学年长度和学制长度,同时在各学院设置学位申请考试。董事会在促进大学发展的这一方面,主要行使的是批准权,而这些措施的建议权主要由相关院系教师提出,因而董事会在其中所发挥的作用主要是作为大学内部最高权力机构行使的批准权,为这些改革措施提供合法性基础。

五、 为密歇根大学各种类型和层次新学位的授予提供了合法性基础

到该时期结束时,密歇根大学董事会授予的学位类型和层次已经相当多样化,但董事会在新学位的设立和授予过程中行使的权力就是批准权,而学位设立和授予的建议权则保留在大学各系教师手中。因而,在密歇根大学转型的过程中,董事会在各种类型和层次新学位的授予中所发

① Angell J B. The President's Report to the Board of Regents for the Year Ending June 30, 1878 [R]. Ann Arbor: Published by the University, 1878:15.

② Proceedings of the Board of Regents of the University of Michigan from Jan., 1876 to Jan., 1881 [M]. Ann Arbor: Printing and Publishing Company, 1881:388-389.

③ Proceedings of the Board of Regents of the University of Michigan from Jan., 1876 to Jan., 1881 [M]. Ann Arbor: Printing and Publishing Company, 1881:550.

挥的作用,就是作为大学内部最高权力机构,为它们的存在提供合法性基础。

总而言之,在密歇根大学从传统学院向现代大学转型的这一关键时期,董事会行使的各项权力所发挥的作用主要体现在,作为大学内部最高权力机构,批准财政委员会制定的预算报告,从而为大学转型提供必要的经济基础,批准大学推出的各项改革措施,从而为大学转型提供必要的合法性基础。

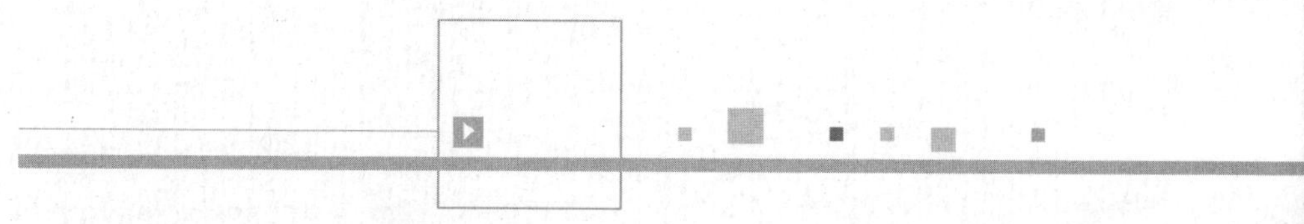

结 语

19 世纪下半叶美国现代大学的形成是通过两种方式实现的：一种方式是建立新的大学，这种方式以约翰·霍普金斯大学、克拉克大学和芝加哥大学等为代表；另一种方式是将传统的高等教育机构转化为现代大学，这种方式以密歇根大学、威斯康星大学、哈佛大学、哥伦比亚大学、普林斯顿大学等为代表。本书研究的密歇根大学，就是通过后一种方式建立的现代大学。

通过后一种方式建立的美国现代大学，既有私立大学，也有州立大学，由于两类大学的资金来源和管理机构存在一定的差异，因而影响它们各自转型的因素也就存在一定差异。本书重点分析的是州立大学转型过程。影响州立大学转型的因素至少包括两大类 6 个因素：联邦政府、州政府、社会组织、董事会、大学校长与大学教师，其中联邦政府、州政府、社会组织是校外因素，而董事会、大学校长与大学教师是校内因素。可以说，如果将 19 世纪下半叶美国州立大学转型过程看成是果的话，那么将有 6 个因素影响这一过程的演进，因而州立大学转型过程在逻辑上是多因一果的关系。

这类研究最合适的方法就是实验研究法，通过控制无关变量，进而凸显自变量和因变量之间的因果联系。在本书中，由于 19 世纪下半叶州立大学的转型是一个已经逝去的历史过程，因而只能通过历史分析法实现对无关变量的控制，进而凸显自变量和因变量之间的因果联系。本书中的自变量就是州立大学董事会行使的各种权力，因变量就是州立大学的转型过程。

州立大学转型在性质上是一种组织变迁过程，而组织变迁的动力有多种,其中组织目标的转换就是一种重要的动力。一旦组织采取新的合法的组织目标,剩下的事情就是对组织结构进行调整,从而使其更好地完成新的组织目标。在组织变迁过程中,影响州立大学转型的各种因素通过各种机制发挥各自的影响力,由于各种因素与州立大学之间联系的紧密程度以及在州立大学组织层级中的位置不同,因而对州立大学转型影响的程度和性质就存在一定的差异。本书选择州立大学内部最高权力机构的董事会解释州立大学的转型过程,出于研究可行性考虑,本书以密歇根大学为个案,研究董事会对密歇根大学转型过程发挥的作用问题。

州立大学转型过程是具体的,这一过程实质上就是现代大学组织目标的确立以及新组织结构逐渐生成的过程,董事会对这一过程的影响机制主要通过行使的各种影响现代大学组织结构生成的权力实现的。通过分析董事会行使的各项权力以及在现代大学组织结构生成过程中具体扮演的角色就可以探索出它们在州立大学转型过程中发挥的作用,进而实现从董事会权力行使的角度解释州立大学的转型过程这一目标。

本研究发现,董事会在密歇根大学转型过程的各个阶段主要行使了如下各种权力:在转型的起步时期,第一届民选董事会行使的权力有大学预算制定权、大学组织建设权、大学教师任命权、学位授予权、拨款购买图书标本和实验仪器权;第二届民选董事会行使的权力有大学预算制定权、大学组织建设权、大学教师任命权、大学规程制定权、改革大学课程权、授予新学位和设立奖学金权、增加大学图书馆和博物馆馆藏量权以及拨款购买实验仪器权。在转型的缓慢发展时期,董事会行使的权力有大学预算制定权、大学教师任命权、提高入学标准权、完善专业设置与授予新型学位权、扩充图书馆馆藏量与改革图书馆管理制度权、扩充博物馆馆藏量权和招收女生入学权。在转型的快速发展时期,董事会行使的权力有大学预算制定权、学费政策制定权、大学教师任命权、大学组织建设权、完善教学手段权、提高入学标准和毕业标准权以及新型学位授予权与授予标准的提高权。

通过进一步分析发现,董事会在密歇根大学转型过程中的作用主要表现在三方面:第一,选择塔潘出任校长从而开启了密歇根大学的改革时代,同时为学校的改革营造了良好的氛围;第二,作为大学内部最高权力机构,董事会委托财政委员会、执委会或特别委员会每年制定财政预算报告,从而为大学开展的各项改革措施提供了必要的经济基础;第三,作为大学内部最高权力机构,董事会批准大学推出了各项改革措施,从而为大学完成这一转型提供了必要的合法性基础。

董事会对州立大学转型过程的影响之所以成为可能,除了以上分析的存在切实的影响机制之外,还因为董事会拥有大量资源作为它们权力行使的基础。通过研究发现,董事会在密歇根大学转型过程的各个阶段综合运用各种资源作为它们的权力基础:在转型的起步时期,董事会运用的资源包括法律资源、各方的捐赠、塔潘的大学观、塔潘的宣传与建议以及帕尔默董事的策略;在转型的缓慢发展时期,董事会运用的资源包括塔潘的大学观、黑文的性格和能力、弗里兹执行校长的个人能力、教授的个人能力、董事的个人能力以及多元的资金来源;在转型的快速发展时期,董事会运用的资源包括法律资源、大学声誉和校内外多方建议。此外,对董事会权力行使所运用各种资源的性质分析来看,在大学转型的三个时期,董事会在行使权力时运用的权力资源中,个人资源所占的比例逐渐增大。

作为大学内部最高权力机构,董事会权力行使也或多或少受其他影响大学转型因素的影响,董事会在行使权力时如何才能尽量不受这些因素的影响,很大程度上取决于董事会自身在制度上的独立程度。1850年,密歇根州以宪法的形式决定密歇根大学董事会成员从政府任命改为州选民选举产生,从而在制度上使董事会能够独立于联邦政府和州政府的政治影响独立行使大学管理权。1862 年,州以宪法修正案的形式决定密歇根大学董事任期制从六年制等长任期制更改为八年制交错任期制,从而在制度上使董事会能够独立于选民的影响独立行使大学管理权。此外,密歇根大学校长是董事会当然主席,但校长在董事会却没有投票权,从而在制度上使董事会能够独立于校长独立行使大学管理权。

在制度上,虽然董事会在行使各种权力影响州立大学转型过程时具有独立性,但这种独立性却是相对的,它仍然受到来自大学外部和内部各种因素的影响。例如:1850 年密歇根州决定改用民选的方式选举产生大学董事会成员,从而在制度上切断了州政府对大学政治影响的途径,但州政府却转到经济领域对大学董事会实施间接的经济影响,这种影响的作用机制就是州议会开始对大学进行经常性的和各种专门的财政拨款。虽然在这种与州政府之间形成的新经济影响关系不同于以往强制性的政治影响，董事会在这种新的关系中有一定的选择性，但州立大学在迅速转型过程中对资金的大量需求与大学资金捉襟见肘的状况之间的矛盾使董事会往往没有选择的余地。又例如，董事会是州立大学内部最高的立法机构和司法机构，而校长是大学内部最高的行政机构，因而，在大学内部的权力归属上，立法权是属于董事会的，但董事会在行使立法权制定大学管理规程时，往往受到校长和教师的影响，1861 年大学规程的制定就充分说明了这一点。

综上所述，19 世纪下半叶美国州立大学转型是个多因素共同作用的过程，董事会只是其中一个比较重要的因素。在制度上，董事会在行使各项权力推动州立大学转型过程中与其他因素相比具有一定的独立性，但这种独立性却是相对的。虽然各因素在推动州立大学转型过程中的关系是复杂的，但通过分析董事会在推动州立大学转型过程中所行使的各项权力，进而分析董事会在其中所发挥的作用还是可能的。

参考文献

一、 中文文献

1. 著(译)作

[1] 亚伯拉罕·弗莱克斯纳. 现代大学论——美英德大学研究[M]. 徐辉,陈晓菲,译. 杭州:浙江教育出版社, 2001.

[2] 顾明远. 教育大辞典[M]. 第3卷. 上海:上海教育出版社, 1989.

[3] 哈贝马斯. 在事实与规范之间[M]. 童世骏,译. 北京:三联书店, 2003.

[4] 贺国庆. 德国和美国大学发达史[M]. 北京:人民教育出版社, 1998.

[5] 和震. 美国大学自治制度的形成与发展[M]. 北京:北京师范大学出版社, 2008.

[6] 克拉克·科尔. 大学的功用[M]. 陈学飞,陈恢钦,周京,刘新芝,译. 南昌:江西教育出版社, 1993.

[7] 丹尼斯·朗. 权力论[M]. 陆震纶,郑明哲,译. 北京:中国社会科学出版社, 2001.

[8] 斯蒂文·卢克斯. 权力——一种激进的观点[M]. 彭斌,译. 南京:江苏人民出版社, 2008.

[9] 约翰·S·密尔. 代议制政府[M]. 汪瑄,译. 北京:商务印书馆, 1982.

[10] 朱丽·安·罗宾. 现代大学的形成 [M]. 尚九玉,译. 贵阳:贵州教育出版社, 2006.

[11] 夏传玲. 权杖和权势——组织的权力运作机制 [M]. 北京:中国社会科学出版社, 2008.

[12] 王英杰. 美国高等教育的发展与改革 [M]. 北京:人民教育出版社, 2002.

[13] 马克斯·韦伯. 经济与社会(上卷) [M]. 林荣远,译. 北京:商务印书馆, 2006.

2. 论文

[1] 杜元炳. 教育投资多元化的有效探索——关于我国大学董事会的调查报告 [J]. 高校体制改革与财务管理研究, 1997(2):12-13,18.

[2] 范建华. 塔潘大学教育思想与密歇根大学改革 [D]. 河北大学, 2006.

[3] 范建华. 独辟美国大学现代化之蹊径——论塔潘大学课程思想与改革 [J]. 中国成人教育, 2008(12):120-121.

[4] 范建华. 师资建设:大学生命之源——解读塔潘教师观与治教改革 [J]. 继续教育研究, 2009(5):77-79.

[5] 付姣. 美国高校董事会的历史起源及作用分析 [J]. 中国科技信息, 2005(24):27.

[6] 谷贤林. 一流大学之路:加州大学伯克利分校发展研究 [J]. 清华大学教育研究, 2005(4):65-72,86.

[7] 谷贤林. 美国研究型大学的兴起:内在动力与外在因素 [J]. 北京科技大学学报(社会科学版), 2006(4):151-155.

[8] 谷贤林. 校长与一流大学的形成和发展——加州大学伯克利分校的经验 [J]. 高教信息, 2008(1):2-12.

[9] 贺国庆. 美国高等教育现代化的奠基——南北战争后到1900年间美国高等教育的变革 [J]. 河北师范大学学报(教育科学版), 1998(1):49-54.

[10] 李巧针. 解析美国研究型大学校长的权力基础 [J]. 大学·研究与评价, 2009(7/8):95-100.

[11] 刘宝存. 美国公、私立高等学校董事会制度比较研究 [J]. 吉

林教育科学·高教研究，2001(6):49－51,54.

[12] 刘宝存. 美国公立高等学校董事会制度评析 [J]. 高教探索. 2002(1):67－69.

[13] 宋旭红. "现代大学制度"概念综述 [J]. 江苏高教，2005(3):11－14.

[14] 王保星. 南北战争至20世纪初美国高等教育的发展与变革 [D]. 北京师范大学，1998.

[15] 王绽蕊. 董事会制度与美国世界一流大学群体形成关系的研究 [J]. 中国电力教育，2007(5):122－125.

[16] 许美德. 美国的学院朝大学的过渡——美国高等教育发展史研究札记 [J]. 全球教育展望，1983(3):23－25.

[17] 易红郡. 美国现代大学的产生及发展 [J]. 邮电高教论坛，1997(2):70－73.

[18] 张雪蓉. 1920年代东南大学的董事会制度研究 [J]. 东南大学学报（哲学社会科学版），2005(11):122－127.

二、 英文文献

1. 著作

[1] Angell J B. The Reminiscences of James B. Angell [M]. New York: Longman, Green, and Co., 1911.

[2] Battle K P. History of the University of North Carolina: From Its Beginning to the Death of President Swain, 1789－1868 [M]. Raleigh N. C.: Edwards & Broughton Printing Company, 1907.

[3] Bowden H L. Boards of Trustees: Their Organization and Operation at Private Colleges and Universities [M]. Macon: Mercer University Press, 1982.

[4] Brook A T. American State Universities: Their Origin and Progress [M]. Cincinnati: Robert Clarke & Co., 1875.

[5] Brown C R. The Government of Michigan, Its History and Jurisprudence [M]. Kalamazoo: Moore & Quale, 1874.

[6] Brown E Ellsworth. The Origin of American State Universities

[M]. Berkeley: University of California Press, 1903.

[7] Brubacher J S, Rudy W. Higher Education in Transition: An American History: 1636 – 1956 [M]. New York: Harper & Brothers, 1958.

[8] Campbell J V. Outlines of the Political History of Michigan [M]. Detroit: Schober & Co. , 1876.

[9] Chait R P. Trustee Responsibility for Academic Affairs [M]. Washington. D. C. : Association of Governing Boards of Universities and Colleges, 1984.

[10] Cousin M V. Report of the State of Public Instruction in Prussia [M]. Austin S, Trans. London: Effingham Wilson, Royal Exchange, 1834.

[11] Cowley W H. Presidents, Professors, and Trustees: The Evolution of American Academic Governance [M]. San Francisco: Jossey-Bass Publishers, 1980.

[12] Dahl R A. Who Governs? Democracy and Power in an American City [M]. New Haven: Yale University Press, 1961.

[13] Elliott E C. Charters and Basic Laws: Selected American Universities and Colleges [M]. New York: The Carnegie Foundation for the Advancement of Teaching, 1934.

[14] Etzioni A. The Active Society [M]. New York: The Free Press, 1968.

[15] Farrand E M. History of the University of Michigan [M]. Ann Arbor: Register Publishing House, 1885.

[16] Frieze H S. A Memorial Discourse on the Life and Services Rev. Henry Philip Tappan, D. D. , LL. D. [M]. Ann Arbor: Published by the University, 1882.

[17] Gamson W. Power and Discontent [M]. Homewood, Illinois: The Dorsey Press, 1968.

[18] Habermas J. Between Facts and Norms [M]. Cambridge: Polity Press, 1997.

[19] Henderson A D. The Role of the Governing Board [M]. Washington. D. C. : Association of Governing Boards of Universities and

Colleges, 1967.

[20] Hinsdale B A. History of the University of Michigan with Biographical Sketches Regents and Members of the University Senate from 1837 to 1906 [M]. Ann Arbor: The University of Michigan Press, 1906.

[21] Hofstadter R. Academic Freedom in the Age of the College [M]. New York: Columbia University Press, 1955.

[22] Hough F B. Historical and Statistical Record of the University of the State of New York During the Century from 1784 to 1884 [M]. Albany: Weed, Parsons & Company, Printers, 1885.

[23] Hoyt C O, Ford R C. John D. Pierce: Founder of the Michigan School System [M]. Ypsilanti, Michigan: The Scharf Tag, Label & Box Co., 1905.

[24] Hubbard L L. University of Michigan, Its Origin, Growth and Principles of Government [M]. Ann Arbor: The University of Michigan, 1923.

[25] Ingram R T. Governing Public Colleges and Universities: A Handbook for Trustees, Chief Executives, and Other Campus Leaders [M]. San Francisco: Jossey-Bass Publishers, 1993.

[26] Luhmann N. Trust and Power [M]. Chichester: John Wiley & Sons, 1979.

[27] McLaughlin A C. History of Higher Education in Michigan [M]. Washington. D. C.: Government Printing Office, 1891.

[28] Metzger W P. Academic Freedom in the Age of University [M]. New York: Columbia University Press, 1955.

[29] Nason, J W. The Nature of Trusteeship: The Role and Responsibilities of College and University Boards [M]. Washington, D. C.: Association of Governing Boards of Universities and Colleges, 1982.

[30] Paltridge J G. Boards of Trustees: Their Decision Patterns [M]. University of California, Berkeley: Center for Research and Development in Higher Education, 1973.

[31] Perlman D H. College and University Governing Boards in the United States [M]. Chicago: Roosevelt University, 1972.

[32] Porter N. Addresses at the Inauguration of Professor Noah Porter, D. D., LL. D, As President of Yale College [M]. New York: Charles Scribner and Company, 1871.

[33] Randolph J W. Early Years of the University of Virginia [M]. Richmond, Virginia: 121 Main Street, 1856.

[34] Reed T W. History of the University of Georgia [M]. Athens, Georgia: University of Georgia, 1949.

[35] Ruml B. Memo to a College Trustee: A Report on Financial and Structural Problems of the Liberal College [M]. New York: McGraw-Hill Book Company, Inc., 1959.

[36] Shaw W B. The University of Michigan: An Encyclopedic Survey [M]. Vol. 1. Ann Arbor: University of Michigan Press, 1942.

[37] Shaw W B. The University of Michigan [M]. New York: Harcourt, Brace and Howe, 1920.

[38] Shearman F W. System of Public Instruction and Primary School Law of Michigan [M]. Lansing, Michigan: Ingals, Hedges & Co., 1852.

[39] Stratton C C. Autobiography of Erastus O. Haven, D. D., L. L. D [M]. New York: Philips & Hunt, 1883.

[40] Tappan H P. University Education [M]. New York: George P. Putnam, 1850.

[41] Tappan H P. A Step from the New World to the Old One and Back Again [M]. Vol. II. New York: D. Appleton and Company, 1852.

[42] Tappan H P. A Discourse Delivered on the Occasion of His Inauguration as Chancellor of the University of Michigan [M]. Detroit: Advertiser Power Presses, 1852.

[43] Tappan H P. Review by Rev. Dr. H. P. Tappan of His Connection with the University of Michigan [M]. Detroit: The Detroit Free Press Steam Book and Job Printing Establishment, 1864.

[44] Truettner J M. Aspirations for Excellence: Alexander Jackson Davis and the First Campus Plan for the University of Michigan 1838 [M]. Ann Arbor: The University of Michigan Press, 2003.

[45] Veysey L R. The Emergence of the American University [M]. Chicago: The University of Chicago Press, 1965.

[46] White A D. Autobiography of Andrew D. White with Portraits [M]. Vol. I. New York: The Century Co., 1906.

[47] Winchell A. Historical and Statistical Report on the Collection in Geology, Zoology, and Botany in the Museum of the University of Michigan [M]. Ann Arbor: University of Michigan, 1864.

2. 论文

[1] Bachrach P, Baratz M. The Two Faces of Power [J]. American Political Science Review, 1962(4):947-952.

[2] Corbally J E. Boards of Trustees in the Governance of Higher Education [J]. Theory into Practice, 1970(4):239-243.

[3] Dahl R A. The Concept of Power [J]. Behavioral Science, 1957(3):201-215.

[4] Emerson R M. Power-Dependence Relations [J]. American Sociological Review, 1962(1):31-41.

[5] Moore W Jr. The Community College Board of Trustees: A Question of Competency [J]. The Journal of Higher Education, 1973(3): 171-190.

[6] Parsons T. On the Concept of Political Power [J]. Proceedings of the American Philosophy Society, 1963(3):232-262.

[7] Rauh M A. The College Trustee—Past, Present, and Future [J]. The Journal of Higher Education, 1969(6):430-442.

[8] Tead O. College Trustees [J]. The Journal of Higher Education, 1951(4):171-180,226.

3. 董事会会议纪要及大学管理规程

[1] Constitutional Provisions, Laws and By-Laws of the University of Michigan [M]. Ann Arbor: University of Michigan, 1864.

[2] General Rules and Regulations and By-laws of the University of Michigan [M]. Detroit: John Slater's Book and Job Printing Establishment, 1859.

[3] Laws, Ordinances, By-laws and Regulations for the Government of the University of Michigan [M]. Detroit: John Slater's Book and Job Printing Establishment, 1861.

[4] Proceedings of the Board of Regents of the University of Michigan from Jan., 1876 to Jan., 1881 [M]. Ann Arbor: Printing and Publishing Company, 1881.

[5] Proceedings of the Board of Regents of the University of Michigan from Jan., 1881 to Jan., 1886 [M]. Ann Arbor: The Courier Book and Job Printing Establishment, 1886.

[6] Proceedings of the Board of Regents of the University of Michigan from Jan., 1886 to Jan., 1891 [M]. Ann Arbor: Printing and Publishing Company, 1891.

[7] Proceedings of the Board of Regents of the University of Michigan from Jan., 1891 to Jan., 1896 [M]. Ann Arbor: Printing and Publishing Company, 1896.

[8] Records of the University of Michigan 1817 – 1837 [M]. Ann Arbor: University of Michigan Press, 1935.

[9] University of Michigan. Regents' Proceedings with Appendixes and Index: 1837 – 1864 [M]. Ann Arbor: University of Michigan Press, 1915.

[10] University of Michigan. Regents' Proceedings with Appendixes and Index: 1864 – 1870 [M]. Ann Arbor: University of Michigan Press, 1915.

[11] University of Michigan. Regents' Proceedings with Appendixes and Index: 1870 – 1876 [M]. Ann Arbor: University of Michigan Press, 1915.

4. 校长年度报告

[1] Angell J B. The President's Report to the Board of Regents for the Year Ending June 30, 1872 [R]. Ann Arbor: Published by the University, 1872.

[2] Angell J B. The President's Report to the Board of Regents for the Year Ending June 30, 1874 [R]. Ann Arbor: Published by the University, 1874.

[3] Angell J B. The President's Report to the Board of Regents for the

Year Ending June 30, 1875 [R]. Ann Arbor: Published by the University, 1875.

[4] Angell J B. The President's Report to the Board of Regents for the Year Ending June 30, 1876 [R]. Ann Arbor: Published by the University, 1876.

[5] Angell J B. The President's Report to the Board of Regents for the Year Ending June 30, 1877 [R]. Ann Arbor: Published by the University, 1877.

[6] Angell J B. The President's Report to the Board of Regents for the Year Ending June 30, 1878 [R]. Ann Arbor: Published by the University, 1878.

[7] Angell J B. The President's Report to the Board of Regents for the Year Ending June 30, 1879 [R]. Ann Arbor: Published by the University, 1879.

[8] Angell J B. The President's Report to the Board of Regents for the Year Ending Sept. 30, 1887 [R]. Ann Arbor: Published by the University, 1887.

[9] Angell J B. The President's Report to the Board of Regents for the Year Ending Sept. 30, 1888 [R]. Ann Arbor: Published by the University, 1888.

[10] Angell J B. The President's Report to the Board of Regents for the Year Ending Sept. 30, 1892 [R]. Ann Arbor: Published by the University, 1892.

[11] Frieze H S. The President's Report to the Board of Regents for the Year Ending June 30, 1871 [R]. Ann Arbor: Published by the University, 1871.

5. 法律文献

[1] Acts of the Legislature of the State of Michigan: Passed at the Annual Session of 1837 [M]. Detroit: John S. Bagg, State Printer, 1837.

[2] Acts of the Legislature of the State of Michigan: Passed at the Adjourned Session of 1837 and the Regular Session 1838 [M]. Detroit: John

S. Bagg, State Printer, 1838.

[3] Acts of the Legislature of the State of Michigan: Passed at the Annual Session of 1839 [M]. Detroit: John S. Bagg, State Printer, 1839.

[4] Acts of the Legislature of the State of Michigan: Passed at the Annual Session of 1840 [M]. Detroit: John S. Bagg, State Printer, 1840.

[5] Acts of the Legislature of the State of Michigan Passed at the Annual and Extra Session of 1851 [M]. Lansing: R. W. Ingals, State Printer, 1851.

[6] Acts of the Legislature of the State of Michigan: Passed at the Regular Session of 1853 [M]. Lansing: G. W. Peck, Printer to the State, 1853.

[7] Acts of the Legislature of the State of Michigan Passed at the Regular Session of 1855 [M]. Lansing: G. W. Peck, 1855.

[8] Acts of the Legislature of the State of Michigan Passed at the Regular and Extra Session of 1861 [M]. Lansing: John A. Kerr & Co., Printers to the State, 1861.

[9] Acts of the Legislature of the State of Michigan Passed at the Regular Session of 1863 [M]. Lansing: John A. Kerr & Co., Printers to the State, 1863.

[10] Acts of the Legislature of the State of Michigan Passed at the Regular Session of 1867 [M]. Vol. I. Lansing: John A. Kerr & Co., Printers to the State, 1867.

[11] Acts of the Legislature of the State of Michigan Passed at the Regular Session of 1869 [M]. Vol. I. Lansing: W. S. George & Co., Printers to the State, 1869.

[12] Constitution of the State of Michigan of 1835. // Michigan Legislative Council. Michigan Compiled Laws, 1979 [M]. Vol. 1. Lansing: Legislative Council, 1981.

[13] Documents Accompanying the Journal of the House of Representatives of the State of Michigan at the Annual Session of 1839 [M]. Detroit: John S. Bagg, State Printer, 1839.

[14] General Acts and Joint and Concurrent Resolutions of the

Legislature of the State of Michigan Passed at the Regular Session of 1871 [M]. Lansing: W. S. George & Co., 1871.

[15] General Acts and Joint and Concurrent Resolutions of the Legislature of the State of Michigan Passed at the Regular Session of 1873 [M]. Lansing: W. S. George & Co., 1873.

[16] Journal of the House of Representatives of the State of Michigan 1861 [M]. Lansing: Hosmer & Kerr, Printers to the State, 1861.

[17] Journal of the House of Representatives of the State of Michigan 1873 [M]. Lansing: W. S. George & Co., 1873.

[18] Journal of the Senate of the State of Michigan 1873 [M]. Lansing: W. S. George & Co., 1873.

[19] Journal of the Senate of the State of Michigan 1877 [M]. Lansing: W. S. George & Co., 1877.

[20] Laws of the Territory of Michigan [M]. Detroit: Sheldon M'Knight, 1833.

[21] Public Acts and Joint and Concurrent Resolutions of the Legislature of the State of Michigan Passed at the Regular Session of 1875 [M]. Lansing: W. S. George & Co., 1875.

[22] Public Acts and Joint and Concurrent Resolutions of the Legislature of the State of Michigan Passed at the Regular Session of 1877 [M]. Lansing: W. S. George & Co., 1877.

[23] Public Acts and Joint and Concurrent Resolutions of the Legislature of the State of Michigan Passed at the Regular Session of 1879 [M]. Lansing: W. S. George & Co., 1879.

[24] Public Acts and Joint and Concurrent Resolutions of the Legislature of the State of Michigan Passed at the Regular Session of 1881 [M]. Lansing: W. S. George & Co., 1881.

[25] Public Acts and Joint and Concurrent Resolutions of the Legislature of the State of Michigan Passed at the Regular Session of 1883 [M]. Lansing: W. S. George & Co., 1883.

[26] Public Acts and Joint and Concurrent Resolutions of the

Legislature of the State of Michigan Passed at the Regular Session of 1887 [M]. Lansing: Thorp & Godfrey, 1887.

[27] Public Acts and Joint and Concurrent Resolutions of the Legislature of the State of Michigan Passed at the Regular Session of 1889 [M]. Lansing: Darius D. Thorp, 1889.

[28] Report of the Proceedings and Debates in the Convention to Revise the Constitution of the State of Michigan [M]. Lansing: R. W. Ingals State Printer, 1850.

[29] The Public Statutes at Large of the United States of America, from the Organization of the Government in 1789 to March 3, 1845 [M]. Vol. II. Boston: Charles C. Little and James Brown, 1845.

[30] The Public Statutes at Large of the United States of America, from the Organization of the Government in 1789 to March 3, 1845 [M]. Vol. IV. Boston: Charles C. Little and James Brown, 1846.

[31] The Revised Statutes of the State of Michigan Passed and Approved 1846 [M]. Detroit: Bagg & Harmon, Printers to the State, 1846.

6. 州公共教育督学报告

[1] Fortieth Annual Report of the Superintendent of Public Instruction of the State of Michigan [M]. Lansing: W. S. George & Co., 1876.

[2] Forty-First Annual Report of the Superintendent of Public Instruction of the State of Michigan [M]. Lansing: W. S. George & Co., 1878.

三、网络资源

[1] www.archive.org

[2] www.hathitrust.org

[3] http://books.google.com.hk

后　记

光阴似箭，转眼间毕业工作已有四年。在本书即将付梓之际，我又情不自禁回想起在北京师范大学读研究生的六年时光。2005 年，我到北京师范大学教育学院攻读硕士学位，在硕士导师郭法奇教授的带领下，我进入到了美国高等教育史这个研究领域，主要研究 19 世纪下半叶美国高等教育史，这段时期美国高等教育波澜壮阔的发展史深深地吸引了我。2008 年硕士研究生毕业后，我跟随张斌贤教授继续攻读教育学博士学位。本书正是在我的博士学位论文的基础上进一步搜集资料整理完成的。

能够完成这本专著，离不开师友、亲人提供的诸多帮助。在此，首先要感谢的是我的博士生导师张斌贤教授。当初选择董事会权力作为研究主题时，还并不清楚其中的难度，一旦深入进去才知道有许多困难，这个主题涉及政治学、社会学、美国高等教育史等众多学科，除了美国高等教育史之外，我之前对其余两个学科鲜有涉猎。每当在研究中遇到问题的时候，张老师都会给我帮助与支持，可以说，没有张老师的鼓励与帮助，真的很难如期完成这项研究。同时，张老师还鼓励我参加他主持的其他研究项目，为我学术研究能力的提高提供了大量机会。

其次，要感谢曾经帮助过我的老师和同学。感谢北京师范大学教育学院的郭法奇教授、刘宝存教授、马健生教授、李子江教授和王晨博士，湖南科技大学的周险峰教授，宁波大学贺国庆教授，华东师范大学王宝星教授，南京师范大学周采教授，没有他们中肯的建议也不会有我今天的这本专著。

感谢孙益博士、陈露茜博士、李朝阳博士、杜智萍博士、陈瑶博士、周红安博士、林伟博士、康绍芳博士、祝贺博士、刘春华博士以及北京师范大学外国教育史专业所有师兄、师姐、师弟、师妹，是他们的各种有益建议才使这本专著不断得以完善。

感谢室友宋国才，我和国才在一个寝室住了六年，并且我们的脾气性格比较合得来，因而关系非常好。在本书写作期间，他不断地支持我，鼓励我。感谢代养兵和徐永波，虽然二位仁兄都已毕业，但老代仍在北京工作，而大徐也经常回北京。几位好兄弟的陪伴给我艰苦的研究生活增添了许多乐趣。

还要感谢我的爱人李肖律，在我攻读博士学位期间她给了我太多的支持、鼓励与帮助。她早我两年开始工作，承担起本该由我承担的养家糊口的责任，这是我一个有大男子主义思想的人觉得很不自在的地方，也是我觉得最对不住她的地方；同时，在我写作期间，她在繁忙的工作之余，还承担起全部的家务活，在此，我对她表示衷心的感谢。感谢我的岳父岳母，他们在我还没有毕业之时就同意将女儿嫁给我，我一定不会辜负他们对我的希望。

最后，我要对远在辽宁的年近六旬的父母说声谢谢。他们的养育之恩是我用一生的时间都难以回报的。在此，祝愿他们身体健康、永远幸福。

本书能够顺利出版，要感谢导师张斌贤教授的支持与浙江教育出版社的帮助。书中内容如有错误，敬请批评指正。

崔高鹏

2015 年 3 月

图书在版编目（CIP）数据

美国州立大学董事会权力的变迁 / 崔高鹏著. -- 杭州 : 浙江教育出版社, 2015.11
（美国教育变革研究）
ISBN 978-7-5536-3895-9

Ⅰ. ①美… Ⅱ. ①崔… Ⅲ. ①高等学校－董事会－研究－美国 Ⅳ. ①G649.712

中国版本图书馆CIP数据核字(2015)第263403号

美国教育变革研究
MEIGUO JIAOYU BIANGE YANJIU
美国州立大学董事会权力的变迁
MEIGUO ZHOULI DAXUE DONGSHIHUI QUANLI DE BIANQIAN
崔高鹏　著

责任编辑　林　鸿　潘新国
责任校对　陈云霞
封面设计　曾国兴
责任印务　陈　沁
出版发行　浙江教育出版社
（杭州市天目山路40号　邮编310013）
激光照排　杭州兴邦电子印务有限公司
印　　刷　杭州富春印务有限公司
开　　本　710 mm × 1000 mm　1/16
印　　张　15.5
插　　页　3
字　　数　254 000
版　　次　2015年11月第1版
印　　次　2015年11月第1次印刷
标准书号　ISBN 978-7-5536-3895-9
定　　价　32.00元
联系电话　0571-85170300-80928
电子邮箱　zjjy@zjcb.com
网　　址　www.zjeph.com